JOSEF WAGNER, IRENE BECKMANN (HG.)

SEMMERING

AUFBRUCH IN DIE ZUKUNFT

Böhlau Verlag Wien Köln

Gedruckt mit Unterstützung durch das
Amt der Niederösterreichischen Landesregierung, St. Pölten

WISSENSCHAFT · FORSCHUNG
NIEDERÖSTERREICH

Bibliografische Information der Deutschen Nationalbibliothek:
Die Deutsche Nationalbibliothek verzeichnet diese Publikation in der Deutschen Nationalbibliografie; detaillierte bibliografische Daten sind im Internet über https://dnb.de abrufbar.

Umschlaggestaltung: Michael Haderer, Wien
Korrektorat: Philipp Rissel, Wien
Layout: Bettina Waringer, Wien
Druck und Bindung: Finidr, Český Těšín
Printed in the EU.

Vandenhoeck & Ruprecht Verlage | www.vandenhoeck-ruprecht-verlage.com

ISBN 978-3-205-21481-6

Für unsere Kinder,
Enkelkinder
und alle nachfolgenden Generationen

Menschen mit einer neuen Idee gelten so lange als Spinner,
bis sich die Sache durchgesetzt hat.

Mark Twain (1835–1910)

INHALT

VORWORT

Die hemmungslose Ausbeutung und Zerstörung unserer Erde, die Vermüllung der Natur und ein explodierendes Bevölkerungswachstum stehen als gegenwärtige Problemfelder zum Teil schon vor den Haustüren der Menschen. Sie lassen sich nicht einfach ignorieren. Die Klimakatastrophen haben mit gewaltigem Impact Mitteleuropa erreicht. Nur wenige trauen sich heute noch öffentlich kritisch über den Klimawandel zu sprechen oder entsprechende umweltbewusste Maßnahmen als ökonomisch rückständig zu bezeichnen. Zu komplex ist das Thema, zu einfach so manche Antwort. Um zukunftsrelevante Entwicklungen in Gesellschaft, Natur, Energie und Mobilität voranzutreiben, braucht es den Blick aus unterschiedlichen Perspektiven. Es braucht viele Köpfe aus unterschiedlichen Fachbereichen, Bürgerinnen und Bürger, Menschen aus Politik und Wirtschaft, aus Kunst und Kultur, die sich für ein klimagerechtes Miteinander einsetzen.

Indem jeder einzelne Mensch dem Fortschritt eine Chance gibt, können wir langfristig unser Leben reicher, einfacher und umweltschonender gestalten. Denn setzen wir dem Klimawandel nichts entgegen, haben wir früher oder später Veränderungsprozesse nicht mehr selbst in der Hand. Die Natur, die sich der Mensch einst im Zeitalter der Aufklärung zum Untertan gemacht hat, gewinnt im schlechtesten Fall ihre übergeordnete Position zurück und bestimmt unser Leben fundamental.

Daher plädiere ich dafür, in allen Belangen des Lebens zukunftsfit zu werden. Österreich als traditionsreiches Tourismusland ist gut beraten, sein Profil durch ökologische Maßnahmen zu schärfen. „Fit for Future" – die Zeit ist reif für einen Umdenkprozess. Dazu braucht es Vorbilder und Visionen, die das Gemeinsame vor das Trennende stellen und mit innovativen Ideen in die Zukunft führen. Und so einer Vorbildfunktion entspricht der Semmering. Als einst mondäner Kurort in den Alpen strotzt er nur so von Pionierleistungen. Die bekannteste darf sich neben dem Taj Mahal, den Pyramiden von Gizeh und anderen in den bunten Reigen der UNESCO-Weltkulturerbestätten einreihen. Die Semmeringbahn ist als erste Gebirgsbahn der Welt über die Semmering-Region hinaus bekannt. Glanzleistungen dieser Art geben Vertrauen, auch auf heutige Aufgaben entschlossen zuzugehen.

„Semmering – Aufbruch in die Zukunft" ist ein klingender und vielversprechender Buchtitel, der es mit dem Pioniergeist der Vergangenheit aufnimmt und ihn in der Zukunftsgestaltung freisetzt. „Die beste Möglichkeit, die Zukunft vorherzusagen, ist, sie zu gestalten" sagte im 19. Jahrhundert der 16. amerikanische Präsident Abraham Lincoln. Es geht darum, ein klares Bild vor Augen zu haben, an den Visionen festzuhalten und nachhaltig den Herausforderungen am Weg in die Zukunft zu begegnen, ohne aufzugeben. Genau das zieht sich wie ein roter Faden durch den vorliegenden Sammelband. Die Autorinnen und Autoren erkennen, dass es in Klimafragen nicht mehr fünf vor zwölf ist. Die tickende Uhr im Blick gehen sie mit gebotener Vorsicht und ausdauernder Beharrlichkeit auf wegweisende Themenbereiche ein, die den Wandel im ökologischen Tourismus vorantreiben.

Josef Wagner, erster und einziger Biohotelier am Semmering, ist in meinen Augen ein Visionär. Ungehemmt und furchtlos Veränderungen gegenüber treibt er seine Ideen in allen Bereichen voran, die den heilklimatischen Kurort in neuem Glanz erstrahlen lassen können. Vielleicht bezeichnen ihn so manche als „verrückt", doch ver-rücken heißt immer auch den Blickwinkel zu ändern, um vielschichtig auf ein Thema Bezug nehmen zu können. Die Nachkommen sind ihm, seiner Mitherausgeberin und allen, die an der Entstehung des Buches mitgewirkt haben, gewiss dankbar, wenn sie auch in 20 Jahren noch saubere Luft, reines Wasser, duftende Wälder, schlicht, die Schönheiten der Natur am Semmering vorfinden und genießen werden.

Zeigen wir doch alle der Schöpfung unsere Ehrfurcht und handeln wir!

Mag. Dr. Christa Kummer-Hofbauer
Klimatologin, Hydrogeologin, Theologin

Irene Beckmann, Josef Wagner

EINLEITENDE WORTE AUS DER ZUKUNFT

Weichenstellungen für den Semmering

Semmering, 2040. Die Züge gleiten rasant durch den Semmering-Basistunnel und oben drüber auf der UNESCO-Weltkulturerbestrecke. Wer im Speisewagen des Regionalexpress sitzt, genießt die Aussicht auf die einzigartige Landschaft bei einem Glas Wein und schmackhaften Speisen in Bioqualität. Erste Geschäftskontakte bahnen sich an, man hofft auf das Wiedersehen in einem der Co-Working-Spaces auf dem Semmering. An ausgewiesenen Tagen verkehren touristische Züge auf der historischen Bahnlinie. Die meisten Reisenden, die in der Station Wolfsbergkogel oder Semmering aussteigen, rufen elektronisch ein autonom fahrendes Sammeltaxi, das sie vor die Türe ihrer Wunschdestination bringt.

Abb. 1: Blick von der Pollereswand auf das Viadukt *Kalte Rinne*.

Während die neu angekommenen Gäste im Beherbergungsbetrieb einchecken, tanken andere bereits regenerierende Höhenluft auf den für Klimakuren vorgesehenen Terrainwegen oder treffen sich zum „Waldbaden" im Pinkenkogel-Yogazentrum, das mit seiner neuen Berghütte samt Panoramaturm als begehrtes Wanderziel nicht nur Gesundheitshungrige anlockt. Nach der Kur entspannt man sich beim Nachmittagstee im Grand Semmering, das seit 2025 in neuem Glanz erstrahlt. Auf der Hochstraße promenieren Gäste und Einheimische. Interessierte tauschen sich mit Expertinnen und Experten über klimatechnische Innovationen im Ort aus, oder man trifft sich in einem der schicken Lokale am Korso, der längsten Begegnungszone am Semmering.

Der Korso führt vom 2025 neu eröffneten Südbahnhotel entlang der Hochstraße zur Passhöhe, wo sich internationales Publikum rund um die „Denkfabrik-Semmering", dem über die Landesgrenzen hinaus bekannten Dialogzentrum, tummelt. Nebenan gelegen, zieht das „Haus der Bewegungen", das multimediale Museum, zahlreiche Besucherinnen und Besucher an. Buntes Sprachgewimmel legt sich wie eine klingende Geräuschwolke über den Park davor. Auf den großzügig angelegten Wiesen erfreut sich das Publikum beim Picknicken, Diskutieren und Qi-Gong-Praktizieren. Bikerinnen und Biker unterhalten sich über die Trails am Berg, während Kinder ihre Erlebnisse vom Museumsbesuch nachspielen. Im Schatten unter der vor 20 Jahren gepflanzten Linde verbringen Müdegewordene die Zeit mit einem Nickerchen.

Der Semmering ist in aller Munde. Nicht nur weil die Palasthotels mit ihren Angeboten im Kultur- und Kongressbereich erfolgreich arbeiten, ausschließlich biologische Lebensmittel anbieten, individuelle Schwerpunkte setzen und dadurch viele Menschen mit ihren Programmen begeistern. Sondern auch weil der Name Semmering seit dem Erscheinen dieses Sammelbandes in den 2020er-Jahren mit den zukunftsweisenden Projekten für Gesprächsstoff sorgt. Warum? Weil der Begriff Zukunft im einst dem Dornröschenschlaf verfallenen Ort fast schon den Charakter von Gegenwart hat. Im Eiltempo realisieren sich Ideen zu klimaneutralem Tourismus und Projekten, die dem Gemeinwohl dienen. Kunst und Kultur begreifen sich als Innovationstreiberinnen. Als vielgebuchtes Filmset zeigt sich der Semmering sogar im Hollywood-Gewand. Die malerische, teils wilde Landschaft samt Palasthotels wird zur Filmkulisse. Man hört bereits Gerüchte, dass eine Verfilmung des Semmeringbahnbaus mit internationaler Besetzung geplant ist. Über allem aber steht ein Thema: erneuerbare Energie, die den Sehnsuchtsort versorgt.

Abb. 2: Entwurf für Parkzonen – Passhöhe Semmering.

„Wasserstoffregion Semmering" verkünden elektronische Werbebanner. Grüner Wasserstoff versorgt den Semmering autark mit erneuerbarer Energie. Ein Meilenstein in der Energieversorgung, der nicht nur den letzten Schritt in den Ökostatus markiert, sondern auch Gemeinden aus anderen Regionen zum Nachahmen animiert. Erst vor einem Jahr, 2039, baute ein weiterer Ort das Verkehrs- und Tourismuskonzept nach dem Vorbild Semmering um. Seit Kurzem ist eine neue Bürgermeisterin im Amt. Sie strebt für das Jahr 2041 eine Gemeindepartnerschaft mit Zermatt an.

Das neue Verkehrskonzept mitsamt den entstandenen Tiefgaragen machte die fast autofreie Zone möglich. Hotelgäste und sogenannte Dauerparker nutzen eine Tiefgarage für ihre Fahrzeuge. Tagesbesucherinnen und -besucher parken ihren PKW in einer weiteren Tiefgarage. Die autonom fahrenden Sammeltaxis bringen die Gäste zu ihren gewünschten Plätzen. Auf der Passhöhe sind kaum mehr Fahrzeuge zu erblicken. Lediglich ein Parkplatz steht Wohnmobilen und einigen Bussen zur Verfügung.

Wenn im Winter die präparierten Pisten, Rodelbahnen und gespurten Langlaufloipen erste Wintersportlerinnen und Wintersportler anlocken, wird es in der Tiefgarage für Tagesgäste turbulent. Sie wollen hinauf zur Skiarena, die bequem durch eine Rolltreppe von der Parkgarage aus erreichbar ist.

Ab und zu fahren Einwohnerinnen und Einwohner mit dem PKW zu ihrem Haus, wenn sie einen Parkplatz oder eine eigene Garage und ihre Sondergenehmigung besitzen, ansonsten zeigt sich der gesamte heilklimatische Kurort autofrei. Die meisten Semmeringerinnen und Semmeringer nutzen schon lange die günstige, klimaneutrale und bequeme Variante der autonomen Sammeltaxis. Die Luft schmeckt dadurch noch besser.

Als weitere Innovation erfreut der „LKW-Hub" die Gemüter. In dem Verteilungszentrum laden die LKW-Fahrerinnen und Fahrer vor den Toren des Semmering ihre Waren in wasserstoffbetriebene Kleinlastfahrzeuge um und beliefern die Betriebe. Interessierte beobachten, wie dieses einzigartige Konzept funktioniert. Und das tut es. Bereits seit zehn Jahren, störungsfrei und umweltfreundlich.

Haben sich in den 2020er-Jahren die Leute noch auf den Kopf gegriffen, als sie das Buch „Semmering – Aufbruch in die Zukunft" lasen, denkt heute, 2040, niemand mehr nach, wenn grüner Wasserstoff für Wärme im Haus sorgt, die wieder eröffneten Palasthotels Gäste aus nah und fern anziehen und die internationale Wissenschaft am Semmering tagt.

Rückblickend fragt man sich: Warum konnte der Semmering eine derartige Entwicklung vollziehen? Weil wir als Herausgeberin und Herausgeber das Buch

Abb. 3: Selbstfahrendes autonomes Shuttle der Firma ZF Friedrichshafen AG.

initiiert, Autorinnen und Autoren ihre Gedanken in Worte gefasst und Sie das Buch gelesen haben.

Semmering, 2022: Der heilklimatische Kurort zeigt sich bereits heute beliebt wie schon lange nicht mehr. Der Blick in die Zukunft beschreibt einen Ort, dem es an Attraktivität kaum mangelt. Die Weichen dafür müssen in der Gegenwart gestellt werden. Jetzt! Nicht nur Tourismus, Politik, Wirtschaft und Wissenschaft sind gefordert, sondern auch jede und jeder Einzelne von uns kann mit jedem kleinen Beitrag Großes bewirken und an der Weichenstellung mitwirken. Das vorliegende Buch setzt dafür den ersten Schritt.

Liebe Leserin und lieber Leser! Freuen Sie sich auf die folgenden Beiträge. Um Ihren Lesehunger ein wenig zu stillen, verraten wir Ihnen als „Amuse-Bouche“, was Sie im vorliegenden Sammelband erwartet. Unser Menü besteht aus drei Gängen und einer Vielzahl von raffinierten Zutaten, die Sie rück-blicken, einblicken und aus-blicken lassen. Probieren Sie selbst!

Maria Happel stimmt mit ihrem Beitrag auf das Buch ein und verrät, welches Ereignis sie zur Semmeringerin machte.

Im ersten Teil des Buches, als Vorspeise gedacht, nimmt Sie *Karl Glatz* mit auf einen Rückblick in die Vergangenheit. Besuchen Sie die Palasthotels und Villen des Fin de Siècle samt ihren illustren Gästen. Spüren Sie den Tatendrang der einstigen Visionäre, die unmöglich Geglaubtes realisierten. Die Pionierleistungen von damals geben Mut und Vertrauen, den gegenwärtigen Herausforderungen mit innovativen Ideen zu begegnen.

Ein Einblick in die Gegenwart zeigt Ihnen im zweiten Teil, wie unfassbar groß das Potenzial des Semmering ist, das er für den Aufbruch in die Zukunft mitbringt. Mit einer Hommage an die Region Semmering offenbart *Regina Fritsch*, was sie einst auf den Berg zog, den sie verehrt. Dass sich all das subjektiv Schöne auch in objektiven Fakten widerspiegelt, zeigt Ihnen *Katharina Hanl-Schubernigg*, die dem Ort eine aufstrebende Zukunft vorhersagt. Damit der Wandel dorthin nicht ungeahnte und unwiderrufliche Auswüchse in der einzigartigen Kulturlandschaft annimmt, widmet sich *Patrick Schicht* dem Schutz und der Zukunft der Semmering-Architektur. Kultur und Kunst begleiten den Semmering seit der ersten Stunde als Tourismusort. Das Erfolgsrezept der gegenwärtigen Veranstaltungen des Kultur.Sommer.Semmering erfahren Sie von *Florian Krumpöck*, der Ihnen nach zwei Jahrzehnten Sommerfestspielen Informationen aus erster Hand liefert. Nicht nur Kunst und Kultur, sondern auch der Sport ist ein langjähriger Begleiter des Zauberbergs. *Norbert Krausner* und *Franz Steiner* begeistern Sie mit dem vielseitigen Geschehen rund um den Wintersportverein-Semmering seit dessen Gründung im Jahre 1946. *Andreas Stühlinger* stellt das Heilklima aus medizinischer Perspektive in den Mittelpunkt. Erfahren Sie, was es mit dem Semmering und seinem Attribut, heilklimatischer Kurort zu sein, auf sich hat.

Die ersten beiden Gänge haben Sie mit glänzenden Schätzen aus der Vergangenheit und Gegenwart verköstigt. Kommen Sie mit und erhaschen Sie im dritten Teil des Sammelbandes einen Ausblick in die Zukunft. Mit *Hermann Knoflacher* schließen Sie an den Semmering als heilklimatischer Kurort an, diesmal aus der verkehrstechnischen Richtung kommend. Gute Luft und wahre Liebe, was für ein schönes Paar. Liebe geht durch den Magen, weiß *Simon Ziegler*, der Sie in seine Vision „Bioregion Semmering" einführt. Regional essen und regional arbeiten? *Fritz Vesely* empfiehlt Teleworking in den Bergen. Vielleicht erkennen Sie sich in seinem Beitrag als digitale Nomadin oder digitaler Nomade wieder? Auf alle Fälle sollten Sie sich die Bahnfahrt auf den Semmering nicht entgehen lassen, denn, so weiß *Peter Veit*, die wird es weiterhin geben. Er erklärt Ihnen, warum gerade der Semmering ein Ort des Klimadialogs sein kann. Und da sind Sie auch schon mitten in der Idee von *Karl Steininger*, der ein internationales Forschungszentrum ins Leben ruft, das wir als Herausgebende des Sammelbandes „Denkfabrik Semmering“ nennen. Diskussionen, die zum aktiven Handeln anregen, finden nicht nur dort statt, sondern auch im Museum nebenan, dem „Haus der Begegnungen“. Schauen Sie *Matthias Pöschl* über die Schulter, wenn er eine erste Gedankenskizze entwirft. Nämlich wie ein Museum als Ort zukünftiger gesellschaftlicher Bewegungen, Begegnungen und Perspektiven am Semmering Wirklichkeit werden kann. Wenn Sie die Zeilen von *Timur Uzunoglu* lesen, sind Sie in der Wasserstoffregion Semmering angekommen. Sauberer Wasserstoff, gewonnen aus erneuerbarer Energie, revolutioniert alle Lebensbereiche. Eine Gesellschaft akzeptiert Veränderungen dann, schreibt er, wenn die Nutzerinnen und Nutzer Vorteile erkennen. Das macht Kommunikation zu einem wesentlichen Multiplikator. Das Ergebnis ist eine Region, die ihre einzigartige Landschaft und Natur erhält, indem sie in sie investiert. Der Semmering, der in seiner Vorreiterrolle klimaneutral und energieautark glänzt, weil er vor einem grundlegenden Wandel nicht zurückschreckt, regt Gemeinden zum Nachahmen an.

An dieser Stelle sagen wir als Herausgeberin und Herausgeber DANKE an die vielen unterstützenden, motivierenden und geduldigen Begleiterinnen und Begleiter auf der Entstehungsreise des Sammelbandes. Vor allem aber danken wir den Autorinnen und Autoren für ihre wegweisenden Beiträge, die das Buch erst ermöglichten. Sie, geschätzte Leserinnen und Leser, halten es nun in Händen und können mit uns eine neue Reise antreten, deren Weg zum ökologischen Tourismus führt. Warten wir nicht, es ist höchste Zeit. Fangen wir ALLE gemeinsam mit dem Aufbruch in die Zukunft an!

ZUM EINSTIMMEN

Abb. 4: Blick von der Terrasse des Waldhofsaales im Südbahnhotel.

Maria Happel

ES HAT SICH SO GEFÜGT!

Es fügt sich, dass ich für die Vorbereitungen von Doderers „Strudlhofstiege" einen Besichtigungstermin im Südbahnhotel am Semmering habe. Alleine die Fahrt durch die Adlitzgräben ist märchenhaft! Es ist ein Tag, an dem die Beleuchtung ihr Bestes gibt, um mir für immer in Erinnerung zu bleiben. Auf den letzten Metern vor dem Ziel ragt plötzlich dieser verlassene, verwunschene, prächtige Bau vor uns auf und öffnet seine Tore zu einer Zeitreise. 100 Jahre fühlt man sich zurückversetzt. Wie in Zeitlupe bewegt man sich, riecht den Duft des vergangenen Jahrhunderts, hört die Gewänder der feinen Gesellschaft rascheln, Gustav Mahler beginnt seine Musik hinzuzufügen, der Dampf einer Lok und das Geräusch eines einfahrenden Zuges, der neue Gäste bringen wird, steigt in die Nase und dringt ans Ohr. Man wandelt durch das Foyer, der viel später eingebaute Lift, der mit einem Brett abgeriegelt und nicht in Benutzung ist, gehört hier eh nicht her. Bevor man sein Zimmer beziehen wird, gibt man den Mantel der Gegenwart an dem gusseisernen Kleiderständer neben der Rezeption ab. Die vergilbten Gardinen an den großen Fenstern waschen sich wie von selbst rein, die Fauteuils und Tischchen, die noch immer in der alten Formation dastehen, laden zum Kaffee oder zum Kartenspiel ein. Auf dem Podest um die Ecke vor dem herrlichen Jugendstilfenster wird sicher gleich ein Geiger auftreten. Im Speisesaal sind bereits die Tische für die Abendgesellschaft gedeckt.

Durchs Treppenhaus hinauf in den Waldhofsaal und auf die Terrasse.

Ein unbeschreiblicher Blick, ein unbeschreibliches Gefühl!

Hier steht man über den Dingen – grenzenlose Freiheit!

Hier also haben sich die Künstler inspirieren lassen, hier haben sie die Luft eingesogen, die auch ich jetzt atmen darf und mich ihnen so nah fühlen darf! Ich will gar nicht mehr weg von da! Träume, und sehe schon die Bilder vor mir, wie Etelka im Tennisgewand über die Terrasse schreiten wird, wie Melzer die junge Edith im Bad beobachten wird, Marie K. wird beinahe verbluten im Foyer, nachdem ihr das Bein von der Tram abgefahren wurde – alles fügt sich in diesem Moment zu einem Film, der sich vor meinem inneren Auge abspielt.

Monate später werde ich es genau so inszenieren.

Immer anders, immer aufregend. Der große Kulissenschieber da oben, der allabendlich ein neues Bühnenbild zaubert. Wind, Sonne, Gewitter, Regen – natürliche Zutaten, die dem Stück eine ganz einmalige Stimmung und Atmosphäre verleihen. Als Schauspielensemble verbringen wir einen herrlichen Monat im Südbahnhotel. Zwei Vorstellungen spielen wir am Tag. Wir werden in der ehemaligen Küche geschminkt und angekleidet. Wir bespielen das Hotel bis hinauf zum Dach! Das Publikum begleitet uns auf den Stationen. Einer unserer Schauspieler, Jürgen Maurer, der den Eulenfeld spielt, ist ein leidenschaftlicher Koch und zaubert uns jeden Tag nebenbei noch ein festliches Menü, welches wir im grünen Speisesaal einnehmen. Unser ältester Kollege, Rudolf Melichar, hat so etwas wie die Schirmherrschaft übernommen und bringt den Weißwein mit – wir sind einen Sommer lang berauscht vom Flair und dem Geist, den dieser Ort verströmt!

Jahre später, mein Mann spielt bei den Festspielen Reichenau und ich schaue mal wieder im Internet, was es an Wohnungen oder Häusern in der Gegend gibt und entdecke ein Inserat von einem Häuschen am Semmering. Wir fahren hin, das Tor steht weit offen, keiner da! Wir betreten das Grundstück und auf der Terrasse verspüre ich das gleiche Gefühl wie damals im Südbahnhotel. Freiheit! „Hier möchte ich mit dir alt werden", sagt mein Mann. Wir haben das Haus gekauft. Es hat sich so gefügt!

I RÜCKBLICK

ERBE DER VERGANGENHEIT

Karl Glatz

DER SEMMERING – EIN BEISPIEL FÜR KREATIVITÄT UND STÄNDIGE WIEDERERNEUERUNG

DER WEG ÜBER DEN SEMMERING

Die Landschaft des Semmering ist für jeden Besucher ein einzigartiges Erlebnis. Es gibt sogar einen geologischen Begriff, der auf die Besonderheit dieser Gegend verweist. Es ist das Semmeringfenster oder das Semmeringsystem und bezeichnet die Formation des Passes zwischen Niederösterreich und der Steiermark. Niemand konnte erahnen, welche Bedeutung diese Laune der Natur für den Semmering einmal haben sollte. Jeder Pass ist ein Synonym für eine erleichterte Überquerungsmöglichkeit von Gebirgszügen von einer Talebene zu einer anderen. Doch das ist erst von Relevanz, wenn es Bewohner gibt, die diese Route auch benutzen. Genau das trifft für den Semmering-Pass zu, der seit undenklichen Zeiten eine regionale Nord-Süd-Verbindung war. Eine kurze Retrospektive der Geschichte soll den sukzessiven Aufstieg des Semmering-Passes von einem lokalen Übergang bis zur wichtigsten Nord-Süd-Verkehrsverbindung im Osten Österreichs dokumentieren.

Vom Saumpfad zur Schnellstraße

Erste Belege für Ansiedlungen im oberen Schwarzatal gibt es aus der Bronzezeit durch die zahlreichen Bergbaustätten in der Gegend von Edlach, Gasteil und Hirschwang und die diversen Verhüttungsplätze.[1]

Nachweise über ständige Siedlungen durch bestimmte ethnische Gruppierungen in dieser Zeit lassen sich nicht exakt eruieren. Erst um etwa 400 v. Chr. kamen die Kelten in den Ostalpen an. Im 2. Jahrhundert v. Chr. entstand aus

1 Vgl. Michael Hackenberg: Bergbau im Semmeringgebiet. Archiv für Lagerstättenforschung der Geologischen Bundesanstalt, Band 24, Wien 2003, S. 5, 11–13.

den verschiedenen keltischen Stämmen das Königreich Noricum (Regnum Noricum), das den größten Teil des heutigen Österreich einnahm. Es gab zahlreiche Handelsverbindungen mit dem aufstrebenden römischen Reich. Verschiedene Produkte, wie das hochwertige norische Eisen, das Gold aus den Tauern und, nicht zu vergessen, das Salz waren kostbare Handelsgüter dieser Zeit. Durch die Alpenfeldzüge des Kaisers Augustus in den Jahren 16–15 v. Chr. kam es zu einer friedlichen Eingliederung der keltischen Gebiete in das römische Reich. Das Königreich Noricum behielt vorerst seine Autonomie, ehe es unter Kaiser Claudius (41–54 n. Chr.) endgültig eine römische Provinz wurde.[2] Entlang der Donau verlief der Limes, die äußere Grenze des Imperium Romanum. Zur Sicherung wurden die Legionslager Carnuntum und Vindobona errichtet. Vindobona ist bekannt durch den Aufenthalt von *Marc Aurel*, dem Philosophenkaiser, der dort einen Teil seiner philosophischen *Selbstbetrachtungen*[3] verfasste und in diesem Lager auch 180 n. Chr. verstorben sein soll. Diese Militärlager waren mit Rom durch die sogenannte *Bernsteinstraße* verbunden. Diese Straße war eine *Via Publica*, also eine Reichstraße erster Ordnung, und führte von der Ostsee bis zum Mittelmeerraum. Die Pässe über Semmering und Wechsel wurden wegen ihrer unwirtlichen Landschaft und ihrer steilen Anstiege weitgehend umgangen. Die Straße führte über Scarabantia (Sopron) nach Savaria (Szombathely), über Poetovio (Ptuj) und Iulia Emona (Ljubljana) nach Aquileia.[4] Mit dem Schwinden der römischen Staatsmacht im 5. Jahrhundert kamen slawische und awarische Volksstämme in das Semmeringgebiet und damit soll der Semmering, so wird vermutet, zu seinem Namen *Semmerick* „der Unwirtliche" gekommen sein. Aber es gab auch zahlreiche andere Namen, die alle aus slawischen Wurzeln stammen, wie *Smrk* (die Fichte) oder *Cermerinik* (Berg bei der Schneerose). Ein weiterer Name war *Cerewald* (Zirbenwald). Wie dem auch sei, die Verbindung über den Semmering-Pass zwischen dem Schwarza- und dem Mürztal gewann wieder mehr an Bedeutung, obwohl sie nur ein Saumpfad war. Neben dem Wechsel als stark frequentiertem Übergang zwischen Niederösterreich und der Steiermark war ursprünglich der Weg über das *Preiner Gscheid* die wichtigste Nord-Süd-Verbindung. Zu einer permanenten Besiedelung des Semmeringgebietes kam es erst im 10. Jahrhundert. Die Stadt Gloggnitz am Fuße

2 Vgl. Helmut Birkhan: Kelten. Versuch einer Gesamtdarstellung ihrer Kultur, Wien 1997.

3 Marc Aurel: Selbstbetrachtungen (hg. und ü. von Gernot Krapinger), Stuttgart 2019.

4 Vgl. Helmut Kapeller: Die römische Bernsteinstraße. Zu Fuß von Carnuntum nach Aquileia, Linz 2020.

des Semmering wurde, wie auch die Namen *Glocniza* (glucksender Bach) oder *Kostrici* (Berg) für Göstritz bezeugen, von slawischen Völkern besiedelt. Offiziell wird Gloggnitz zum ersten Mal 1094 in einer Schenkungsurkunde des Grafen Ekbert I. von Formbach erwähnt. Anlass war die Gründung eines Filialklosters in Gloggnitz, im Gebiet der Grafschaft Formbach-Neuburg-Pütten (Pitten), das von bayrischen Mönchen bewirtschaftet wurde. Dazu zählte auch, man mag es nicht glauben, ein sehr einträglicher Weinbau.

Mit dem Tode von Ekbert III. endet die Linie der Formbacher und sein Cousin, der steirische Markgraf Ottokar III. (1125–1164) aus dem Geschlecht der *Traungauer*, erbte die Grafschaft Pitten, zu der weite Gebiete im südlichen Niederösterreich und der angrenzenden Steiermark gehörten. Er ließ den bestehenden Saumpfad über den Semmering verbreitern, dass er auch für einspännige Anzwagen (ein leichter, einachsiger Wagen mit geringer Spurbreite) befahrbar wurde. Weiters errichtete er auf der steirischen Seite ein Hospital, durch das Spital am Semmering zu seinem Namen kam. Einen Erlebnisbericht von seiner beschwerlichen Reise über den damals gefürchteten Semmering gibt es vom steirischen Minnesänger Ulrich von Liechtenstein, der 1227 in seiner *Venusfahrt* (er war als Venus verkleidet) berichtet: „[...] *dô zogt ich über den Semernic gegen Glokeniz* [...]" und später bei seiner Artusfahrt 1240 „[...]*über den Semernic wir dô zogten unde wâren frô*".[5] Demnach dürfte der Semmering zu dieser Zeit eine recht unwirtliche Gegend gewesen sein. Der Verkehr über den Semmering-Pass nahm trotzdem einen beachtlichen Aufschwung, bedingt durch den Aufstieg Venedigs als Handelsplatz für kostbare Waren aus dem Orient. Diese wurden auf der wichtigen Handelsstraße über Udine und Gemona quer durch Kärnten über den Neumarkter Sattel nach Judenburg gebracht. Von dort ging es weiter Richtung Semmering-Pass. Auf der steirischen Seite führte die Straße durch das Fröschnitztal über Spital und Steinhaus durch den Dürrgraben hinauf auf die Passhöhe. Danach machte die Straße eine Biegung zum *Mörtengraben* (benannt nach einem Bildstock des hl. Martin, dem Schutzpatron der Pfarre Klamm) und führte über die *Myrthenbrücke* (das war der verballhornte Name von Martin) beim *Bründl* am Fuße des Sonnwendstein vorbei. Nach kurzer ebener Fahrt ging es steil hinunter durch den Göstritzgraben nach Schottwien. Der Ort Schottwien (das *Oppidum Shadwin* wurde schon 1266 in der Leobener Chronik urkundlich erwähnt) verdankt den Transporten in Richtung Steiermark einen beachtli-

5 Heinz Gerstinger: Frau Venus reitet: Die phantastische Geschichte des Ulrich von Liechtenstein, Judenburg 1995.

chen wirtschaftlichen Aufschwung. Maßgeblich trugen die zahlreichen Dienste, wie Vorspannhilfen oder Verpflegung für die Fuhrwerksleute und Reisenden, dazu bei. Diese Phase des Aufschwungs wurde aber durch die Besetzung durch den ungarischen König Stefan V. 1270 unterbrochen. 1292 marschierte Rudolfs Sohn Albrecht I. mit einem Heer durch Schottwien, um der von aufständischen Adeligen belagerten Stadt Bruck zu Hilfe zu eilen. Um den stark verschneiten Semmering passieren zu können, musste die Saumstraße von 600 (!) Bauern freigeschaufelt werden.

1368 traf Herzog Albrecht III. eine wichtige Entscheidung. Er veranlasste, dass alle Handelsgüter aus Venedig, die für Wien, Böhmen, Schlesien und Ungarn bestimmt waren, die Semmeringroute nehmen mussten und dafür eine Mautgebühr zu entrichten hatten. Dieser Verfügung gingen bereits andere Verbote von Warentransporten voraus. Davon betroffen waren Lieferungen nach Ungarn über Pettau (Ptuj) und vice versa Lieferungen aus Ungarn, wie Wachs oder Kupfer für die steirischen und Kärntner Städte, die den Semmering-Pass benutzen mussten. Auch der Weg über den Wechsel wurde für Transporte verboten.[6] Bei einem etwaigen Verstoß gegen diese Vorschriften konnten alle Waren beschlagnahmt werden. Mit diesen drastischen Maßnahmen wurde aus dem ehemaligen Saumpfad die *Venedig- oder Italienstraße*[7] und für Herzog Albrecht eine höchst einträgliche Einnahmequelle. Trotz alledem war die Route über die Radstädter Tauern mit der Strecke Venedig-Salzburg-Linz bedingt durch die besseren Absatzbedingungen eine starke Konkurrenz für den Semmering.

Nach dem Sieg über die Türken 1683 kam es zu einem spürbaren Anstieg der Nachfrage an Luxusgütern aus Italien, die auf der Semmeringroute in die Hauptstadt gebracht wurden. Doch der Weg nach Wien war weit. Für die 46 Meilen (341 km) von Villach nach Wien über den Semmering brauchte ein schwer beladener Fuhrwagen 12 bis 14 Tage. Mit diesen Transporten kamen exotische Waren nicht nur in die Städte, sondern auch in die entlegensten Seitentäler und Dörfer.

Mit der Erhebung Triests zum Freihafen 1719 und dem Ausbau zum wichtigsten Handelshafen der Donaumonarchie wurde die Verbindung Wien–Triest

---

6 Vgl. Othmar Pickl: Zur Handelspolitik der frühen Habsburger in Innerösterreich. In: Alois Mosser (Hg.): Der Unternehmer und die Geschichte. Festschrift für Alois Brusatti, Wien 1979.

7 Vgl. Othmar Pickl: Der Handelsweg über den Semmering. Die Bedeutung der Semmeringstraße im Mittelalter und in der frühen Neuzeit. In: Wolfgang Kos (Hg.): Die Eroberung der Landschaft. Semmering, Rax, Schneeberg, Wien 1992.

Abb. 5: Carolus-Denkmal von Fischer von Erlach.

über den Semmering zu einer zentralen Verkehrsachse des Kaiserreiches. 1726 wurde der Ingenieur und *Hofmathematikus Jakob Marioni* beauftragt eine neue Trasse über den Semmering mit einer *Milderung der Steigung* zu planen. Sie sollte dabei über den Bärensattel und den Myrthengraben führen. Für die Finanzierung dieses Projektes wurde ein neues Wegpatent (vulgo Maut) eingeführt.

1728 gab Kaiser Karl VI. den Auftrag für den Bau der von Marioni projektierten *Carolusstraße*. Schon am 21. Juni 1728 konnte er sie mit seiner Gattin Elisabeth Christine und seiner Tochter Maria Theresia ohne Zwischenfälle befahren. An dieses Ereignis erinnert heute noch auf der Passhöhe das Carolus-Denkmal des berühmtesten Barockarchitekten Fischer von Erlach.

Mit der Verbesserung der Straßenverbindungen nahm auch der Handelsverkehr beträchtlich zu. Das wirtschaftliche Leben auf beiden Seiten der Semmeringstraße nahm durch diverse Dienstleistungen wie Verpflegung, Übernachtungen und Versorgung der Pferde einen deutlichen Aufschwung. Ab 1730 konnten Reisende mit der *Ordinaripost* wöchentlich nach Venedig und Triest reisen.

Im Jahre 1818 wurden erneut Pläne für eine Semmeringstraße mit einer geringeren Steigung diskutiert, die 1839 unter Leitung des *k. k. Hofbaurates Hermengild Francesconi* in Angriff genommen wurden. Die Ausführung übernahm der erprobte italienische Bauunternehmer Felix Tallachini (auch die Straße über den Splügenpass in der Schweiz war sein Werk). Er stellte den Bau 1841 mit einem riesigen Arbeiterheer, man spricht von mehr als 2500 Leuten, fertig. Kaiser Ferdinand I. eröffnete mit seiner Gattin Anna Carolina hochoffiziell die *k. k. italienische Post- und Hauptcommerzialstraße,* die einen Höhenunterschied von 400 m mit insgesamt sieben Serpentinen und nur 5 % Steigung (!) bewältigte. Damit brauchte man keinen teuren Vorspann für den Anstieg und auch keinen Hemmschuh mehr zum Abbremsen bei der Talfahrt, sehr zum Leidwesen der Schottwiener Unternehmerschaft, die damit eine prächtige Einnahmequelle verlor.

In dieser Zeit fand von England ausgehend die neueste technische Innovation eine rasante weltweite Verbreitung. Es war die dampfbetriebene Eisenbahn. Auch in Österreich wurden zahlreiche Eisenbahnen errichtet. Schon 1844 gab es eine Bahnverbindung nach Gloggnitz und jenseits des Semmering von Mürzzuschlag nach Graz. Nur der Weg über den Semmering war das letzte Hindernis, das man noch mit der Postkutsche zu überwinden hatte. Von der Bewältigung des Semmering-Passes durch die Eisenbahn wird im nächsten Kapitel eingehend berichtet.

Auch im Straßenverkehr kam es im ausgehenden 19. Jahrhundert zu einer revolutionären Entwicklung. Es war das Automobil, das sich selbstständig, ohne Pferdekraft oder Dampfbetrieb, bewegte. Dieses Gefährt wurde nur von einem unscheinbaren Motor (in dem eine kontrollierte Verbrennung von Benzin stattfand) betrieben und eroberte die Welt im Sturm. Natürlich bedurfte es dazu eines geschulten Lenkers, des sogenannten *Chauffeurs*, der dieses moderne Gerät handhaben konnte. Zahlreiche Droschken- und Kutschenbauer erkannten die Zeichen der Zeit und stiegen auf die Produktion von Automobilen um.

Firmennamen wie Lohner, Gräf & Stift und Austro-Daimler erinnern noch heute an diese Epoche. Schon 1899 war Schottwien der Ausgangspunkt für das erste Automobilrennen auf die Semmering-Passhöhe. Dieses Rennen wurde mit Unterbrechungen bis 1933 durchgeführt. Viele berühmte Piloten wie Emil Jellinek (seine Tochter Mercedes gab der heutigen Weltmarke Mercedes Benz den Namen), Hans Stuck, Manfred von Brauchitsch, Rudolf Caracciola, um nur einige zu nennen, gingen damals an den Start. Die Begeisterung war enorm und es kamen bis zu 60.000 Zuschauer und Zuschauerinnen, wie der Doyen und Augenzeuge dieser Autorennen, der Künstler und „*Greißlereibesitzer*" Hans Stix, sehr unterhaltsam zu berichten wusste.[8]

In den letzten Kriegstagen des Zweiten Weltkrieges wurde die Semmeringstraße von langen Flüchtlingsströmen bevölkert, die Richtung Steiermark zogen, um dem Kriegsgeschehen zu entgehen. Das Semmeringgebiet wurde 1945 zur Frontlinie eines längst verlorenen Krieges, der auch viele Menschen das Leben kostete und zu zahlreichen Zerstörungen führte. Mit dem Ende des Zweiten Weltkrieges am 8. Mai 1945 kehrte endlich wieder Ruhe in das hart umkämpfte Semmeringgebiet ein. Der Staat Österreich feierte seine Wiederauferstehung und wurde von den Siegermächten in vier Besatzungszonen eingeteilt.

Der Semmering-Pass blieb bis zur Unterzeichnung des Staatsvertrages am 15. April 1955 die streng bewachte Demarkationslinie zwischen der sowjetischen und der britischen Besatzungszone im Osten Österreichs. Trotz des mühseligen Wiederaufbaus des zerstörten Österreichs erhöhte sich das Verkehrsaufkommen über den Semmering ständig. War es anfangs nur der Transitverkehr, so änderte sich das bald. Mit dem spürbar steigenden Wohlstand nahm auch der Privatverkehr immer mehr zu. Man erinnerte sich an den Semmering, der sehr schnell wieder zu einem beliebten Ausflugsziel im Sommer wie auch im Winter wurde. Zwischen 1956 und 1958 wurde die Straße auf den Semmering durch eine dritte Fahrbahn, eine sogenannte Kriechspur, verbreitert, um den Ansprüchen des wachsenden Transitverkehrs gerecht zu werden. Doch das reichte bald nicht aus. Um das steigende Verkehrsaufkommen bewältigen zu können, wurde im Oktober 2004 einer der letzten Abschnitte der S 6 (Semmering Schnellstraße)

---

8 Vgl. Hans Stix, Winfried Kallinger: Rasende Zeit. Die Epoche der Semmering Rennen 1899–1933, Wien 1996.

Abb. 6: Blick von der Georgswarte auf das Straßennetz Schottwien/Semmering.

von Maria Schutz nach Spital am Semmering eröffnet. Damit wurden die bis dahin vom Durchzugsverkehr stark betroffenen Orte entlastet. Die neue vierspurige Schnellstraße führt nun an Gloggnitz vorbei und überquert Schottwien auf einer beeindruckenden 630 m langen und 130 m hohen Spannbetonbrücke, von der aus die Burgruine Klamm und der Wallfahrtsort Maria Schutz erblickt werden können. Heute kann der Semmering-Pass, der einst nur auf einem Saumpfad mühselig zu überwinden war, beinahe mühelos dank eines 3,5 km langen Scheiteltunnels durchfahren werden. Ob dieser Ausbau für das ständig steigende Verkehrsaufkommen ausreichen wird, ist wohl eine politische Frage der zukünftigen Ausrichtung unserer Mobilität. Mit hoher Sicherheit lässt sich sagen, dass die Straße über oder besser unter dem Semmering-Pass für die nächste Zeit eine der wichtigsten Nord-Süd-Verbindungen im Osten Österreichs bleiben wird.

Die Eisenbahn, die auch über Berge fahren kann

Dieser vordergründig etwas plakative Titel hat seine Begründung darin, dass die Semmeringbahn den Ruhm für sich beanspruchen kann, die erste Hochgebirgseisenbahn der Welt gewesen zu sein. Damit nimmt sie eine herausragende Stellung in der Transportgeschichte ein, die 1998 mit der Ernennung zu einem UNESCO-Weltkulturerbe gewürdigt wurde. Schon allein diese Anerkennung, die man mit den Pyramiden von Gizeh, der Höhlenmalerei von Altamira und der Akropolis von Athen teilt, lassen den Stellenwert dieser Bahn erkennen. Damit verbunden bleibt in einem Atemzug die Person Carl Ritter von Ghega, der dieses vermeintlich unmögliche Projekt, nämlich eine Höhendifferenz von 500 m mit einer tonnenschweren Eisenbahn ohne Seilzüge oder Zahnstangen zu überwinden, mit großem Weitblick realisierte. Dazu muss erwähnt werden, dass zu Beginn des Bahnbaus am Semmering überhaupt keine erprobte Lokomotive vorhanden war. Daraus lässt sich erahnen, was für ein Vertrauen dieser Mann in den technischen Fortschritt hatte, den er stets mit den klaren Fakten des Machbaren in Einklang brachte.

Carl Ghega, eigentlich Karoli de Ghega, wurde 1802 in Venedig geboren und sollte wie sein Vater die Laufbahn eines Marineoffiziers einschlagen. Nach dem Besuch des k. k. Militärkollegiums begann er entgegen dem Wunsch seines Vaters schon mit 15 Jahren ein Studium an der Universität in Padua, das er 1819 mit der Dissertation zum Doktor der Mathematik abschloss. Zusätzlich besuchte er in den Ferien die Kunstakademie in Venedig, um sich mit Problemen der Architektur zu beschäftigen. Diese Kenntnisse waren für ihn bei der Ausführung der Semmeringbahn und ihren diversen Bauten, im Besonderen der Viadukte, sehr hilfreich. Ghega war nach seinem Studium im Straßen- und Kanalbau im Departement des Lombardisch-Venezianischen Königreiches tätig. Schon 1824 wurde er Bauleiter der Provinz Treviso. In den Jahren 1836–1840 wurden ihm auf Fürsprache seines Arbeitskollegen Francesconi die Planungsarbeiten und Bauleitung einer Teilstrecke der vom Bankhaus Rothschild finanzierten Kaiser-Ferdinand-Nordbahn übertragen. Dazu begab sich Ghega auf zahlreiche Studienreisen nach Frankreich, Deutschland und England, wo er mit George Stephenson, der damals zentralen Person im Eisenbahnwesen, zusammentraf. Schon 1842 wurde Ghega zum designierten Inspektor der südlichen Staatseisenbahnen der Monarchie bestellt. In dieser Zeit machte er eine weitere Studienreise in die Vereinigten Staaten von Amerika. Neben zahlreichen Besuchen in verschiedenen Lokomotivfabriken studierte er die anspruchsvolle Strecke der

Baltimore-Ohio-Eisenbahn, die wegen ihrer ökonomischen und technischen Ausführung sein besonderes Interesse fand. Dabei fiel ihm sofort die geringe Neigung dieser Bahnlinie auf, denn die Strecke über den Semmering würde eine wesentlich größere Steigung zu überwinden haben. Ghega fasste seine Erfahrungen in verschiedenen Büchern[9] zusammen, die kurze Zeit später als *Beweisführung für die Adhäsionsbahn*[10] anerkannt wurden. 1842 wurde Ghega mit der Planung einer Bahnstrecke über den Semmering mit herkömmlichen Dampflokomotiven mit Adhäsionsbetrieb beauftragt. Aufgrund seiner Straßenbauerfahrung war sich Ghega der Schwierigkeiten, die ihn erwarteten, durchaus bewusst. Er lehnte deshalb auch lange Tunnelbauten ab, da sie für ihn nach dem Stand der damaligen Technik und den zu erwartenden geologischen Problemen als nicht durchführbar galten. Nach mehreren Veränderungen führte Ghega die Strecke über Payerbach-Eichberg-Breitenstein, die allerdings eine Erhöhung der Steigung auf 25 ‰ mit sich brachte. 1846 hatte Ghega die Gesamtplanung der Semmeringstrecke abgeschlossen. Trotz der Zustimmung der Mitglieder der Generaldirektion für das Projekt war an eine Durchführung aus Geldmangel in der Staatskassa nicht zu denken. Doch wie so oft nahmen manche Dinge einen anderen Verlauf als vorgesehen. Das galt auch für den Bau der Semmeringbahn.

1848 kam es in Wien zu zahlreichen politischen Ausschreitungen, die sich aufgrund katastrophaler sozialer Zustände in der Arbeiterschaft und aus Protest gegen die absolute Staatsgewalt der Regierung Metternich in einer blutigen Revolution entluden. Die Revolutionäre hatten Erfolg. Metternich wurde entlassen und floh nach London. Die nachfolgende Regierung sah mit dem Bahnbauprojekt Semmering eine Möglichkeit, einen großen Teil der revoltierenden Arbeiter fernab von Wien beschäftigen zu können, um damit die aufgeheizte Situation in Wien zu entschärfen. Die von Ghega projektierte Trasse wurde durch den zuständigen Minister Baumgartner am 27. Juni 1848 im Eilverfahren genehmigt. Das war, wie Experten[11] meinen, nicht nur eine innerstaatliche Entscheidung, sondern auch eine europäische, da sie die Nord-Süd-Verbindung von Hamburg nach Triest betraf, ganz abgesehen von der strategischen Bedeutung für das Kaiserreich und seine südöstlichen Gebiete. Schon am 7. August 1848 begann man

9 Carl Ghega: Die Baltimore-Ohio Eisenbahn über das Alleghany-Gebirge mit besonderer Berücksichtigung der Steigung- und Krümmungsverhältnisse, Wien 1844.

10 Vgl. Gerhard Adler (Hg.): Lexikon der Eisenbahn. 5. Auflage, Berlin 1978, S. 576–577.

11 Vgl. Günter Dinhobl: Die Semmeringbahn. Der Bau der ersten Hochgebirgseisenbahn der Welt, Wien 2003, S. 81.

mit dem Abschnitt Gloggnitz-Payerbach und am 30. August wurde der bautechnisch unproblematische Teil Mürzzuschlag-Spital in Angriff genommen. Die Arbeiterunruhen in der Reichshauptstadt verliefen hingegen nicht so ruhig, wie man glauben könnte, ganz im Gegenteil, der damalige Kriegsminister Baillet de Latour wurde von einem Arbeiter der Semmeringbahn ermordet und an einem Laternenpfahl aufgehängt.[12] Als Folge dieser Unruhen wurde Franz Joseph I. am 2. Dezember 1848 zum neuen Kaiser ernannt, der auch den bereits genehmigten Bahnbau über den Semmering weiterführen ließ.

Die Bahnstrecke wurde in 14 Baulose eingeteilt und von verschiedenen Unternehmen zeitgleich in Angriff genommen.[13] Die Arbeiten wurden im Unterschied zu heute zumeist in Handarbeit und mit geringen technischen Hilfsmitteln ausgeführt. Für die erforderlichen Sprengungen benutzte man noch Schwarzpulver, das nur ein Achtel der Sprengkraft von Dynamit hatte. Probleme gab es damals mit den vielen unterschiedlichen Gesteinsformationen, den Quellen und dem unberechenbaren Gebirgsdruck. Die Arbeiten waren gefährlich und es gab zahlreiche Todesfälle zu beklagen (genau 1718 Personen),[14] wovon jedoch nur 5 % durch Arbeitsunfälle verursacht worden waren. Die übrigen Todesfälle wurden vor allem durch die mangelhaften Unterkünfte mit ihren schlechten hygienischen Einrichtungen sowie mangelnde medizinische Betreuung verursacht. Diese Umstände führten zu verschiedenen Krankheiten und Seuchen wie Cholera und Typhus. Ghega dirigierte dieses riesige Unternehmen Semmeringbahn mit seinen Tausenden Arbeitern (man spricht von 15.000 Personen)[15] von Schottwien aus, wo er im Schildwirtshaus zur „Goldenen Krone" (heute Hauptstraße 31) sein Baubüro hatte.

Der schwierigste Abschnitt der Strecke war der 1428 m lange Scheiteltunnel, wo auch der höchste Punkt der Bahn mit 898 m erreicht wurde. Dieser Tunnel wurde nicht horizontal vorangetrieben, wie man annehmen sollte, sondern durch sechs vertikale und drei schräge Schächte *abgeteuft* (so lautet der bergmännische Begriff, der von dem Wort Tiefe stammt[16]). Erst auf der Tunnelachse konnte ein horizontaler Vortrieb begonnen werden, der dann 1851 mit dem Durchbruch, dem Ausbau der Tunnel und der Portale abgeschlossen wurde. Die

12 Vgl. Josef Dultinger: Die Erzherzog Johann-Bahn, Rum 1985, S. 59.
13 Vgl. Günter Dinhobl: Semmeringbahn, Wien 2003, S. 84.
14 Vgl. Robert Pap: Weltkulturerbe Semmeringbahn, Semmering 2003.
15 Vgl. Robert Pap: Weltkulturerbe, Semmering 2003, S. 96.
16 Franz Rziha: Lehrbuch der gesamten Tunnelbaukunst. Band II, Berlin 1872.

Strecke besteht aus insgesamt 14 unterschiedlich langen Tunneln, 16 Viadukten (mehrere davon zweistöckig) und über 100 Steinbrücken. Wesentlich einfacher verlief der Bau der Bahntrasse von Mürzzuschlag in Richtung Scheiteltunnel. Nur ein einziges Teilstück hatte das Gefälle der Nordrampe, ansonsten waren lediglich vier Viadukte notwendig, um die Höhe des Scheiteltunnels zu erreichen. Ein paar technische Details dürfen bei so einem herausragenden Bau natürlich nicht fehlen. Das ist einmal die Trassierungstechnik mit ihren verschiedenen Neigungs- und Krümmungsverhältnissen. Ghega projektierte die Bahn beinahe prophetisch zukunftsweisend punkto Belastbarkeit, wenn man die einstigen Anforderungen dem heutigen Zugverkehr und seinem riesigen Transportvolumen gegenüberstellt. Dazu kam auch der erstmalige Einsatz von äußerst präzisen Messinstrumenten.[17] Das Schienenmaterial war zu Beginn aus gewalztem Schmiedeeisen, das aber sehr bald durch die härteren Stahlschienen ersetzt wurde. Entlang der Strecke errichtete man zahlreiche Bahnwächterhäuser, um den Betrieb zu kontrollieren. Dazu kamen zwischen Gloggnitz und Mürzzuschlag noch sieben Stationsgebäude, von denen aber heute, bedingt durch die elektronische Überwachung der gesamten Strecke, keines mehr besetzt ist. Eine wichtige Einrichtung der damaligen Zeit waren auch die Heizhäuser in Gloggnitz und Mürzzuschlag für die notwendigen, ständig unter Dampf stehenden Vorspannlokomotiven. Sie waren bis zur endgültigen Elektrifizierung der Semmeringbahn im Jahre 1959 in Betrieb.

Ein interessantes Detail ist auch die Suche nach der richtigen Lokomotive für diese Gebirgsbahn. Die vorherrschende Behauptung, dass es solch eine Lokomotive noch gar nicht gegeben hätte, ist eigentlich unrichtig, denn schon 1839 und 1849 wurden Lokomotiven entwickelt, die alle Zweifel an der erforderlichen Steigfähigkeit widerlegten.[18] Nach einer 1850 erfolgten Ausschreibung eines Wettbewerbes zum Bau einer für die Semmeringbahn passenden Lokomotive kamen vier Lokomotiven in die entscheidende Auswahl. Sie hatten klingende Namen wie *Bavaria*, von der bayrischen Firma Maffei, *Vindobona,* von der Maschinenfabrik der Wien-Gloggnitzer Bahn, *Neustadt* von der Firma Günther aus Wiener Neustadt und *Seraing* von der belgischen Firma Cockerill. Alle Maschinen überboten die geforderten Leistungen, aber die Generaldirektion bezweifelte, dass sie den harten Dauerbetrieb am Semmering aushalten würden. Der Architekt und Maschinenbauingenieur Wilhelm von Engerth bekam

17 Vgl. Günter Dinhobl: Semmeringbahn, Wien 2003, S. 94.

18 Vgl. Günter Dinhobl: Semmeringbahn, Wien 2003, S. 114.

den schwierigen Auftrag, die besten Baudetails der einzelnen Maschinen in eine Konstruktion zu integrieren, was ihm auch gelang. Dieser neue Maschinentyp, die *Semmering-Tender-Lokomotive System Engerth* wurde in großer Stückzahl gebaut und bewährte sich auf zahlreichen Gebirgsbahnen Europas.

Kaiser Franz Joseph I. bereiste die Semmeringbahn erstmals nach einem Jagdaufenthalt im Hofjagdrevier Neuberg gemeinsam mit Ghega von Mürzzuschlag bis nach Gloggnitz. Der Kaiser ließ den Zug an den bautechnisch interessanten Punkten wie beim Haupttunnel, beim *Kalte-Rinne*-Viadukt, der *Weinzettel-Galerie* und in den Stationen Breitenstein und Klamm anhalten, um sich persönlich einen Eindruck von den Baudetails zu verschaffen. Danach ging die Reise bis nach Gloggnitz, wo bei der Einfahrt in die Bahnhofshalle der zu große Schornstein der Lokomotive abgerissen wurde.[19] Da der Kaiser im letzten Wagon saß, bemerkte er von diesen Vorkommnissen nichts. Am 16. Mai fuhr der Kaiser mit seiner Gemahlin Elisabeth mit der Semmeringbahn nach Mürzzuschlag und weiter nach Neuberg, um am nächsten Tag wieder im Sonderzug nach Wien zurückzukehren. Am 17. Juni 1854 war es so weit. Die Semmeringbahn wurde mit großem Jubel offiziell eröffnet und für den allgemeinen Personenverkehr freigegeben.

Wie bei vielen Großbauten kam es auch damals schon zu erheblichen Kostenüberschreitungen der vorgesehenen Bausumme. Konkret stiegen die Kosten auf mehr als das Doppelte von ursprünglich 9.400.000 auf 23.250.236 Gulden (das wären im Vergleich ca. 241.000.000 Euro).[20] Nun, ob sich das bei dem neuen Semmering-Basistunnel ändern wird, kann durchaus bezweifelt werden, wie die Praxis zeigt.

Durch den Bau der Semmeringbahn wurde nicht nur eine wichtige Nord-Süd-Verbindung geschaffen, sondern auch eine einzigartige Landschaft touristisch erschlossen. Es dauerte dennoch Jahre, bis die ersten Bauten der bekannten Hotel- und Villenlandschaft des Semmering errichtet wurden.

Ein Tipp für Interessierte der Eisenbahn im Allgemeinen und der Semmeringbahn im Besonderen: Besuchen Sie das im Jahr 2004 errichtete Südbahnmuseum in Mürzzuschlag. Es gibt dort zahlreiche Exponate und Dokumente über die Semmeringbahn. Ebenso empfehlenswert ist das Ghega-Museum von Georg Zwickl, das er in Eigeninitiative im Wächterhaus beim Viadukt *Kalte Rinne* in Breiten-

19 Vgl. Robert Pap: Weltkulturerbe, Semmering 2003, S. 117.

20 Vgl. Robert Pap: Weltkulturerbe, Semmering 2003, S. 118.

Abb. 7: Ghega-Denkmal am Bahnhof Semmering.

stein mit großem Einsatz eingerichtet hat. Im Bahnhof Semmering wartet das *Weltkulturerbe Informationszentrum* mit zahlreichen Exponaten rund um die Semmeringbahn auf. All jene, die mehr über die Arbeitsbedingungen während des Bahnbaus erfahren wollen, finden in der Novelle „Die Steinklopfer“ von Ferdinand von Saar eine einfühlsame Beschreibung.

AUFENTHALT DE LUXE IN DER NATURARENA

Ausflug in die Natur

Lange Zeit hatte die Natur für die Menschen etwas Gefährliches an sich. Sie war in der vorchristlichen Zeit der Spielplatz der Götter und zum anderen die große Nährmutter, die unter dem besonderen Schutz der Götter stand. Erst nach einer langen Periode des Überlebenskampfes kam es zu einer Überwindung der Furcht vor Naturgewalten und zur Bewunderung der Natur. Die Landschaft wurde zunehmend zu einem Refugium, in dem man Erholung und Selbstorientierung finden konnte.

Der französische Philosoph Jean-Jacques Rousseau (1712–1778) sah im aufkommenden technisch-utilitaristischen Umgang mit der Natur eine Pervertierung des Naturzustandes. Besonders die kulturgeschichtliche Epoche der Romantik am Ende des 18. Jahrhunderts führte bei Künstlern und Intellektuellen zu einer Bewunderung der Natur, die sich auch zunehmend in den einfachen

Abb. 8: 20-Schilling-Blick am Wolfsbergkogel.

Gesellschaftsschichten durchzusetzen begann. Ausflüge in die Natur wurden ein neuer Trend von Arm und Reich. Mit der Errichtung der Semmeringbahn wurde die Reise in eine unberührte Landschaft ein erschwingliches Vergnügen für jedermann, das sich sehr schnell großer Beliebtheit erfreute.

War früher Reichenau, durch die Sommerresidenz der Kaiserlichen Familie, ein attraktives Ziel für die adelige Gesellschaft, so wurden durch die Bahnverbindung die Orte mit einer Bahnstation entlang der Semmeringstrecke wie Payerbach, Küb, Klamm-Schottwien, Breitenstein, Wolfsbergkogel und der Semmering zu Ausflugsorten für alle Gesellschaftsschichten. Die leichte Erreichbarkeit der Ziele und die erschwinglichen Preise der Bahnfahrt waren ideal für Tagesausflüge in die wildromantische, unberührte Gebirgslandschaft. Keine Spur mehr von jener Ängstlichkeit früherer Tage, begründet durch die Wildheit der Natur. Ganz im Gegenteil, das Abenteuer in einer beeindruckenden Landschaft samt reiner Luft lockte zahlreiche Besucher an. Die Gegend rund um die Bahnstation Semmering, dem höchsten Punkt der Bahn, war aber zu jener Zeit nur ein einsamer Haltepunkt, an dem die Lokomotiven mit Wasser versorgt wurden. Die Fahrgäste konnten sich höchstens ein wenig die Füße vertreten und sich ein Bier beim *Semmeringbauer* (heute Haus Stefanie) neben dem Scheiteltunnel gönnen, ehe die Reise weiterging. Dennoch gab es immer ein paar Wagemutige, die ausstiegen und bis zur Passhöhe hinaufgingen, wo das einzige Wirtshaus *Zum Erzherzog Johann* stand, um dort zu übernachten und am nächsten Tag die umliegenden Berge zu erkunden.

Das Südbahnhotel – vom Wagnis zur Erfolgsgeschichte

Es dauerte bis 1875, ehe es zur Gründung eines Verschönerungsvereins – dem *Semmering-Wanderer* – kam. Die Mitglieder legten verschiedene Wanderwege und Markierungen an, um die Schönheiten der Gegend für neue Besucher zu erschließen. Der Erfolg blieb nicht aus und immer mehr Naturbegeisterte besuchten den Semmering. Einer der ersten Stammgäste des Semmering war der prominente Hofbildhauer und Maler Franz Schönthaler (1821–1904), der sich schon früher mehrere Sommer lang bei den einzelnen Bauern rund um den Semmering einquartiert hatte, um die Gegend zu erkunden. Mit seiner Begeisterung für die unberührte Landschaft des Semmering, die er auch in Wien in den gehobenen Kreisen verbreitete, setzte er eine Entwicklung in Gang, die für den Aufstieg des Semmering von entscheidender Bedeutung war. Mit großem Weitblick sah er, welche Möglichkeiten diese pittoreske Landschaft so nahe der Großstadt bot. Ob ihm bereits die Idee eines Luftkurortes vorschwebte, lässt sich nicht genau sagen, aber er erkannte, dass es für einen längeren Aufenthalt am Semmering an Unterkunftsmöglichkeiten mangelte. Als anerkannte Persönlichkeit der Wiener Gesellschaft gehörte zu seinen Gesprächspartnern auch der Generaldirektor der Südbahngesellschaft Friedrich Schüler, der Schönthalers Idee, den Semmering touristisch zu erschließen, bereitwillig aufgriff. Er gründete mit ihm ein Konsortium, um die dafür notwendigen Baugründe von den Bauern zu erwerben. Ihre Absicht war es, ein Hotel und einige Villen in der Nähe der

Bahnstation am Wolfsbergkogel zu errichten. Nachdem Schönthaler die Gründe für das Konsortium um 4000 Gulden erwerben konnte, wurde anlässlich der 25-Jahr-Feier der Bahn der Beschluss gefasst, das geplante Hotelprojekt zu realisieren. Diese schnelle Entscheidung von Schüler hatte ihren tieferen Grund in den zu erwartenden wirtschaftlichen Schwierigkeiten der Südbahngesellschaft, da ihr das 1848 erteilte Privileg der Einkommenssteuerbefreiung 1878 entzogen werden sollte. Mit dem Versprechen von Investitionen in das Bahnnetz und den dazugehörigen Bauten gelang es Schüler, die Administration des Finanzministeriums zu überzeugen, und künftige Steuerzahlungen zu vermeiden. Zu den weiteren Investitionen zählten auch Hotelanlagen entlang den attraktivsten Gegenden der Südbahnstrecke. Die erste Hotelanlage entstand 1878 in Toblach im Pustertal nach den Plänen von Wilhelm Flattich. Mit dem Bau des Südbahnhotels und der von Schönthaler initiierten Villenkolonie am Semmering wurden diese Bemühungen fortgeführt. Schüler ließ das *Hotel Semmering,* wie es ursprünglich hieß, mitten in der *Wildnis*[21] errichten, ausgestattet mit all dem Komfort und den Bequemlichkeiten, den die städtische Klientel auch in dieser unberührten Natur erwartete. Bezeichnend dafür ist der Werbeslogan von Peter Altenberg, den er im *Werbemagazin Südbahn und Llyod* schrieb: „*Wir steigen aus. Wir atmen rasiermesserscharfe Bergluft ein. Wir sind geborgen und im Waldesfrieden.*" Damit nahm er auch auf die Situation in der Großstadt mit ihrer Angst vor Lungenkrankheiten Bezug. Ein Detail am Rande: Die Tuberkulose wurde in der Mitte des 18. Jahrhunderts wegen ihres endemischen Auftretens in Wien als „Morbus Viennensis" bekannt und hatte besonders bei den sozial schwachen Gesellschaftsschichten noch im 20. Jahrhundert eine große Verbreitung. Das Wort *Höhenluft* wurde ein Synonym für den Semmering und diente nicht nur dem Zweck der Erholung von der überbevölkerten Großstadt, sondern auch zur Heilung von zahlreichen physischen und psychischen Krankheiten.

Der erste Bau des Südbahnhotels wurde 1881/82 als streng historistischer Sichtziegelbau vom Leiter der Hochbauabteilung der Südbahngesellschaft Franz Wilhelm errichtet. Sein Baustil hat zahlreiche Merkmale seines prominenten Vorgängers, Wilhelm von Flattich, der auch den Wiener Südbahnhof, das Grandhotel in Toblach und andere Bahnhofsbauten realisierte. Nicht alle Besucher waren vom Entwurf des Südbahnhotels begeistert. So schrieb der bekannte

21 Vgl. Wolfgang Kos: Über den Semmering. Kulturgeschichte einer künstlichen Landschaft, Wien 1984, S. 130.

Heimatdichter Peter Rosegger: „[...] *es ist aber eine gar feine Kaserne* [...]“[22] Das Hotel hatte in der ersten Ausbauphase 60 Zimmer. Dazu kamen noch ein Rauch-, ein Spiel- und ein Damensalon sowie ein Restauranttrakt.

Neben dem Hotelbau errichtete die Bahngesellschaft zwei Villen, die Villa Klein, in der Kaiserin Elisabeth des Öfteren zu Gast war, und die Villa Schüler, die Schüler selbst bewohnte, aber auch an Prominente wie Sigmund Freud vermietete. Franz Schönthaler, der Mentor des Hotelprojektes, war mit diesen Bauten ganz und gar nicht zufrieden. Ihm schwebten statt des Hotelbaus einzelne Villen und ein villenartiges Restaurant vor. Aus heutiger Sicht kann man sagen: Zum Glück setzte er sich mit seinen Vorschlägen nicht durch, denn bei genauer Betrachtung ersparte man damit den Gästen lange Wege zu ihren Zimmern und Aufenthaltsräumen. Schönthaler schied bald freiwillig aus dem Errichtungskonsortium aus und bekam für seine Verdienste ein Grundstück in der Nähe des Hotels, wo er seine Vorstellung von einem Haus in der Natur verwirklichen konnte.

Das Südbahnhotel erfüllte von Beginn an alle Erwartungen. Schon 1890 errichtete die Südbahngesellschaft eine Billigversion des Südbahnhotels, die sogenannten Touristenhäuser, in der Nähe der Bahnstation Wolfsbergkogel für die weniger betuchten Besucher des Semmering. 1893/94 kam noch eine Dependance mit dem klingenden Namen „Waldhof“ dazu. Nach den Plänen von Josef Daum entstand 1883 im Garten des Südbahnhotels ein schmuckes Haus, in dessen Erdgeschoß das Postamt und im Obergeschoß die Hotelkellner des Südbahnhotels ihre Unterkunft hatten. Es ist kein billiger Bau, sondern eine solide Fachwerkkonstruktion mit detailreichem Dekor.

Aufgrund des anhaltenden wirtschaftlichen Erfolges wurde das Südbahnhotel bereits von 1901 bis 1903 im Stil des Späthistorismus nach den Plänen von Alfred Wildhack und Robert Morpurgo umgebaut und erweitert. Damit war aber noch nicht Schluss. Schon von 1912 bis 1913 erfolgte ein weiterer Ausbau des Hotels zu seiner heutigen Größe. Damit erhielt das Haus jenen besonderen Charakter, der eine Symbiose aus Heimatstil und alpiner Architektur darstellt. Mit ein wenig Fantasie kommt es dem Ideal eines Märchenschlosses, eingebettet in eine Naturlandschaft, sehr nahe.

Die stilvolle Inneneinrichtung der Wiener Kunsttischlerei Bothe und Ehrmann sowie die beispielhaft gepflegten Parkanlagen samt eigener Meierei verlie-

---

22 Peter Rosegger: Die neue Sommerfrische auf dem Semmering. In: Peter Rosegger (Hg.): Heimgarten VI, Graz, 1882, S. 15. (Zitiert nach Désirée Vasko-Juhász: Die Südbahn. Ihre Kurorte und Hotels, Wien 2018.)

Abb. 9: Südbahnhotel Semmering, erster Bauabschnitt von 1882, Nordansicht. Dieser Teil wurde in den 1970er-Jahren zu Eigentumswohnungen umgebaut.

hen dem Hotel ein einzigartiges Flair. Mit dem Aufkommen sportlicher Aktivitäten wurde das Hotel auch im Winter zu einem Anziehungspunkt. Der gesamte Park wurde nun zu einem Wintersportzentrum umfunktioniert. Die eigenen Wiesen rund um das Hotel dienten als Platz für die ersten Versuche mit den norwegischen Skiern. Eine Rodel- und Bobbahn führte vom Pinkenkogel direkt zum Hotel. Für die besonders mutigen Wintersportler wurde sogar eine Sprungschanze errichtet. Auch in der wirtschaftlich schwierigen Zwischenkriegszeit konnte das Südbahnhotel mit zahlreichen Neuerungen aufwarten. Die wichtigsten davon waren: 1926 die Errichtung eines Golfplatzes und 1932 der Bau eines Hallenschwimmbades nach den Plänen von Emil Hoppe und Otto Schönthal im Architekturstil der *Neuen Sachlichkeit*. Aus historischer Sicht war das Südbahnhotel die Initialzündung und Triebfeder für zahlreiche weitere Hotelgroßbauten am Semmering.

Gibt es eine Renaissance für das Südbahnhotel? Die Zeichen stehen gut, nachdem der Immobilienunternehmer Christian Zeller das Palasthotel 2021 erworben hat. Neben der geplanten Hotelrenovierung ist auch ein umfassendes Kulturprogramm vorgesehen.

Das Panhans – die neue Hoteldimension

Vinzenz Panhans war dereinst Küchenchef und Restaurantpächter des Südbahnhotels. Der Erfolg des Hotels ließ ihn nicht ruhen, sondern spornte ihn an, sein eigenes Hotel zu errichten. 1888 war es dann so weit. Der erste Bau mit seinen 44 Zimmern hatte eher bescheidene Ausmaße. Schon 1891 gab es die ersten größeren Erweiterungen. Bis 1904 folgten weitere Ausbauten. Nach dem Ableben von Vinzenz Panhans 1905 übernahm sein Neffe Franz Panhans die Nachfolge und ließ das Hotel nach den Plänen des berühmten Architektenduos Ferdinand Fellner & Hermann Helmer zu einem der größten Hotelbauten Europas mit 400 Zimmern erweitern. Zum Hotel Panhans gehörten auch die Dependancen *Waldruhe* und der *Fürstenhof*. Mitglieder des Kaiserhauses wie Erzherzog Franz Ferdinand und der spätere Kaiser Karl sowie Erzherzog Friedrich stiegen im Panhans ab.[23]

Wenige Monate bevor das umgebaute Hotel Panhans 1913 in Betrieb ging, verstarb Franz Panhans während einer Operation in einer Wiener Klinik. Die exorbitant hohen Kosten von vier Millionen Goldkronen hatten Franz Panhans schon 1912 veranlasst, das Hotel in eine Aktiengesellschaft umzuwandeln. Alles lief hervorragend bis zum Kriegsausbruch 1914. Ab diesem Zeitpunkt ging es aufgrund des zunehmenden Lebensmittelmangels sehr schnell bergab. Klara Panhans, die Witwe, führte das Hotel noch bis 1918 weiter. Danach übernahm die *Österreichische Commerzialbank* das Haus und es folgten turbulente Jahre mit ständigem Besitzerwechsel. Erst 1930 änderte sich das schlagartig, als eine der bemerkenswertesten Unternehmerpersönlichkeiten das Hotel Panhans kaufte. Es war der aus Estland stammende, international tätige Geschäftsmann und Immobilienhändler William J. A. Zimdin. In seiner kurzen Zeit am Semmering entfachte er ein wahres Feuerwerk an Initiativen, die das Hotel wieder in die Gewinnzone brachten. Er galt zu seiner Zeit nicht zu Unrecht als Retter des Semmering. Zahlreiche Stars aus der Welt des Films und Persönlichkeiten

23 Vgl. Eduard Aberham: Panhans – Ein Hotel und seine Menschen, Berndorf 2017.

Abb. 10: Panhans-Hotel-Prospekt mit Schwimmbad (1932) und Casino (1934).

der gehobenen Gesellschaft, die dabei sein wollten, kamen nun auf den Semmering. Zimdin erhielt 1934 für das Hotel Panhans eine Casino-Lizenz. Trotz zahlreicher Proteste aus klerikalen Kreisen erfreute sich das Casino eines großen Zuspruchs. Zimdin finanzierte sogar zwei Schienenbusse, die ständig zwischen Wien und Semmering pendelten und zahlreiche Gäste auf den Semmering und in sein Hotel brachten. Weiters erwarb er das von Viktor Silberer erbaute Hotel *Erzherzog Johann* auf der Passhöhe und führte es zu einer neuen Blüte.[24] Eine der attraktivsten Neuerungen von Zimdin war das 1932 errichtete legendäre Alpenstrandbad. Ausgestattet mit verschiebbaren Glastüren konnte das Hallenbad bei sommerlichen Temperaturen zu einem Freibad mit prachtvollem Panoramablick auf die Semmeringlandschaft umfunktioniert werden. 1933 ließ Zimdin

24 Vgl. Eduard Aberham: Viktor Silberer. König des Semmering, Berndorf 2021.

noch ein Sprudelbad im Untergeschoß des Hotelmitteltraktes vom Architekten Adolf Schustala im maurischen Stil errichten.[25]

Das alles änderte sich mit Ende des selbständigen Staates Österreich im Jahr 1938. Zimdin wurde zum Verkauf des Hotel Panhans gezwungen und emigrierte in die USA, wo er 1951 in Santa Barbara verstarb. Die neuen Besitzer wurden die E-Werke des Gaues *Niederdonau* und damit kamen die Günstlinge des NS-Regimes zum Zug. Nach dem Zweiten Weltkrieg wurde die *NEWAG* die neue Besitzerin. Das Hotel Panhans erlebte 1949 seine Wiedereröffnung und musste nach zwei Jahrzehnten am 20. Jänner 1970 den Betrieb einstellen. Danach wurde das Hotel in Kooperation des Wiener Bauunternehmers Adalbert Kallinger, der Gemeinde Semmering und des Landes Niederösterreich umgebaut, revitalisiert und 1982 wiedereröffnet. Nur mehr ein Teil des ursprünglichen Hauses wurde als Hotel weitergenutzt. Der andere Teil wurde zu Wohnungen und einer Tourismusschule umgebaut. Nach erfolgreichen Geschäftsjahren wurde es 2012 erneut verkauft. Die Eigentümer entschlossen sich 2017 zu einer Generalsanierung, mit dem Versprechen einer baldigen Wiedereröffnung. Im Sommer 2022 soll es als Kulturstätte neu belebt werden.

Der Semmering – die exklusive Gesundheitsoase in den Bergen

Zurück zur großen Gründerzeit am Semmering, konkret in die Jahre vor dem Ersten Weltkrieg. Der Ruf des Semmering als Höhenluftkurort war etabliert. Für Dr. Hansy, Chirurg und erfahrener Höhentherapiespezialist, und Karoline Neumann, Witwe des Architekten Franz von Neumann, war dies Anlass genug zum Bau eines Kurhauses von höchster Güte in der klimatisch günstigen Lage am Wolfsbergkogel. Die Architekten Franz von Krauß und Josef Tölk realisierten mit diesem Haus den Start für eine neue Architekturform, die an der Wende des Historismus zur funktionalistischen Moderne steht.[26]

Das *Kurhaus* wurde 1909 fertiggestellt und befindet sich heute auf der Liste der denkmalgeschützten Gebäude. Zahlreiche Berühmtheiten, darunter legendäre Künstler wie Max Reinhardt, Arthur Schnitzler, Anton Wildgans bis zu den Sängern Leo Slezak und Jan Kiepura logierten in diesem eleganten Prachtbau. Sogar der ehemalige Kardinal Innitzer zählte zu der illustren Gästeschar,

25 Vgl. Désirée Vasko-Juhász: Die Südbahn. Ihre Kurorte und Hotels, Wien 2018.
26 Vgl. Günther Buchinger: Hotels und Villen am Semmering. 2. Auflage, St. Pölten 2016.

Abb. 11: Kurhaus am Wolfsbergkogel.

die zur Kur oder Erholung kamen. Das Haus war ein beliebter Treffpunkt der eleganten Gesellschaft, ehe es im Zweiten Weltkrieg zum Heereslazarett umfunktioniert wurde. Nach dem Krieg kam das Kurhaus unter sowjetische Verwaltung und wurde danach als Erholungsheim für Bundesbedienstete genutzt. 1994 kam es in den Besitz einer Investorengruppe mit der Absicht, dieses Haus wieder als Gesundheitshotel zu adaptieren. Durch den Konkurs der Baufirma Kallinger wurden die Pläne obsolet. 2007 wurde das Kurhaus an ein kasachisches Konsortium verkauft. Für die Veranstaltungen des „Kultursommer-Semmering" wurde das Kurhaus von 2011 bis 2018 temporär zum Leben erweckt. Seit 2019 gibt es aber wieder einen neuen Besitzer. Es ist der Grazer Hotelier Florian Weitzer, der das Haus mit dem Namen *Grand Semmering* wiederauferstehen lassen möchte.

Neben dem Südbahnhotel, dem Hotel Panhans und dem Kurhaus entstand 1912 am Fuße des Hirschenkogel ein weiteres imposantes Grandhotel. Josef Deisinger, ein erfahrener Hotelier und *Selfmade-Millionär*[27], ließ nach den Plänen des Architekten Emanuel Stwertnik[28] das *Palace-Hotel* erbauen, das dereinst wegen seiner schiffähnlichen Architektur etwas despektierlich der *Semmeringdampfer* genannt wurde. Das Haus wurde in den 1920er-Jahren kurzfristig zur Kurklinik umgebaut. Der erfahrene Kurarzt Dr. Viktor Hecht übernahm die Leitung bis zu seiner Flucht 1938 vor dem NS-Regime. Es wurde danach wieder zum Hotelbetrieb umfunktioniert. Auch an diesem Hotel ging die Zeit nicht spurlos vorüber. Das Haus wurde nach dem Zweiten Weltkrieg zu einem Erholungsheim der damals noch staatlichen ÖMV-Gesellschaft und wegen seines radikalen Umbaus „ein Opfer eines Modernisierungs-Debakels"[29], wie Wolfgang Kos diese Renovierung beschreibt. Es wurde, aus welchen Gründen auch immer, an ukrainische Investoren verkauft und ist bis heute mit dem Namen *Sporthotel* noch in Betrieb.

Zur Geschichte des Semmering gehört auch das längst verschwundene Hotel *Erzherzog Johann* auf der Passhöhe. Es war ein Prachthotel, das der Zeitungsverleger und Semmering-Liebhaber Viktor Silberer 1899 von der Architektengemeinschaft Fellner und Helmer erbauen ließ. Mit seinen 130 Komfortzimmern wurde es schnell zum Zentrum der neuen Wintersportaktivitäten auf der Semmering-Passhöhe. Im Sommer war es der Zielpunkt der schon erwähnten Semmering-Autorennen. Nach dem Verkauf kam es zu mehreren Besitzerwechseln, ehe es von William Zimdin erworben wurde. Das Hotel *Erzherzog Johann* erlebte noch einmal eine Blüte, bevor es 1945 niederbrannte und nicht mehr aufgebaut wurde.

Die Liste der Semmeringer Hotelbauten und Kurhäuser wäre unvollständig ohne Erwähnung der Wasserheilanstalt *Marienhof* im Haidbachgraben. Dort wurden Kaltwasserkuren nach dem Verfahren von Vincenz Prießnitz, dem „*Wasserdoktor*", angeboten, die als Vorläufer der berühmten Kuren von Sebastian Kneipp gelten. Der Gloggnitzer Industrielle Franz Xaver Wellspacher errichtete diese Kuranstalt nach den Plänen seines Schwiegersohnes Gustav Neumann im Haidbachgraben, sie nahm 1896 ihren Betrieb auf. Eine Besonderheit ist die

27 Vgl. Josef Deisinger: Vom Piccolo zum Millionär, Wien 1958.

28 Bauakt im Gemeindeamt Semmering. 1911–1913.

29 Wolfgang Kos: Semmering, Wien 1991, S. 191.

Architektur dieses Baues. Sie weist die Form eines vergrößerten Bauernhauses auf und verleiht dieser Kuranstalt ihr partikuläres Aussehen. Der Kurbetrieb ist schon lang zu Ende. Das Gebäude der Kuranstalt wurde zur *Villa Wellspacher* und die Räumlichkeiten zu Ferienwohnungen umfunktioniert.

Insgesamt kamen die Bautätigkeiten nach dem Ersten Weltkrieg am Semmering bis auf die Errichtung der Hallenschwimmbäder im Panhans und im Südbahnhotel zunehmend zum Erliegen, obwohl noch Pläne für einzelne Bauten vorlagen. Einer davon war der Entwurf des Architekten Adolf Loos, den er 1911 für seine Bekannte, die angesehene Reformpädagogin Eugenie Schwarzwald, für eine Erziehungs- und Unterrichtsanstalt am Abhang des Pinkenkogels vorlegte. Die gewagte Architektur hätte fünf Tief- und vier Obergeschoße gehabt. Obwohl dieser Bau nie realisiert wurde, schien Loos vom Semmering begeistert gewesen zu sein. Denn schon 1913 legte er neue Pläne eines Großhotels für eine Schweizer Investorengruppe vor. Es sollte an den steilen Abhängen des Pinkenkogels am Golfplatz mit 14 Geschoßen sowie zahlreichen luxuriösen Einrichtungen für eine anspruchsvolle Klientel errichtet werden. Loos präsentierte diesen Entwurf sogar bei der Architekturausstellung „Salon d'Automne" in Paris 1920, aber die Zeit für solche Großbauten am Semmering war vorüber.

Die noch immer beeindruckenden Hotelbauten und Kuranstalten mit ihrer wechselhaften Geschichte hinterlassen beim Betrachter einen wehmütigen Eindruck. Außer dem Sporthotel, dem ehemaligen Palasthotel, ist derzeit kein Haus mehr in Betrieb. Bleibt zu hoffen, dass der neue Besitzer des Kurhauses am Wolfsbergkogel, Florian Weitzer, mit seinen Bestrebungen einen allgemeinen Aufschwung einleiten kann. Seine Pläne sind vielversprechend und wären ein wichtiger Impuls für die Zukunft der Hotellerie am Semmering.

DIE VILLENLANDSCHAFT DES SEMMERING

Die Villa im Wandel der Zeit – Kunstobjekt oder Statussymbol

Die Frage, ob es einen Semmering-Villenstil gibt oder nicht, ist mittlerweile entschieden. Kunsthistoriker[30] sind überzeugt, dass hier durchaus ein eigener Stil kreiert wurde, der aus verschiedenen Strömungen entstand. Das sind zum einen die Reichenauer Villenbauten und zum anderen die Bauernhäuser der Schweiz

30 Vgl. Günther Buchinger: Villenarchitektur am Semmering, Wien 2006, S. 155.

und des Tiroler Unterlandes, die binnen kurzer Zeit zu einem neuen Stil mutierten, der die Villenbauten am Semmering auszeichnet. Dieser Stil wird allgemein dem Heimatstil zugeordnet, der am Ende des 19. und Anfang des 20. Jahrhunderts in vielen Ausformungen entstand. Im deutschsprachigen Raum wird er auch als Fachwerkstil, Laubsägestil oder Schweizerhaus- bzw. Tirolerhausstil bezeichnet, in England *Victorian style*. In Wien wurde 1872 durch eine Initiative des Architekten Heinrich von Ferstel der *Wiener Cottage Verein* gegründet, der in den Wiener Gemeindebezirken Währing und Döbling und später auch in Lainz und Hietzing Villen im Stil englischer Landhäuser, der sogenannten *Cottages*, errichten ließ.

Historisch hat die Villa ihren Ursprung im römischen Imperium und war eigentlich eine *Villa rustica*, ein Landgut mit einem separaten Wohn- und Wirtschaftsgebäude außerhalb der befestigten Stadt. Ihre Aufgabe bestand darin, die Bevölkerung mit den erforderlichen Lebensmitteln zu versorgen. Die Besitzer waren oft Veteranen, die nach ihrem Ausscheiden aus der Armee ein Stück Land bekamen, auf dem sie diese *Villa rustica* errichteten. Daraus entwickelte sich des Weiteren die *Villa urbana* (aus der lateinischen Sprache, in der Villa ein Landhaus und urbanus von städtischer Art bedeutet) und wurde zum Refugium der römischen *upper-class* wo sich der vornehme Bürger allein oder mit Freunden dem *otium*, der schöpferischen Muße in Form von philosophischen Gesprächen widmen konnte. Beinahe alle Herrscher und Senatoren des römischen Weltreiches hatten an den schönsten Plätzen des Reiches in Capri, Tivoli oder Carnuntum eine oder auch mehrere Villen. Sie waren mit einem verschwenderischen Luxus ausgestattet und wurden an ausgesuchten Orten, sei es an kühlen Bachläufen, warmen Quellen oder an Hanglagen mit einem prächtigen Panorama errichtet.[31]

In der Renaissance war die Villa ein Erholungsresort des Großbürgertums, wie die zahlreichen Bauten des Andrea Palladio rund um Venedig und Vicenza zeigen. Der feine Unterschied zu früher war, dass es bereits einer breiteren Personenschicht möglich war, sich diesen Luxus leisten zu können und auch stolz zu präsentieren. Im 19. Jahrhundert war die Villa in den gehobenen Gesellschaftskreisen beinahe ein Muss, um anerkannt zu werden. Gebaut wurde an ausgesuchten Plätzen in der Nähe der Städte oder in deren Vororten, aber nicht in entlegenen Gebirgslandschaften. Erst in der zweiten Hälfte des 19. Jahrhunderts wurden Villen aufgrund der Begeisterung für die Natur auch inmitten

31 Vgl. Harald Mielsch: Die römische Villa. Architektur und Lebensform, München 1987.

einer Gebirgsszenerie errichtet, wie die diversen Landsitze in Reichenau an der Rax zeigen. Dass manche Bauten auch Dimensionen eines Renaissanceschlosses haben, wie der kolossale Bau des Baron Rothschild, ist eher eine Ausnahme. Die *Villa Wartholz* der kaiserlichen Familie begnügte sich mit bescheideneren Dimensionen, die aber immer noch stattliche Ausmaße hatte. Wie dem auch sei, der Wunsch nach einer Villa in einer Landschaft umgeben von Bergen war damit beim Adel und dem Großbürgertum geweckt. Das war auch für den Villenbau am Semmering die entscheidende Motivation.

Der Villenbau am Semmering – Franz Schönthaler ein Trendsetter

Zu den ersten Villen am Semmering zählen die Villa Schüler, die Villa Klein und die Villa Prenninger. Sie entstanden nach den Plänen des Architekten Josef Daum 1881/82 im Zuge des Südbahnhotelbaus. Die Villen Schüler und Klein sind mit ihrem Ziegelmauerwerk, das auf einem Bruchsteinsockel steht, und dem holzverkleideten Giebel, noch ganz im Stil der älteren Bauten des ehemaligen Hochbaudirektors der Südbahngesellschaft Wilhelm Flattich errichtet. Die Villa Schüler war eine Dependance des Südbahnhotels und wurde von Schüler, dem Generaldirektor der Südbahn, selbst benutzt. Die Villa Klein, ursprünglich auch als Dependance geplant, wurde an Amalie und Julia Klein verkauft. Beide Häuser beherbergten dereinst berühmte Gäste wie Sigmund Freud und sogar die Kaiserin Elisabeth.

Daums Architekturentwürfe sind nur biedere Varianten seines Vorgesetzten Wilhelm Flattich. Der Semmering-Liebhaber Schönthaler war mit diesen Entwürfen ganz und gar nicht einverstanden. Ihm schwebte ein Holzbau vor, wie er in den Alpenländern für die Bauernhäuser üblich war. Der damals noch junge Architekt Franz Neumann entwarf für Schönthaler 1882 eine *Villa* aus Holz, die seinem Geschmack entsprach. Schönthaler bezeichnete sie liebevoll-ironisch als seine „Holzschachtel“, obwohl sie gar nicht so klein war. Neumann integrierte in diesen Bau zahlreiche Details der Bauernhausformen der Ostschweiz und Vorarlbergs. Auch wenn der Komfort etwas zu wünschen übrigließ, war Schönthalers Haus dennoch Treffpunkt für zahlreiche prominente Besucher und Freunde wie zum Beispiel Johann Strauß oder Erzherzog Karl Ludwig.

Von den zahlreichen Gästen des Südbahnhotels träumten insgeheim viele von einem eigenen Haus in dieser prachtvollen Naturarena. Doch es dauerte noch etwas, bis diese Wünsche Realität wurden. Franz Schönthaler, der Initiator dieses Trends, verließ sehr bald frustriert den Semmering, da er den zunehmenden Trubel, der sein Haus zu einer wahren Pilgerstätte gemacht hatte, nicht mehr ertragen konnte.

Franz Neumann – Ikone der Semmering-Architektur

Für Franz Neumann, den damals noch jungen Architekten aus Wien, bedeutete der Entwurf der Villa oder besser des Holzhauses von Franz Schönthaler einen Aufstieg, der seinesgleichen suchte. Er war der innovative Kopf einer neuen Villenarchitektur, die er aus den bestehenden Tiroler Bauernhausformen zu einem eigenen Stil weiterentwickelte und damit großen Zuspruch fand. Neumann war aber nicht nur ein genialer Architekt, sondern auch ein cleverer Geschäftsmann. Er kaufte am Semmering zahlreiche Grundstücke von den umliegenden Bauern auf und agierte als Bauherr und Anbieter bezugsfertiger, architektonisch beeindruckender Villen. Auf Wunsch bot er ein Gesamtpaket von der Baubewilligung bis zur Bauabnahme bei der damals für den Semmering zuständigen Gemeinde Breitenstein an. Die erste Villa im „Semmeringstil" (ja, in diese Liga waren die Holzbauten mittlerweile aufgestiegen) war seine eigene, die er in der Nähe des Südbahnhotels in der heutigen Villenstraße errichtete. Sie weist alle Details auf, die eine „klassische" Semmering-Villa *Neumannscher Prägung* vom Fundament bis zur Dachkonstruktion auszeichnet. Sein Baustil hatte gewisse Merkmale, die er stets mit neuen originellen Einfällen ergänzte. Dazu gehörten der Bruchsteinsockel und der gekämmte Holzbau, der oft über mehrere Stockwerke ging. Weitere Details seiner Architektur waren ein Holzbalkon und ein weit auskragendes Sparrendach, das oft mit Dachgaupen versehen war, um die Wohnfläche optimal zu nutzen. Ein beispielhafter Bau dieser Art ist die *Villa Bittner*, die von Neumann 1894–1895 auf einem steilen, bautechnisch schwierigen Gelände errichtet wurde. Mit ihrer Veranda und dem gemauerten Vorbau hat sie nichts mehr mit einem Bauernhaus gemeinsam. Eine andere Villa, die Neumann nicht von Beginn an plante, sondern die erst durch einen von ihm vorgenommenen radikalen Umbau ihr jetziges Aussehen bekam, ist die *Villa Leibenfrost*, die ursprünglich von Josef Daum für den Direktor der Bahnaufsicht der Südbahn, Prenniger, gebaut worden war. Mit ihren asymmetrischen Vorbauten und malerischen Einzelheiten, wie der Essglocke am Dachfirst, dem Figurenschmuck und ihren zierlichen Dachgaupen, ist sie ein Juwel der Semmeringer Villenlandschaft. Heute dient sie dem *Allroundkünstler* Christian Ludwig Attersee als Bleibe und Atelier.

Abb. 12: Villa Editha am Wolfsbergkogel.

Auf diesem Grundstück befindet sich noch das bescheidene Haus des Polleros-Bauern der 1879 seine Gründe einst dem Konsortium der Südbahngesellschaft verkaufte und damit den Bau der Südbahnhotels sowie die ersten Bauten der Villenkolonie ermöglichte. Ein weiteres Bravourstück gelang Neumann mit der *Villa Kleinhans*, die sich am Ende der Hochstraße in einer Nord-Süd-Ausrichtung befindet. Auch diese Villa übernahm er von einem anderen Planer. Als er 1900 den Auftrag zum Umbau bekam, veränderte er den Entwurf grundlegend, indem er Motive dieser Bauarchitektur mit städtisch-historischen Baudetails zu einem harmonischen Ganzen verband.

Alle von Neumann gestalteten Villen aufzuzählen, würde den Rahmen dieses Buchbeitrages sprengen. Aber die letzte Villa, die Neumann am Semmering errichtete, soll hier noch erwähnt werden. Es ist die Villa Editha, die er am Wolfsbergkogel für Editha Mautner, die Gattin der Industrielegende Karl Ferdinand Mautner-Markhof, errichtete. Dieser Bau ist mit seiner aufwendigen Gestaltung gewissermaßen ein Höhepunkt seines Schaffens am Semmering und *eine hypertrophe Umsetzung eines Bauernhauses aus dem Tiroler Unterland*,[32] wie es der Kunsthistoriker Günther Buchinger treffend bezeichnet.

Franz von Neumann, die Ikone der Semmering-Architektur, verstarb 1905 mit 61 Jahren am Südbahnhof in Wien, bevor er seine beabsichtigte Reise auf den Semmering antreten konnte.

Der Zenit des Semmering-Villenbaustils und die neuen Architektureinflüsse

Nicht nur der zum Ritter geadelte Franz von Neumann entwarf und baute beeindruckende Villen am Semmering. Zahlreiche andere berühmte Architekten folgten dem Ruf der einzelnen Bauherren, ihnen eine Villa am Semmering zu planen. Dazu zählt das Architektenduo Hermann Helmer und Ferdinand Fellner, die sich mit ihren zahlreichen Theaterbauten einen legendären Ruf erarbeitet hatten. Sie planten nicht nur Theaterbauten, sondern auch andere Projekte. Dazu zählen auch der bereits erwähnte finale Ausbau des Panhans zu seiner heutigen Größe und diverse Villen, wie die *Villa Wehrberger*, das heutige Hotel-Restaurant Belvedere an der Hochstraße 6. Es ist ein Beispiel von vielen für die Flexibilität der beiden Architekten. Sie verbanden Elemente von Bauernhäusern der Alpengegend mit späthistorischen Elementen zu einem originellen Entwurf. Hermann Helmer baute für sich selbst und seine Familie 1891 eine Villa an der Hochstraße, die einem Bauernhaus des Berner Mittellandes mit seinem Ründi (eine halbbogenförmige vorgesetzte Holzkonstruktion) und dekorativer Essglocke nicht unähnlich ist. Übrigens fanden dort 1907 hochpolitische Gespräche zwischen den Außenministern Italiens und Österreich-Ungarns über die Balkanpolitik der beiden Staaten statt.

Ein weiterer Architekt, der am Semmering verschiedene Bauten realisierte, war Gustav Neumann, der jüngere Bruder von Franz von Neumann. Er war Hofarchitekt des Fürsten Liechtenstein, der in der Semmeringgegend zahlreiche Besitzungen hatte. So plante er die Pfarrkirche „Heilige Familie", die von 1894–1896 errichtet wurde.

---

32 Vgl. Günther Buchinger: Villenarchitektur, Wien 2006, S. 236.

Abb. 13: Neogotische Kirche „Heilige Familie" mit Pfarrhof.

In Folge wurde auch das Pfarrhaus von 1896–1897 nach seinen Plänen erbaut. Mit den pittoresken Dachpfetten, Balusterpfeilern und den mit stilisierten Blumenmustern verzierten Wandflächen wird deutlich, dass Gustav Neumann dem Semmering-Baustil seines Bruders in nichts nachstand. Gustav Neumann plante ebenso die fürstlichen Jagdhäuser in Greis bei Maria Schutz und im Talhof bei Breitenstein.

Eine Besonderheit ist die *Villa Engelmann*, die höchstgelegene Villa des Semmering.[33] Das Kuriose an dieser Villa ist nicht nur ihre Lage, sondern auch ihre einzigartige Konstruktion. Sie besteht aus einem Fachwerkbau aus Stahl, der auf einem Bruchsteinsockel ruht und im unteren Teil mit einem Verputz versehen und darüber mit Holz verkleidet ist. Damit entspricht dieser Bau durchaus einer

33 Mit diesem Namen assoziiert man heute noch einen Eislaufplatz in Wien, den Eduard Engelmann sen. 1871 in der Alsgasse 8 in Hernals (heute Jörgerstraße) errichtete. Am 10. November 1909 wurde die 1. Freiluft-Kunsteisbahn der Welt in der Syringgasse 6–8 von seinem Sohn Eduard, einem Allroundsportler, eröffnet. https://www.engelmann.co.at/100-jahre-engelmann, letzter Zugriff: 25.01.2022.

klassischen Semmering-Villa. Erbaut wurde sie 1902 nach Engelmanns eigenen Plänen.

Nur wenige Höhenmeter unterhalb, etwas nördlich, errichtete Josef Bündsdorf 1893–1894 das *Silbererschlössl* für den „Tausendsassa" Viktor Silberer, der aus bescheidenen Verhältnissen stammte und sich als Sportler, Sportveranstalter sowie Journalist und Flugpionier einen ausgezeichneten Ruf erworben hatte. Als Verleger von zahlreichen Sportzeitungen gelangte Silberer zu großem Reichtum. Das Schlössl hatte als kleines Neuschwanstein mit der üblichen Architektur der Semmering-Villen nichts gemeinsam. Ausgestattet mit Türmchen, Erkern mit Wimpergen und einer kostbaren Inneneinrichtung ist es die Inszenierung einer äußerst selbstbewussten Persönlichkeit. Der Semmering verdankt diesem Mann sehr viel. Mit seinem Interesse an Sport und Tourismus legte er den Grundstein für den Wintersport am Semmering, von dem der Ort heute noch mehr denn je profitiert. Auch die Bestrebungen der Villenbesitzer nach einer selbstständigen Gemeinde Semmering, die nicht mehr von Breitenstein, der „Bauerngemeinde"[34], verwaltet wird, unterstützte er nachdrücklich.

An der Talseite von Silberers Refugium, direkt an der Hochstraße, steht die *Villa Miomir*, ursprünglich *Villa Löwy*, die in steiler Hanglage vom Wiener Architekten Siegmund Müller für den Wiener Großhändler Isak Salomon Löwy in den Jahren 1909–1910 errichtet wurde. Schon auf den ersten Blick erkennt man den Wechsel in der Architektur. Der Einfluss des Jugendstils ist unverkennbar. Das zeigt sich an zahlreichen Details, die vom linearen Rillenputz über die Form der Eingangstür, den halbrunden Erkervorbau bis zur Fledermausgaube des Daches reichen.

Der weitere Weg der Hochstraße führt zum eindrucksvollen Panoramablick mit Rax und Schneeberg im Zentrum. Ein paar Schritte weiter, an der linken Seite am Abhang des Semmeringkogels über der Hochstraße, steht die *Villa Linka*, auch *Bergschlössl* genannt. Sie wurde von Alfred Wildhack 1911–1912 in den Formen des Heimatstils gestaltet. Am Ende der Hochstraße kann man die *Villa Mary* mit ihrer reich gegliederten Fassade mit Erkern und Risaliten bewundern. Besonders die Nordseite mit ihrem ausladenden Stiegenaufgang und dem fantasievollen Brunnen bezaubert heute noch. Sie wurde vom Architekten J. Loeb 1912 für seine Frau errichtet. Ein Stück des Weges weiter, an der Kreuzung zur Villenstraße, befinden sich rechts zwei Villen, die bedingt durch ihre frühe Bau-

34 Günther Buchinger: Villenarchitektur, Wien 2006, S. 24.

zeit noch den klassischen Semmeringstil verkörpern. Das sind der *Getrudenhof* und *Unsere Hütte*, die der Großindustrielle Seybel errichten ließ. Den Getrudenhof planten die beiden Architekten Fellner und Helmer 1887/1888. Die Villa Unsere Hütte, ein etwas versteckter Bau dahinter, konzipierte Franz von Neumann. Mit dem Bau des Gertrudenhofs, heute Schweizerhof genannt, erreichte die Semmering-Villenarchitektur mit ihrer Bauernhausform durch das Architektenduo Helmer und Fellner endgültig einen eigenständigen Stil.[35]

Auf dem Streifzug durch die Villenlandschaft sieht man nach wenigen Schritten in Richtung Bahnhofstraße die *Villa Landau*, die der Jugendstilarchitekt Joseph Urban 1908 für den Industriellen Max Landau plante. Die streng geometrisch ausgerichtete Fassadengestaltung, die früher auch eine Musterung mit Holz aufwies, wurde durch zahlreiche Umbauten beträchtlich verändert. Viele Stilelemente von einst blieben dennoch erhalten. Eine Villa, die sich stilistisch weitab von den gängigen Entwürfen zeigt, ist die *Villa Bündsdorf*. Der Architekt Josef Bündsdorf, der auch das Silbererschlössl konzipierte, errichtete diesen imposanten Bau in der Zeit von 1892–1893 für seine Mutter. Mit ihren Erkern und Rundbogenfenstern hat diese Villa einen beinahe renaissancehaften Charakter. Bündsdorf verkaufte sein Refugium 1925 dem jüdischen Fabrikanten Spiegler. Sie wurde, wie alle anderen im jüdischen Besitz befindlichen Villen, 1938 beschlagnahmt und 1940 zum Gemeindeamt Semmering umfunktioniert. Erst 1948 wurde sie an die Besitzer bzw. an ihre Erben restituiert.

Der Villenbau am Semmering kam mit dem Ausbruch des Ersten Weltkrieges zum Erliegen. Es gab zwar vereinzelte Bemühungen, weitere Villen am Semmering zu errichten, wie es der Immobilienhändler Johann Dunz beabsichtigte, nämlich die Errichtung einer Villenkolonie am Weberkogel. Doch außer dem Bau der eigenen Villa blieb es beim guten Willen. Jenseits vom Semmering wurde noch ein Neubau errichtet, der einen kompletten Bruch mit dem vertrauten Villenbaustil darstellt. Es ist das *Landhaus Khuner* des Architektur-Revolutionärs Adolf Loos am Kreuzberg. Dieser Entwurf mit seiner klaren funktionalen Ausrichtung brach mit jeder Tradition. Loos lehnte jeden Dekor radikal ab. Adolf Loos wird für gewöhnlich nicht mit dem Villenbau in den Bergen assoziiert. Das 1930 für den Wiener Fabrikanten erbaute Landhaus erinnert mehr an die schlichte Bauweise von Berghütten, die Loos mit dem Ausspruch „Baue nicht malerisch, überlasse solche Wirkung den Mauern, den Bergen und der

35 Vgl. Günther Buchinger: Hotels, St. Pölten 2016, S. 32–33.

Sonne"[36] begründete. Heute ist das *Landhaus Khuner* ein Hotel und Restaurant der gehobenen Klasse und allgemein zugänglich. Nach diesem Landhaus kam es zu keinem weiteren herausragenden Villenbau, weder am Semmering noch in Reichenau oder in Payerbach. Auch nach dem Zweiten Weltkrieg kam es zu keiner Fortsetzung der Semmering-Architektur. Die neu errichteten Bauten lassen den Glanz von früher vermissen. Die Gebäude der neuen Liftanlagen und die dazugehörigen Bergstationen haben nur die Funktion, dem Gast den Anstieg auf die Gipfel der umliegenden Berge im Sommer und Winter in kurzer Zeit zu ermöglichen. Doch dieser Massentourismus war möglicherweise ein Grund für das Fernbleiben des elitären Publikums. Das einstige Großbürgertum mit seiner dominanten Rolle in der Gesellschaft gibt es in dieser Art und Weise heute nicht mehr. Damit ist auch die ursprüngliche Funktion der Villen mit dem Aufenthalt in der Natur unter seinesgleichen gewissermaßen abhandengekommen.[37]

ABSCHLIESSENDE GEDANKEN

Dieser historische Aufriss der Geschichte des Semmering kann in diesem Rahmen nur fragmentarisch sein. Ich hoffe dennoch, dass die geschätzten Leserinnen und Leser anhand der diversen Darstellungen die einstmalige Begeisterung für die unberührte Natur der Semmering-Landschaft auch heute noch nachvollziehen können. Das gilt auch für die elegante Atmosphäre mit ihren illustren Gästen in den Hotels und in den Villen, die in dieser Art verloren gegangen ist. Ein persönlicher Lokalaugenschein wäre eine Möglichkeit, das zu überprüfen und selbst zu beurteilen.

Es drängen sich dabei für mich einige Fragen auf, die bis heute nicht eindeutig beantwortet werden konnten und nur Vermutungen zulassen. Eine davon wäre: Wieso kam es erst so viele Jahre nach der Inbetriebnahme der Semmeringbahn zu dieser prosperierenden Entwicklung? War der primäre Auslöser die Revolution von 1848 mit dem vorgezogenen Bahnbau oder die Androhung einer Einkommensteuerzahlung der Südbahngesellschaft oder war es doch die Begeisterung von Franz Schönthaler für die Semmering-Landschaft, die er so

36 Adolf Loos: Sämtliche Schriften. I. Band. Regel für den, der in den Bergen baut, Wien 1962, S. 329.

37 Vgl. Günther Buchinger: Villenarchitektur, Wien 2006, S. 155–156.

effektiv verbreitete? Es scheint, dass es glückliche Umstände waren, die hier Regie geführt haben und den Semmering binnen kürzester Zeit zu einem der gefragtesten Kurorte Mitteleuropas aufsteigen ließen. Eine andere Frage stellt sich nach dem Grund für den schnellen Abstieg. Hier findet man leichter eine Antwort: Waren es doch die zahlreichen politischen Ereignisse und zwei verheerende Weltkriege, die vieles zerstörten. Besonders der Zweite Weltkrieg, der am Semmering als Kampfgebiet nicht nur viel Leid und Zerstörung verursachte, sondern auch für zehn Jahre die Demarkationslinie zwischen der sowjetischen und britischen Besatzungszone brachte. Die sowjetische Zone, in der auch die Gemeinde Semmering lag, befand sich gegenüber Restösterreich in einer wesentlich schwierigeren Lage, wie zahlreiche noch lebende, kompetente Zeitgenossen zu berichten wissen. Es dauerte lange, bis man wieder an vergangene Zeiten anknüpfen konnte. Dies war sicher ein Verdienst von zahlreichen Unternehmerinnen und Unternehmern, deren Mitarbeiterinnen und Mitarbeitern und den Bürgerinnen und Bürgern des Ortes, die auch in den schwierigen Jahren des Wiederaufbaus mit ihren Initiativen und ihrer Tatkraft den Semmering wieder zu einer erfolgreichen Fremdenverkehrsregion werden ließen.

Um auch in Zukunft den neuen Herausforderungen gewachsen zu sein, bedarf es zahlreicher Anstrengungen. Einzelne Themen wie die Klima-Thematik oder die akuten Umweltprobleme, die uns alle berühren, harren einer Lösung. Wir alle sind gefordert, mit dem Pioniergeist der Vergangenheit mutig in der Gegenwart die Weichen für die Zukunft zu stellen. Semmering könnte in diesem Bestreben durchaus eine entsprechende Vorreiterrolle übernehmen.

LITERATURVERZEICHNIS

Aberham, Eduard: Das Panhans, Ein Hotel und seine Menschen, Berndorf 2017.
Aberham, Eduard: Viktor Silberer. König des Semmering, Berndorf 2021.
Birkhan, Helmut: Kelten. Versuch einer Gesamtdarstellung ihrer Kultur, Wien 1997.
Buchinger, Günther: Villenarchitektur am Semmering, Wien 2006.
Deisinger, Josef: Vom Piccolo zum Millionär, Wien 2003.
Dinhobl, Günter: Die Semmeringbahn. Eine Baugeschichte der ersten Hochgebirgseisenbahn der Welt, Wien 2003.
Dultinger, Josef: Die Erzherzog Johann-Bahn, Rum 1982.
Gerstinger, Heinz: Frau Venus reitet: Die phantastische Geschichte des Ulrich von Liechtenstein. Judenburg 2005.

Ghega, Carl: Die Baltimore-Ohio Eisenbahn über das Allghany Gebirge mit besonderer Berücksichtigung d. Steigungs- u. Neigungsverhältnisse, Wien 1844.

Hackenberg, Michael: Bergbau im Semmeringgebiet. Archiv für Lagerstättenforschung der geologischen Bundesanstalt. Band 24, Wien 2003.

Kapeller, Helmut: Die römische Bernsteinstraße. Zu Fuß von Carnuntum nach Aquileia, Linz 2020.

Kos, Wolfgang: Über den Semmering, Wien 1984.

Kos, Wolfgang: Die Eroberung der Landschaft. Semmering, Rax, Schneeberg. Katalog der NÖ Landesausstellung. Schloss Gloggnitz 1992, Wien 1992.

Loos, Adolf: Sämtliche Schriften in zwei Bänden. I. Band. Regeln für den, der in den Bergen baut, Wien 1962. [https://de.wikisource.org/w/index.php?title=Seite:Loos_S%C3%A4mtliche_Schriften.pdf/331&oldid= (abgerufen am 12.04.2022)]

Marc Aurel: Selbstbetrachtungen (hg. und ü. von Gernot Krapinger), Stuttgart 2019.

Mielsch, Harald: Die römischische Villa. Architektur und Lebensform, München 1987.

Pickl, Othmar: Der Handelsweg über den Semmering. Die Bedeutung der Semmeringstraße im Mittelalter und der frühen Neuzeit. In: Wolfgang Kos (Hg.) Die Eroberung der Landschaft. Semmering, Rax, Schneeberg, Wien 1992.

Pickl, Othmar: Zur Handelspolitik der frühen Habsburger in Innerösterreich. In: Alois Mosser (Hg.) Der Unternehmer und die Geschichte. Festschrift für Alois Brusatti, Wien 1979.

Pap, Robert: Weltkulturerbe Semmeringbahn, Semmering 2003.

Rhiza, Franz: Lehrbuch der gesamten Tunnelbaukunst. Band II, Berlin 1872.

Schwarz, Mario: Stilfragen der Semmeringarchitektur. Die Semmeringbahn und der Villenbau der Gründerzeit. In: Wolfgang Kos (Hg.) Die Eroberung der Landschaft, Wien 1992.

Vasko-Juhász, Désirée: Die Südbahn. Ihre Kurorte und Hotels, Wien 2018.

II EINBLICK

RESSOURCEN DER GEGENWART

Regina Fritsch

WAS MICH AUF DEN BERG ZIEHT

Eine Schauspielerin erzählt

Wo ist man daheim?
Wo man geboren wurde oder wo man zu sterben wünscht?
(Carl Zuckmayer)

Ich lag im „Zimmer der Dame“ und hörte dem unaufhörlichen, feinen Regen durch das offene Fenster zu … ich war nicht allein, meine Tochter Alina war bereits an Bord in meinem Bauch. Auf dem Schreibtisch vor dem Fenster stand ein Brettchen mit einem üppig belegten, appetitlich zubereiteten Brot, auf meinem Nachtkästchen lag mein Textbuch. Es war Abend, Juni 1990, und der Beginn einer großen Liebesgeschichte zwischen mir und der Gegend rund um Semmering und Rax … viele Wunder nahmen hier ihren Lauf …

Peter Loidolt rief mich eines Tages an und tat das, wonach sich jede junge Schauspielerin und jeder junge Schauspieler sehnt: Er bot mir eine schöne Rolle mit einer nicht minder schönen Gage an und das in einem so direkten, herzlichen und wertschätzenden Ton, der mir bis heute unvergesslich bleibt, weil er auf diese Art nicht oft zu hören ist. Ich sollte bei den Festspielen Reichenau die Salome Pockerl in „Der Talisman“ von Johann Nestroy spielen, mit meinem damaligen Lieblingspartner Robert Meyer, in der Regie von Heinz Marecek. Ein Traum … natürlich sagte ich Ja!

Aber wo lag dieses Reichenau? Die Rax war mir damals nur durch eine Kindheitserinnerung lebendig, als ich vierjährig, blütenweißbestrumpft und mit neuen Lackschuhen bestückt, irgendwo dort auf einer Wiese in Kuhjauche gestiegen und bis zu den Kniekehlen darin versunken bin … eine tränenreiche Mädchenkatastrophe!

Ich stieg also in mein Auto, an den Füßen diesmal alte Wanderschuhe, und war neugierig, diesen Ort zu entdecken. Serienmäßige Navigationssysteme, die einem jeden Umweg, aber damit auch manch schöne Überraschung ersparen können, gab es damals noch nicht, oder zumindest für mich nicht, darum ließ

ich mich nach der Autobahnabfahrt Gloggnitz nur mehr von Ortstafeln und Wegweisern leiten. In Payerbach sprang mir ein Hinweisschild „Alpenhof/Kreuzberg“ in die Augen und erweckte so sehr mein Interesse, dass ich ihm folgen musste. Auf einer kurvigen Straße schlängelte ich mich einige Kilometer steil bergauf und fand vor einem imposanten, dunklen Haus mit einer wundervollen Fernsicht Halt. Über ein paar Treppen den schmalen Eingang hinauf, durch einen bezaubernden Vorraum, eine Schwingtüre öffnend, stand ich im Herzstück dieses Hotels und blickte über den Tresen meinem lieben Schauspielkollegen Walter Langer in sein erstauntes Gesicht, der dort mit den beiden Gastwirten Gerlinde und Karl Steiner saß. Was für ein Zufall! Ich erfuhr, dass Walter und die Steiners langjährige Freunde sind und der Architekt dieses Hauses niemand Geringerer als Adolf Loos wäre! Walter redete auf mich ein, dass ich unbedingt hier am Alpenhof wohnen müsse, wenn ich im Sommer in Reichenau spielen werde! Und das tat ich auch! Und wie! 1989 war der Kreuzberg ja noch recht verschlafen, die Hotelgäste fast alle betagte Stammgäste, die hier jedes Jahr die berühmte, entschleunigende Sommerfrische verbrachten und im Sommer 1990 durfte ich sie dann auch selbst erleben.

Abb. 14: Panorama mit Pollereswand, Weinzettelwand, Kreuzberg und Rax.

Was einen Sommerfrischler hier so ausmacht, erweckte in mir wieder ein eigentümliches, kostbares Gefühl aus Kindheitstagen, frei, grenzenlos und unbeschwert zu sein. Dieser Alpenhof wurde für mich Ausgangspunkt für einige der geborgensten Momente in meinem Leben, ich empfand mich wie eine Made im Speck.

Als Landei aus Hollabrunn in Niederösterreich war mir die Natur immer ein sehr enger und wichtiger Seelenpartner – mein Herz war immer grün! Ich liebte das Weinviertel, den Ernstbrunner Wald, die flachen Felder, die Bauernhöfe, die Kellergassen … jede freie Minute verbrachte ich dort und in der schönen Villa meiner Eltern. Als jedoch die Festspiele Reichenau in mein Leben traten und mit ihnen viele schöne, wunderbare Begegnungen und Freundschaften sowie fruchtbare und beglückende Arbeitsbeziehungen, liefen Rax und Semmering dem Weinviertel den Rang ab. Fast jeden Sommer verbrachte ich, nicht nur arbeitend, seither hier mit meinen beiden Töchtern in den unterschiedlichsten Unterkünften und Winkeln, vom Knappenhof über den Marienhof zum Peterhof, vom Panoramahotel Wagner zum Panhans bis hin zu etlichen privaten Herbergen. Unser Lieblingswanderziel war neben der Rax und dem Höllental die Speckbacherhütte am Rücken des Kreuzberges. Als die Kinder noch sehr klein waren, fuhren wir oft mit dem Auto über die Adlitzgräben nach Breitenstein und Orthof die Speckbacherstraße entlang bis direkt hinauf zur Hütte. In diese kurvenreiche, archaische, romantische Straße habe ich mich sofort verliebt! Ich erzählte den Kindern von den Zwergen und Feen, die hinter jeder Biegung wohnten, und die aus den schroffen Felsvorsprüngen und kleinen Höhlen lugten … was für eine märchenhafte, verwunschene Strecke! Ich seufzte oft und dachte: „Warum kann ich hier nicht wohnen? Wem gehören all diese Grundstücke? Wer sind diese Glücklichen?“ Ein langes Sehnen begann … und überdies auch noch ein heimliches, denn das Leben hatte vorerst mehrere Umwege für mich parat. Ich fühlte mich hier von Anfang an wunschlos zu Hause, richtig und angekommen, aber die Türe ging erst viel später auf, als ganz unerwartet das Land meiner Träume frei war: Es stand plötzlich zum Verkauf! Jenes Grundstück, an dem ich jahrzehntelang mit heißem, schmachtendem Blick vorbeifuhr!

> Herzklopfen, Schmetterlinge im Bauch!
> Ich weiß nicht, wie ich es beschreiben kann, dieses Glück …

„Wovon man nicht sprechen kann, darüber muss man schweigen“, rät Wittgenstein! So habe ich eigentlich schon fast zu viel gesagt und empfehle Ihnen darum an dieser Stelle, liebe Leserin und lieber Leser, sich sofort auf den Weg hierher zu machen, um sich selbst ein Bild zu schaffen, ob mit Wander- oder Lackschuhen, ganz einerlei, denn der Verlag wünscht sich für dieses Buch von jedem Beitragschreiber und jeder Beitragschreiberin einen Essay von mindestens 15.000 Zeichen Länge (das sind sieben Seiten!) … nicht ansatzweise gelingt mir das – die restlichen Seiten bleiben also leer und warten darauf, von Ihnen beschrieben zu werden!

PS.: … vom Wort, und nicht vom Schweigen, leben jedoch die Festspiele Reichenau, vom literarischen Wort allerhöchster Güte: Schnitzler, Nestroy, Doderer, Roth, Zweig und all den anderen Giganten und Magneten direkt begegnen zu können, erweist sich dort jedes Jahr als verlässliches Ereignis, das sich Hand in Hand mit meinen großartigen Kolleginnen und Kollegen schon zu mancher Sternstunde aufgeschwungen hat. Inszenierungen wie „Das weite Land“, „Radetzkymarsch“ oder „Die Strudlhofstiege“ wurden durch die Kulisse des Südbahnhotels am Semmering gar zu überwältigenden Zeitreisen.

Mit Blick in unsere verletzliche Zukunft wären wir gut beraten, auf Qualitätsbegriffe wie Sternstunden, Verlässlichkeit und Güte weiterhin verstärkt zu bauen …

Katharina Hanl-Schubernigg

WO STEHT DER SEMMERING HEUTE?

Tourismusort und Schulgemeinde, Eisenbahn und Seilbahn, Traditionshotels und Familienbetriebe, Sport und Kultur, Stadtnähe und Landflucht, Einwohner mit Haupt- oder Nebenwohnsitz, Erholung und Aktivität – diese Liste der Begriffspaare ließe sich in einem Ort wie dem Semmering beliebig fortsetzen. Die Chancen sind mehr als vielfältig, die Herausforderungen sind es freilich auch. Seit mehr als 100 Jahren besteht dieser Ort nunmehr als eigenständige Gemeinde, fast dieselbe Zeitspanne darf er sich auch mit dem Titel „Kurort" schmücken. Seine Geschichte zählt wohl zu den spannendsten in der österreichischen Tourismuslandschaft – von der Wiege des Tourismus, von der viel zitierten „Eroberung der Landschaft" bis hin zum heutigen Ortsbild gibt es viele Höhen und Tiefen, in wiederkehrenden Phasen hat es Glanzlichter und weniger glamouröse Momente gegeben.

Doch wo steht der Ort heute, was zeichnet diesen Standort aus, was gibt es alles und was wäre gut? Was sind die aktuellen und vor allem die künftigen Herausforderungen, wenn es um die Entwicklung dieses Standortes geht? Wer sind die Visionäre, die heute wie vor mehr als 100 Jahren Großartiges im Kopf haben, das sie genau hier zur Umsetzung bringen möchten? Primäres Ziel, bei der Wertschätzung aller Visionen, sollte sein, den Semmering langfristig als Lebensraum und touristischen Erlebnisraum sicherzustellen und dabei die Lebensqualität für alle nachhaltig zu verbessern, darüber ist man sich in der Gemeinde einig und daran arbeitet die Gemeindeführung tagtäglich.

Anlässlich der 100-Jahr-Feier der Gemeinde im Jahr 2019 wurde vom Team „Gemeinde21 – Zukunft Semmering"[1] das Leitbild „gemeinsam gestalten" für den Ort Semmering erstellt, welches die Situation der Gegenwart und jene der Zukunft beleuchtet, und zu einer gemeinsamen Weiterentwicklung des Ortes für die nächsten Jahre entscheidend beitragen soll. Vor allem soll es eine grundlegende Orientierung sein, um den Weg nicht aus den Augen zu verlieren.

---

1 Mithilfe der NÖ Aktion „Gemeinde21" und unterstützt durch die NÖ.Regional GmbH hat sich am Semmering im Jahr 2017 eine Gruppe engagierter Bürgerinnen und Bürger mit der Gemeindeführung als „Gemeinde21 – Zukunft Semmering" formiert.

Während das Leitbild eher auf Bestandsaufnahme und Zukunft abzielt, wurde die 100-jährige Ortsgeschichte in einer Festschrift[2] dokumentiert, die die historische Entwicklung der Gemeinde sowie ihrer Betriebe, Vereine und Organisationen beinhaltet. Das Jubiläum der Gemeinde geht zeitlich beinahe einher mit dem 100-jährigen Jubiläum ihres Bestandes als Kurort, das nur zwei Jahre später, nämlich 2021, gefeiert werden konnte. Das Klima und dessen genauere Betrachtung stehen also seit jeher in enger Verbindung mit der Gemeinde, doch wie ist diese heute aufgestellt?

EINE BESTANDSAUFNAHME

Rund 30 Jahrhundertvillen zieren das Bild des Ortes, der geografisch betrachtet ziemlich exakt zwischen Wien und Graz liegt. Die vorhandene Länge an Wanderwegen würde mehr als die Entfernung nach Wien ausmachen, nämlich rund 100 Kilometer. Das Gemeindegebiet umfasst eine Katasterfläche von insgesamt 8,65 km^2, davon ist der Bestand an Wald 6,99 km^2 groß – das entspricht einem enormen Anteil von 80,7 %[3]. Weiters sind 80 Quellfassungen in Betrieb, im örtlichen Wasserleitungsnetz müssen gut 80–100 Kilometer Wasserleitungen betreut werden. Kurz zusammengefasst: Der typische Semmeringer, die typische Semmeringerin verfügt also über jede Menge Wasser und Holz und kann sich nebenbei in gesunder Höhenluft am Anblick wunderschöner alter Villen erfreuen. Wahrscheinlich betreibt er oder sie auch Wintersport, ist der Kultur und Kulinarik nicht abgeneigt und fährt zumal auch gerne mit der Eisenbahn – und zwar nicht mit irgendeiner Eisenbahn, sondern mit einem echten *Weltkulturerbe*, der Semmeringbahn. Der *Zauberberg*, wie der Ort vor einigen Jahrzehnten touristisch als Marke aufgebaut wurde, zieht gestern wie heute so viele in seinen Bann – Kunstschaffende, Weltbürgerinnen und Weltbürger, Sehnsüchtige.

Was vielleicht auf den ersten Blick etwas romantisch anklingt, zeigt sich in der Realität nach näherer Betrachtung etwas komplexer: Der Ort kämpft seit 1951 mit einem stetigen Bevölkerungsrückgang, die verbleibende Bevölkerung wird älter, Zuzug findet aufgrund des überschaubaren Angebotes an Arbeitsplätzen kaum statt. Mobilität und Infrastruktur haben am Semmering seit jeher

---

2 Vgl. Gemeinde Semmering (Hg.): 100 Jahre Gemeinde Semmering, Semmering, 2019.

3 Statistik Austria, Stand 14.12.2020, vgl. https://www.statistik.at/blickgem/gemDetail.do?gemnr=31838, letzter Zugriff: 03.01.2022.

Abb. 15: Blick vom Panoramahotel Wagner auf Südbahnhotel und Kurhaus (zukünftiges „Grand Semmering"), im Hintergrund Rax und Schneeberg.

eine besondere Beziehung zueinander, momentan steht mit dem Bau des Semmeringbasistunnels der nächste große Umbruch bevor.

Globale und regionale Prioritäten haben sich zudem seit der Pandemie im Jahr 2020 verschoben, neue „Megatrends" sind im Entstehen, die sich noch rasanter als bisherige durchsetzen werden. Die Beschaulichkeit, die eine kleine Gemeinde bietet, die vor wenigen Jahren von sehr vielen als beklemmend betrachtet wurde, kann heute wohl vielen eine in urbanen Lebensräumen verloren gegangene Sicherheit, die inmitten einer neu entfalteten kreativen Ökonomie auflebt und aufflammt, bedeuten. Die Vorzeichen für die kommenden Jahre werden gerade entscheidend verändert: Technik und Digitalisierung schreiten nicht nur voran, sondern ermöglichen fast überall berufliche Vernetzung und Kommunikation. „Homeoffice" und „Homeschooling" haben quasi über Nacht Einzug in fast alle Haushalte genommen, die erforderlichen Kapazitäten dafür müssen fast ebenso schnell nachgerüstet oder entsprechend aufgestockt werden. Modernes Glasfaserinternet hat bereits bis zu zentralen Punkten in der Gemeinde Einzug gehalten.

Wie aber kann sich ein Ort wie der Semmering diese Trends zunutze machen, ohne seine Identität aufgeben zu müssen, ohne sprichwörtlich überrannt zu werden? Indem er seine Positionierung findet, seine Ausrichtung für die nächsten Jahre abstecken kann. Indem er Raum für das Kommende schafft, indem er Platz für Ideen ermöglicht, indem er Visionäre als Partner findet – und erhält, denn diese Spezies zählt auch zum ursprünglichsten Ortsbild. Besonders im Bereich Mobilität und Infrastruktur wurden Visionäre vom Semmering seit jeher wie magisch angezogen, der Bau der Semmeringbahn, heute Weltkulturerbe, wäre ohne Visionen für die damalige Zeit undenkbar und unrealisierbar gewesen.

Auch kulturelle Freigeister haben den Ort mit ihren kreativen Ideen und Produkten beflügelt, ihm eine magische Aura verliehen. Einige wenige sind geblieben, die meisten aber haben ihre Spuren verewigt, was wiederum neue Generationen von Kulturschaffenden anzieht. Schauspielerinnen und Schauspieler, Musikerinnen und Musiker, bildende Künstlerinnen und Künstler – am Semmering finden sie ein inspirierendes Umfeld. Eine Bestandsaufnahme kann heute aber nicht ohne Berücksichtigung des historischen Erbes angestellt werden, jedes Bauwerk, jeder Weg und jeder Winkel des Ortes atmet diese Geschichte. Eine nachhaltige Entwicklung geht also einher mit der Wahrung und Respektierung der Identität dieses besonderen Lebensraumes. Die Bedeutung der Symbiose von Kultur und Landschaft spiegelt sich auch im erfolgreichen Wirken der Veranstaltungen des „Kultur.Sommer.Semmering" – im Jahr 2020 konnten trotz Pandemiesituation 12.200 Karten für das Festival, das in der einzigartigen Kulisse des Südbahnhotels am Semmering stattgefunden hatte, verkauft werden.

Den besonderen Stellenwert der Kultur wird schon bald auch ein neues Kulturprojekt aufzeigen: Das „Semmeringer Kreuz",[4] eine 16 Meter hohe kreuzartige Skulptur aus drei ineinander verlinkten Stahlrohren, soll mitten auf der Passhöhe, direkt an der Grenze der Bundesländer Niederösterreich und Steiermark, errichtet werden – und die Passhöhe von 984 auf 1000 Meter Seehöhe anheben. Konzipiert von Hans Schabus wird dieses in alle vier Himmelsrichtungen deutende kreuzartige Kunstwerk das Ortsbild entscheidend prägen.

Gerade der Ort der Umsetzung mitten auf der Passhöhe am Semmering ist seit jeher ein stark frequentierter Bereich, also ein Platz, geradezu prädestiniert für Neues und auch Zukünftiges. Von Reisenden und Durchreisenden, von Abgereisten und Weggezogenen, von Neuankömmlingen und Sehnsüchtigen, sie alle erhalten den Ort durch ihre Projektionen am Leben und erfüllen ihn dadurch mit Leben: „Denkfabrik und Bühne sowie Lebensraum für ganzjähriges

4 Auf Initiative des Kunsthistorikers Wolfgang Kos wurde das Projekt von „Kunst im öffentlichen Raum Niederösterreich" und „Kunst im öffentlichen Raum Steiermark" in Zusammenarbeit mit den Gemeinden Semmering und Spital a. S. vorbereitet.

Sport- und Kultur- und Mobilitätserlebnis für Jung und Alt aus nah und fern“[5] – so oder so ähnlich könnte man es zusammenfassen und für künftige Herausforderungen auf einen Nenner bringen.

Zurückkommend auf die bereits begonnene Bestandsaufnahme wäre nun eine Inventur von Nutzen: Was ist alles da, und wenn ja, wie viel von allem und mit welcher Ausgestaltung? Wie viele Beherbergungsbetriebe erwirtschaften wie viele Nächtigungen? Welche gastronomischen Betriebe gibt es im Ort und was bieten sie den Gästen? Wie sieht es mit den Freizeitangeboten aus, mit Sport und Kultur?

Daten und Fakten zur Gemeinde Semmering, Stand März 2021:

- Einwohner mit Hauptwohnsitz: 539
- Einwohner mit Nebenwohnsitz: 837
- Beherbergungsbetriebe (Hotels, Pensionen, Private): 26
- Traditionshotels (geschlossen): 3
- Restaurants: 7
- Cafés: 3
- Bäckerei: 1
- Hütten: 5
- Bar: 1
- Bahnhöfe: 2
- Golfplatz 1
- 8er-Kabinenbahn: 1
- 4er-Sesselbahn: 1
- Schlepplift: 1
- Pistenkilometer: 14
- Straßenkilometer (gemeindeeigene Straßen): 14
- Wasserleitungskilometer: 80–100
- Wanderwege: ca. 100 km
- Arztpraxis (mit Massage/Therapie): 1

Das kulinarische Angebot reicht von der Pizzeria bis hin zu gemütlichen Landgasthöfen und vom Kaffeehaus bis zum Eissalon. Ein Blumenladen bietet liebevoll gestaltete Kleinode. All das ist am Semmering erlebbar. Auch die Beherbergungsbetriebe könnten unterschiedlicher nicht sein, aufgrund deren

5 Vgl. gemeinsam gestalten. Gemeinde21 Leitbild. 2021.

Individualität erscheint es fast unmöglich, sie in Kategorien einzuordnen – und damit zu vereinheitlichen.

Betrachtet man die Nächtigungsstatistik,[6] so zählte der Ort im Jahr 2020 insgesamt 33.507 Nächtigungen – was im ersten „Coronajahr" im Vergleich zu den Zahlen des Vorjahres 2019 (47.812) ein Minus von rund 30 % bedeutete. Wohl erstmalig in der Genese des Tourismusortes wurden 2020 zwei Monate mit „null Nächtigungen" verzeichnet – April und Mai 2020 werden als die ersten beiden Lockdown-Monate in die Ortsgeschichte eingehen. Bereits im März 2020 wurden, bedingt durch die seitens der Bundesregierung aufgrund der Coronapandemie gesetzten Maßnahmen, Einbußen bei den Nächtigungszahlen verzeichnet, die Situation erholte sich schließlich von Juli bis Oktober 2020 etwas, um mit November erneut einzubrechen – was dem 2. Lockdown geschuldet war.

Ein jährlicher Einbruch der Nächtigungszahlen in dieser Größenordnung von rund 30 % wurde im Jahr 2017 im Vergleich zum Jahr 2016 dokumentiert: Nach der Wintersaison 2016/2017 wurde das Hotel Panhans für Umbauarbeiten geschlossen, die Nächtigungszahlen fielen damals von 69.725 (Jahr 2016) auf 50.812 (Jahr 2017).

Für das Jahr 2021 ist noch nicht abzusehen, wie sich die Nächtigungen angesichts der andauernden Pandemiesituation weiterentwickeln und auf welchem Niveau sie sich nach dieser gravierenden Zäsur künftig einpendeln werden.

BEFUNDAUFNAHME – SOMMERFRISCHE VERSUS WINTERFREUDEN

Eine Entwicklung kann speziell während der jüngeren Vergangenheit beobachtet werden: das Comeback der Sommerfrische. Die Freizeitangebote im Sommer – Wandern, Bikepark, Kartbahn, Bahnwanderweg, kulturelle Veranstaltungen, um nur einige zu nennen – treten seit einiger Zeit in Konkurrenz mit den Freizeitangeboten, die der Ort traditionellerweise im Winter bietet, also Skipisten, Rodelbahn, Rodelwiese, Langlaufloipen. Die Erholung im Sommer, besser gesagt, die Naherholung im Sommer, gewinnt an Stellenwert. Das besondere Semmeringer Klima spielt dabei wieder eine größere Rolle, längere Phasen der Erholung in den heißen Sommermonaten werden angesichts der

6 Statistik: Tourismusbüro/Gemeinde Semmering, 2021.

Abb. 16: Golfplatz mit Clubhaus und ehemaliger Meierei.

klimatischen Entwicklungen in den Ballungszentren wieder gefragter werden. Dabei ist gerade am Semmering, der als „Klimabündnis Gemeinde" sich auch inmitten eines NATURA 2000- sowie Europaschutz-Gebietes befindet, die harmonische Koexistenz von Mensch und Natur seit vielen Jahren ein hoch geschätzter Faktor.

Im Bereich der örtlichen Vereine hat diese saisonale Vielfalt längst auch Einzug gehalten: Neben dem Wintersportverein Semmering (WSV), einem der ältesten Vereine des Ortes (gegr. 1946, wie auch die Bergrettung Semmering), entwickelte sich mit den „neueren" Vereinen – wie etwa dem Chor Zauberbergklang, dem Kulturverein Semmering, dem Verein für Dorferneuerung und Fremdenverkehr oder dem Verein Freunde der Semmeringbahn – in den letzten Jahrzehnten ein reges Vereinsleben, das neben dem traditionellen Wintersport viele weitere Aspekte des sozialen Zusammenlebens abbildet. Der „Freizeit- und Sportverein Zauberberg" zählt zu den jüngsten Vertretern der örtlichen Vereinslandschaft, er zielt auf die Umsetzung neuer sportlicher und sporttouristischer Projekte im Zusammenhang mit dem Bikepark Semmering ab.

Eine Konstante in dieser Entwicklung stellt der Golfclub Semmering dar, denn bereits im Jahr 1926 wurde der Golfplatz am Semmering errichtet, der heute der älteste noch in seiner Gründungsform bestehende Golfplatz Österreichs ist. Er machte bereits die ursprüngliche Sommerfrische erleb- und erspielbar, und er wird auch weiterhin für erfrischende Momente in den Sommermonaten sorgen.

Mit diesen „Instrumenten" gerüstet geht es nun los Richtung Befundaufnahme durch den Ort. Der Blick geschärft auf Schönes, das es zu entdecken gilt, die Seele getrimmt auf Erholung, die sie zu finden glaubt. Man wird nicht enttäuscht – wunderschöne alte Hotelfassaden, die bereits besprochenen historischen Villen, die zahlreichen Blickpunkte und -winkel, die leise von interessanten Zeiten berichten.

Mitunter landet man recht schnell im Jetzt und Hier: Die Tourismusschulen etwa mit ihren über 500 Schülerinnen und Schülern und rund 60 Lehrkräften sind weit über die Bezirks- und Landesgrenzen hinaus hoch geschätzt für erstklassige Ausbildung im Tourismussektor. Neben der dreijährigen Hotelfachschule und der fünfjährigen Höheren Lehranstalt für Tourismus werden weiters ein Tourismuskolleg und seit Kurzem auch die Möglichkeit, den Bachelor of Science (BSc) in Businessmanagement, Tourismus- und Hotelmanagement zu erwerben, angeboten. Die Nachbarschaft der Bildungsstätte zieren der örtliche Kindergarten und die kleine Pfarrkirche zur „Heiligen Familie" mit anschließendem Pfarrhof. Einheimische wie Gäste oder Reisende kommen gerne zu den besinnlichen Feierlichkeiten des Kirchenjahres.

Die Bergerlebniswelt rund um den Hirschenkogel wiederum bietet vielfältige Aktivitäten, darunter Mountaincart- und Rollerfahrten oder den neuen „Millennium Jump" aus 25 Metern Höhe von der Aussichtsplattform der Millenniumswarte. Dass man diese Aktivitäten allesamt erwandern kann, versteht sich von selbst. Familientaugliches Wandererlebnis verspricht auch der Bahnwanderweg, bereits nach kurzer Distanz vom Startpunkt Bahnhof Semmering aus gelangt man zum „Kinderbahnhof", einem beliebten Outdoor-Spielplatz. Eindrucksvolle Blickpunkte auf das UNESCO-Weltkulturerbe Semmeringbahn bietet schließlich der Rastplatz „20-Schilling-Blick" und natürlich die weitere Strecke bis hin zum weltberühmten „Kalte Rinne"-Viadukt.

Man kann den Semmering freilich nicht nur erwandern, sondern auch erlaufen. Für Fans des Laufsports gibt es aktuell drei Laufstrecken: eine 2,75-Kilometer-Runde am Wolfsbergkogel, eine 6,6-Kilometer-Strecke in die Johannespromenade nahe der Passhöhe (3,3 Kilometer in eine Richtung) und die insgesamt 18-Kilometer-Distanz, die man in die Liechtensteinstraße bis zum Thalhof (9 Kilometer in eine Richtung) bewältigen kann. Selbstverständlich sind diese Strecken auch Nordic-Walking-tauglich.

Anhänger der Gaumenfreuden wiederum kehren am Weg zum „Kultur.Sommer.Semmering" oder zum Golfplatz gerne in einem der liebevoll gepflegten Betriebe der einheimischen Gastronomie ein – so lässt sich das Weltkulturerbe im 21. Jahrhundert genießen. Es gibt einen *Managementplan*, eine Gebrauchsanweisung für das Welterbe sozusagen, wie es am besten weitergehen könnte mit der Region. Darin werden Strategien definiert, um die Erhaltung und Nutzung entsprechend der Welterbe-Konvention zu sichern. Es gibt auch einen *touristischen Standortentwicklungsplan*, und es gibt eine Vielzahl an kleineren Projekten und Plänen, und noch eine viel größere Zahl an Playern, Organisationen und Mitstreitern. Die Kunst der nächsten Jahre wird wohl sein, dies alles unter ein Dach zu bringen, diese Vielzahl an Ideen und Konzepten zu bündeln und gemeinsam mit der Bevölkerung vor Ort umzusetzen.

Wie fällt die Befundaufnahme aus, wenn man die Begriffe *Semmering* und *Zukunft* bei „Dr. Google" nachschlägt? Was hat man für die nächsten Generationen zu bieten?

Die Prognose könnte nicht günstiger sein, meinen viele. Die Zukunft könnte nicht chancenreicher für den Semmering sein, sagen sogar manche. Nur muss dieser Chancenreichtum auch gehoben werden, damit er in der künftigen Realität ankommt. Das Bewusstsein, dass man sich hier in einem gewaltigen Aufbruchsprozess befindet, muss präsent sein, vielleicht präsenter, als es manchen lieb ist.

PANDEMISCHE ENTWICKLUNG

Die Landflucht, hieß es noch vor wenigen Jahren, fegt die ländlichen Regionen leer, die Menschen wollen in der Stadt leben, arbeiten und ihre Freizeit genießen. Mit der Pandemie im Jahr 2020 kehrte sich dieser Trend sehr rasch ins Gegenteil um, sodass heute bereits von einer beginnenden *Stadtflucht* gesprochen werden kann – das Leben auf dem Land scheint für viele attraktiver denn je. Lebensräume im Grünen genießen rege Nachfrage, sie sind einerseits leistbarer und andererseits, durch die „neue Realität", die uns die Corona-Krise beschert hat, besser vereinbar mit den neuen Lebensumständen. Das Streben nach mehr

Grün, nach mehr Individualität geht einher mit dem Meiden von Massen, überfüllten Plätzen und Beförderungsmitteln. Was früher für die Inanspruchnahme unzähliger Möglichkeiten, die die Großstadt bietet, sprach, löst heute bei einem immer größer werdenden Teil der Bevölkerung Unbehagen aus.

Auch der demografische Wandel darf in diesem Gesamtzusammenhang nicht außer Acht gelassen werden, wir werden immer älter und verbringen dabei immer mehr aktive Jahre, in denen gereist wird und noch viel unternommen werden kann. Bewegung an der frischen Luft zählt dabei bis ins Hochbetagtenalter zu den beliebtesten Aktivitäten.

Man fühlt sich also wieder wohl inmitten in der Natur, gleichzeitig möchte man, wenn einen die Sehnsucht plagt, innerhalb kürzester Zeit die Annehmlichkeiten des Stadtlebens genießen können. Die Verbindung von Globalisierung und Lokalität wird uns die nächsten Jahre und Jahrzehnte begleiten, der Semmering hat aus heutiger Sicht die besten Chancen, diese Entwicklung nicht nur zu begleiten, sondern klimagerecht zu gestalten und zu prägen.

AM BEGINN EINES NEUEN ZEITALTERS

Die Zäsur, die die weltweiten Entwicklungen der Pandemie verursacht haben, zieht sich seit dem Jahr 2020 fast wie ein roter Faden durch alle unsere Lebensbereiche. Wir befinden uns ohne Zweifel am Beginn eines neuen Zeitalters. Die Klärung einiger Fragen wäre in diesem Zusammenhang nicht unwesentlich, und zwar jene der Energieversorgung der nächsten Jahrzehnte. Oder jene der Mobilität der nahen Zukunft. Klimawandel und gesellschaftliche Entwicklung sind als wichtige Einflussfaktoren bereits heute bekannte Parameter.

Die Entwicklung der Mobilität zeigt, dass es ein Anknüpfen an das vor mehr als hundert Jahren begründete visionäre Denken benötigt. Nicht Bahn gegen Individualverkehr sollte eine Frage lauten, die es künftig zu klären gilt, angesagt sind vielmehr ökologisch vertretbare Gesamtlösungen künftiger Angebote. Ähnlichen Herausforderungen wird man sich wohl im Bereich der Energieversorgung stellen müssen. Alternative Energieformen werden zunehmend Einzug halten. Mobilität und Energieversorgung von morgen versprechen Vielfalt, bedeuten Kombination und Ergänzung, bedeuten vor allem nachhaltige Antworten.

Wo diese Antworten heute bereits zu formulieren versucht werden – oder zumindest die Fragen dazu gestellt werden – dort ist das neue Zeitalter angebrochen, hat die Perspektive ihren unaufhaltsamen Lauf begonnen.

Patrick Schicht

SCHUTZ UND ZUKUNFT FÜR DIE HISTORISCHE SEMMERINGARCHITEKTUR

KULTURLANDSCHAFT SEMMERING

Die beste Nachricht zum Thema ist gleichzeitig auch die schlechteste: Kultur findet ausschließlich im Kopf statt. Historische wie aktuelle Erfahrungen, kollektive Erlebnisse wie individuelle Begegnungen sind nur virtuell in uns, und nur wenn wir sie kennen.[1] In diesem Sinne ratifizierte der Europarat im Jahr 2000 die Landschaftskonvention von Florenz,[2] worin betont wird, dass „Landschaften" ein Produkt der menschlichen Wahrnehmung sind, geschaffen mit den Augen der Fantasie und den Herzen der Betrachter. So stecken selbst die elementarsten Eigenschaften des Semmering nicht in haptisch greifbaren Stoffen. Die charakteristischen Berge und Täler sowie die aufwendig von Menschen hinzugefügten Kirchen, Burgen, Viadukte und Villen bestehen physikalisch gesehen aus einfachen Substanzen ohne materiellen Eigenwert. Es braucht die Gesellschaft, um daraus eine kulturelle Bedeutung zu generieren und diese zu schützen. Es braucht Bewusstseinsbildung, um diese Tatsache zu verinnerlichen, um die Sensibilität und Vergänglichkeit von Kultur wahrzunehmen.[3]

Als wichtige Identifikationspunkte für unsere emotionalen, ästhetischen und wissenschaftlichen Vorstellungen zum Semmering dienen jedoch physische Elemente. Dazu zählen Hinterlassenschaften historischer Epochen von vor- und frühgeschichtlichen Bergwerken, Siedlungsstellen und Gräberfeldern über mit-

---

1 Diesem Thema widmete sich 2003 auch die 32. UNESCO-Generalkonferenz, die die „Convention for the Safeguarding of the Intangible Cultural Heritage" verabschiedete. UNESCO-Dokument MISC/2003/CLT/CH/14.

2 Vgl. Graham Fairclough: Teil I. In: Gerhard Ermischer, Rüdiger Kelm, Dirk Meier, Harald Rosmanitz (Hg.): Wege in europäische Kulturlandschaften, Albersdorf 2003, S. 1–12.

3 Eine längere Liste zu Literatur und Tagungen zum Thema Kulturlandschaft bei: Wilfried Lipp: Ist der Denkmalbegriff bis zur Kulturlandschaft erweiterbar? In: Denkmal – Ensemble – Kulturlandschaft am Beispiel Wachau, Beiträge eines Internationalen Symposions 1998 in Dürnstein, Wien/Horn 1999, S. 73–83.

Abb. 17: Luftaufnahme über Semmering und Breitenstein – rechts Silbererschlössl, links Villa Kleinhans, Südbahnhotel mit Waldhof, Villa Neumann, Villa Schönthaler, Villa Alber (vormals Villa Leibenfrost), Kurhaus (zukünftiges „Grand Semmering"), Weinzettelwand und Kreuzberg.

telalterliche Burgen und Kirchen bis hin zu den Villenkolonien und Tourismusbauten des Historismus. In Augenhöhe sind die ebenfalls gewachsenen Eigenarten von Geologie, Fauna und Flora zu betrachten. Der Semmering ist somit das verwobene Ergebnis von über Epochen hinweg gewachsenen Wechselwirkungen zwischen Natur und Mensch.

SCHUTZFAKTOR SEMMERING

1992 forderte die UNESCO folgerichtig den parallelen Schutz der biologischen sowie der kulturellen Vielfalt von Kulturlandschaften ein.[4] Um diese Charakteristik bewahren und behutsam in die Zukunft führen zu können, müssen die Grundlagen ihrer Bedeutung erst erforscht werden. Zu nennen wären für den Semmering exemplarisch: Mythos Habsburgerrefugium, Höhenluftkurgebiet, Sommerfrische-Mekka, Künstlersammelpunkt und technische Weltleistung Gebirgsbahn.[5] Doch wie erfasst man eine ganze Gegend? Sind schon Ensembles von Gebäuden mehr als die Summe ihrer Einzelteile, bildet eine großräumige Kulturlandschaft durch ihre Überlagerung unterschiedlicher Elemente, Räume und Geschichten eine völlig eigenständige Qualität, wie sie international stark steigend im Fokus liegt? Vor allem in Fernost hat sich etabliert, eine Region als Gesamtheit von Geologie und Architektur sowie von Märchen und Bräuchen bis hin zur Tracht zu erfassen.[6] In Österreich darf die Denkmalpflege für sich in Anspruch nehmen, bereits mit der ersten Kunsttopographie 1907 die Wachau ähnlich gesamtheitlich betrachtet zu haben.[7] Darauf baute die k. k. Zentralkommission zur Erforschung und Erhaltung der Kunst- und historischen Denkmale bei den Verhandlungen für lokale Bahntrassierungen auf, erstmals in der heimischen Geschichte hatte der Schutz einer Kulturlandschaft Einfluss auf einen regionalen Planungsprozess.[8] Nach dem Zweiten Weltkrieg begann Tirol flächendeckend seine Regionen mit intensiven Grundlagenforschungen zu erfassen.[9]

---

4 Mechthild Rössler: Die Verknüpfung von Kultur und Natur – Der Schutz von historischen Gärten und Kulturlandschaften nach der UNESCO-Welterbekommission. In: Michael Rohnde, Rainer Schomann (Hg.): Historische Gärten heute, Leipzig 2003, S. 221–249.

5 Wolfgang Kos: Über den Semmering, Kulturgeschichte einer künstlichen Landschaft, Wien 1984; Désirée Vasko-Juhász: Die Südbahn, ihre Kurorte und Hotels, Wien/Köln/Weimar 2018.

6 Beispielhaft: Duong Lam Village, Ha Tay Province, Socialist Republic of Viet Nam, Hamlet Survey Report (Hg. Nara National Research Institute for Cultural Properties), Nara 2009.

7 Wilfried Posch: Weltkulturerbe Wachau, Triumph der Schutzbemühungen – Herausforderungen für die Zukunft. In: Denkmalpflege in Niederösterreich Band 26/2001, S. 18–25.

8 Manfred Wehdorn: Das kulturelle Erbe vom Einzeldenkmal zur Kulturlandschaft, Innsbruck 2005, S. 85.

9 Manfred Wehdorn: Das kulturelle Erbe vom Einzeldenkmal zur Kulturlandschaft, Innsbruck 2005, S. 52.

Erklärtes Ziel war neben dem Dokumentieren regionaler Architekturformen der Versuch von Vorlagen für ein zeitgemäßes Weiterbauen. Tirol kümmert sich auch heute proaktiv um die nachhaltige Entwicklung seiner Bauformen und hat etwa gemeinsam mit dem Bundesdenkmalamt das aufwendige Projekt „Weiterbauen am Land" publiziert, um gelungene Beispiele vorzustellen.[10] Für die Semmering-Region gibt es hingegen keine derartig umfassenden Projekte,[11] nur das periodisch erweiterte Denkmalverzeichnis „Dehio" listet alle denkmalgeschützten sowie denkmalwürdigen Objekte des Bundeslandes zumindest mit Kurztexten auf.[12]

Besser ist der Naturschutz aufgestellt.[13] Nach der Etablierung des Denkmalschutzgesetzes 1923 folgte in Niederösterreich als erstem Bundesland 1924 das „Gesetz betreffend Maßnahmen zum Schutz der Natur", wenngleich diese Kompetenz vom Bundesdenkmalamt mit Unterschutzstellungsverfahren wahrgenommen wurde.[14] Ab den 1940er-Jahren setzte sich der Schutz größerer Naturschutzgebiete durch, während in der Denkmalpflege Kulturlandschaften bis heute keine gesetzliche Grundlage haben. In einem Entscheid des Verfassungsgerichts 1964 wurde der Naturschutz schließlich zur alleinigen Ländersache erklärt,[15] wodurch sich Kultur- und Naturdenkmale behördenmäßig nachhaltig trennten.[16] Bereits 1955 schuf man auf Basis breiter Studien das

10 Christoph Hölz, Walter Hauser (Hg.) Weiterbauen am Land, Verlust und Erhalt der bäuerlichen Kulturlandschaft in den Alpen, Fokus Denkmal, Veröffentlichung des Bundesdenkmalamts, Innsbruck 2012.

11 Zum Forschungsstand: Günther Buchinger: Villenarchitektur am Semmering, Wien/Köln/Weimar 2006, S. 13.

12 Dehio Niederösterreich südlich der Donau, Horn/Wien 2003. Zum Thema siehe: Renate Holzschuh-Hofer: Denkmalinventar zwischen Kulturlandschaft und Einzeldenkmal, in: Denkmal – Ensemble – Kulturlandschaft am Beispiel Wachau, Beiträge eines Internationalen Symposions 1998 in Dürnstein, Wien/Horn 1999, S. 210–213.

13 Der „Welterbe Semmeringbahn Managementplan", Wien 2010, S. 20.

14 Erich Steiner: Die Anfänge des Naturschutzes und der Landschaftspflege in Niederösterreich. In: Kulturlandschaft, Denkmalpflege in Niederösterreich Band 50/2014, S. 34–36.

15 Géza Hajós: Die „Parkerkenntnis" des Verfassungsgerichtshofs (1964) aus kunsthistorischer Sicht. In: Österreichische Zeitschrift für Kunst und Denkmalpflege XLV/1991, S. 196–202.

16 Erst 1999 konnte durch eine Novellierung des Denkmalschutzgesetzes eine geringfügige Verbesserung erreicht werden, wonach von den etwa 1750 erfassten Gartenanlagen gerade einmal 56 namentlich für die Unterschutzstellung vorgesehen wurden.

Landschaftsschutzgebiet „Rax-Schneeberg“, das 2006 neu verordnet wurde. Mit Bundesgesetzblatt 477/1995 ist das Gebiet auch Teil der internationalen Alpenkonvention zum Schutz des Naturraums und damit in den Raumordnungsgesetzen verankert. Teile der Region sind zudem im internationalen Schutznetz Natura 2000 „Hohe Wand – Schneeberg – Rax“ gelistet. 2005 legte das Regionale Raumordnungsprogramm Wiener Neustadt – Neunkirchen 8000/75-2 exakte Siedlungsgrenzen fest, für größere Veränderungen außerhalb sind strategische Umweltprüfungen mit aufwendigen Inventarisierungen durchzuführen, um die Charakteristik des Kultur- und Naturraums nachhaltig zu bewahren. In Zeiten des Klimawandels verwischen die Grenzen von Denkmal- und Naturschutz weiter, alle Beteiligten sollten gemeinsame Strategien zur nachhaltigen Bewahrung unserer natürlichen wie gebauten Umwelt entwickeln.

Das UNESCO-Prädikat „Weltkulturerbe“ ist nicht als gesetzlicher Schutz, sondern als Auszeichnung zu verstehen, die die ÖBB-Grundstücke der Semmeringbahn im Jahr 1998 als „Stätte“ verliehen bekamen. Den Schutz dieser Kernzone leistet das Bundesdenkmalamt.[17] Der die umgebende Pufferzone „Historisch-touristische Siedlungslandschaft“[18] mitumfassende Managementplan wurde unter Schirmherrschaft der Republik Österreich bzw. des Bundesministeriums für Unterricht, Kunst und Kultur im Auftrag des Vereins Freunde der Semmeringbahn unter Beteiligung aller betroffenen Gemeinden, Kleinregionen, Landesregierungen, Bundesministerien sowie der ÖBB entwickelt und gibt deren freiwillige Ziele der Erhaltung, Erforschung und Entwicklung der Semmeringbahn und ihrer umgebenden Landschaft wieder, ohne Gesetzesrang zu besitzen. Obwohl sich Österreich im Bundesgesetzblatt 60/1993 prinzipiell verpflichtet hat, sein UNESCO-Welterbe samt Pufferzone zu schützen, folgte bislang keine Aufnahme in staatliche oder regionale Rechtsgrundlagen. Damit gibt es am Semmering weiterhin keinerlei Berücksichtigung in Eisenbahngesetz, Naturschutz, Landwirtschaft und Raumordnung, weshalb auch weder auf Umgebungsschutz noch auf Ausnahmeregelungen zurückgegriffen werden kann. So werden etwa weder Siedlungen noch Forstwege mit breiten Schneisen entlang der Bahntrassen kontrolliert. Geschützt sind in der Pufferzone ausschließlich die wenigen

---

Vgl. Manfred Wehdorn: Das kulturelle Erbe vom Einzeldenkmal zur Kulturlandschaft, Innsbruck 2005, S. 77.

17 Der „Welterbe Semmeringbahn Managementplan“, Wien 2010.

18 Unterschieden wird bei der Pufferzone zwischen „Nahbereich (Wahrnehmungsbereich)“ und „Historisch-touristische Siedlungslandschaft“.

unter Denkmalschutz befindlichen Bauten, jedoch weder die charakteristischen Ortsbilder noch der sie direkt umgebende Kulturraum. Diese Tatsache sorgt bei jedem größeren Eingriff für problematische Voraussetzungen. Strategisch wäre hier eine Implementierung des UNESCO-Status in die einschlägigen Gesetze zu empfehlen, um die sensible Kulturlandschaft nicht zu gefährden. Zudem sollte in den Landesbauordnungen die Möglichkeit gegeben werden, auch die programmatisch weit verteilten historischen Villengürtel in den Ortsbildschutz aufzunehmen.

Dass der Schutz in unserer schnelllebigen Wegwerfgesellschaft kein Luxus ist, belegte 2018 eine nachdenklich stimmende Untersuchung für Vorarlberg.[19] Damals wurde eine 20 Jahre alte Liste aller als denkmalwürdig eingestufter, aber nicht geschützter Objekte evaluiert, wonach nur mehr 55 Prozent unverändert waren, 20 Prozent sogar faktisch oder physisch verloren. Daraus ist zu schließen, dass alle 20 Jahre ca. ein Fünftel nicht geschützter potenzieller Baudenkmale zerstört wird, ohne Gegenarbeit wohl mit stark steigender Tendenz. Gemäß Niederösterreichischer Bauordnung darf auch am Semmering anzeige- und bewilligungsfrei abgebrochen oder in Material und Farbe willkürlich verändert werden.[20] Bei größeren Um- und Ausbauten bietet der § 56 der NÖ-Bauordnung zur „Gestaltung von Bauwerken“ zwar lenkende Optionen, das wird von der Politik jedoch kaum genutzt.

Zudem wurde den Gemeinden in der Bauordnung die Möglichkeit eröffnet, zur Bewahrung ihrer charakteristischen Ortsbilder Schutzzonen zu verordnen. Dieses für die geschlossene Bebauung der Altstadt Baden entwickelte System ermöglicht einerseits ein vertieftes Bewilligungsnetz und andererseits durch Einteilung in Kategorien die gestaffelte Bewahrung der Häuser von nur optisch beurteilten Pufferzonen bis hin zum Abbruchverbot bedeutender Bauten. Schutzzonen werden vor allem entlang der Südbahnstrecke von zahlreichen großen wie kleinen Gemeinden genutzt. Auch die Wachaugemeinden haben das Schutzzonenmodell für ihre Kulturlandschaft adaptiert, wodurch für den Semmering ein direktes Vorbild gegeben wäre.[21] Derzeit plant nur Payerbach

---

19 Barbara Keiler: Die Revision der Denkmalliste Vorarlberg (2017/18). In: Österreichische Zeitschrift für Kunst und Denkmalpflege LXXII, Heft 3/4 2018, S. 19–20.

20 Peter Aichinger-Rosenberger/Stefan Schraml: Erhaltenswürdige Bauwerke und Althausbauten, Behandlung im NÖ Baurecht. In: Vom Wert alter Gebäude, Denkmalpflege in Niederösterreich Band 46/2011, S. 31–34.

21 Peter Aichinger-Rosenberger: Wachauzonen, Wahrung sowie Weiterentwicklung

zumindest für den Ortskern eine Schutzzone, Semmering benutzt eine Checklist für Um- und Neubauten.[22]

EINE ZUKUNFT FÜR DIE SEMMERINGARCHITEKTUR

Ständiger Wandel ist eine wichtige Eigenschaft einer pulsierenden Kulturregion und durchaus positiv zu bewerten. Aber wohin will man sie entwickeln? Alle Fachleute sind sich einig: Stärken gehören gestärkt, Schwächen geschwächt. Zu den Stärken des Semmering gehört unbedingt die hohe Lebensqualität der bestehenden Mischung aus Freiraum und Baukultur, die gerade in Zeiten von Coronapandemie und Work-Live-Balance von steigender Bedeutung ist. Dazu zählen auch die für Gesundheit und Wohlbefinden so wesentlichen Empfindungen von Heimat, Identität und Zusammengehörigkeit, die durch eine historisch gewachsene Region erlebbar sind.

Eine zusätzliche Verdichtung stellt in dieser sensiblen Region eine Herausforderung dar, die zunächst durch die Raumordnung in Lage und Kubatur zu regeln ist. Das könnte nach dem Vorbild von Parkpflegewerken gelingen, wie sie bei Schloss-, Natur- und Nationalparks bereits erfolgreich angewendet werden.[23] Dort wird immer auf Basis exakter Inventarisationen ein methodisches Grundgerüst zur Erhaltung von Sichtachsen und Siedlungsgrenzen sowie charakteristischer Strukturen und Kubaturen erstellt, aber auch eine Rückführung falscher Entwicklungen und sogar störender Elemente vorbereitet. Die UNESCO hat ein Vorbild für die Struktur eines Pflegewerks für Kulturlandschaften publiziert.[24] Darin wird dem historischen Bestand größte Priorität eingeräumt, Weiterentwicklungen haben sich dessen Potenzial schonend unterzu-

---

Wachauer Baukultur. In: Kulturlandschaft, Denkmalpflege in Niederösterreich Band 50/2014, S. 37–39.

22 Bauen im Welterbe Semmeringbahn, Checkliste Neubau bzw. Umbau (Hg. Verein Freunde der Semmeringbahn).

23 Zu Möglichkeiten und Grenzen der NÖ-Raumordnung siehe Silberbauer, Gerhard: Ziele der Raumordnung in der Wachau. In: Denkmal – Ensemble – Kulturlandschaft am Beispiel Wachau, Beiträge eines Internationalen Symposions 1998 in Dürnstein, Wien/Horn 1999, S. 217–225.

24 Hans Peter Jeschke: Entwurf der Struktur eines Pflegewerks für Cultural Heritage Landscapes (UNESCO-Schutzkategorie „fortbestehende Kulturlandschaft“) in föderalistisch organisierten Staaten in Europa. In: Denkmal – Ensemble – Kulturlandschaft am Bei-

ordnen. Im Handbuch der UNESCO zur Umsetzung der Welterbekonvention wird sogar dezidiert die Unversehrtheit und Echtheit gefordert, weil erst durch diese Authentizität Glaubwürdigkeit und Quellencharakter erreicht werden.[25] Der aufbauende Leitfaden der UNESCO für die Praxis verlangt daher primär eine ökologisch und kulturell nachhaltige Nutzung des Bestandes.[26] Allein in dessen fachgerechter Pflege liegt schon eine enorme Wertschöpfung,[27] auf ihm fußt auch der heimische Tourismus mit den drei Säulen Sehenswürdigkeiten, Image und Kultur.

Für den maß- und qualitätsvollen Neubau hat der Staat Österreich 2017 für seine eigenen Bauvorhaben baukulturelle Leitlinien geschaffen, die auch im Privatbereich vorbildhaft sind.[28] Im zugehörigen Baukultur-Report werden die Kriterien für gute Baukultur unter anderem mit Nachhaltigkeit, Ästhetik, Anpassungsfähigkeit und Hochwertigkeit definiert.[29] Für den Semmering hat der Managementplan schon 2010 die Verständigung auf gemeinsame Kriterien der Beurteilung von Bauvorhaben (angepasste Gebäudehöhen, -volumen, Berücksichtigung von Sichtbeziehungen) und die Einsetzung eines Gestaltungsbeirates (Bauberatung) vorgeschlagen.[30] Zudem sollte die regionstypische Architektursprache bei Neu- und Umbauten berücksichtigt und weiterentwickelt werden.[31]

Die Frage nach dem angemessenen Baustil am Semmering beschäftigt die Architekten ebenso seit dem 19. Jahrhundert[32] wie das Problem der Verhütte-

---

spiel Wachau, Beiträge eines Internationalen Symposions 1998 in Dürnstein, Wien/Horn 1999, S. 116–146.

25 Welterbe-Manual, Handbuch zur Umsetzung der Welterbekonvention in Deutschland, Luxemburg, Österreich und der Schweiz, Bonn 2009, S. 222.

26 Brigitta Ringbeck: Managementpläne für Welterbestätten, Ein Leitfaden für die Praxis, Bonn 2008, S. 54.

27 Denkmalpflege und Beschäftigung, Schriftenreihe des Deutschen Nationalkomitees für Denkmalschutz, Band 62, Bonn 2000.

28 Baukulturelle Leitlinien des Bundes und Impulsproramm (Hg. Bundeskanzleramt, Abteilung II/4), Wien 2017.

29 Dritter Österreichischer Baukulturreport, Szenarien und Strategien 2050 (Hg. Bundeskanzleramt), Wien 2017, S. 123 zw. 127.

30 Der „Welterbe Semmeringbahn Managementplan“, Wien 2010, S. 37.

31 Die im Managementplan auf Seite 50 empfohlene Erarbeitung einer „Checkliste“ zur Beurteilung von Siedlungserweiterungen ist von der Gemeinde Payerbach durchgeführt worden, diese hat sich aber im Alltag nicht durchgesetzt.

32 Mario Schwarz: Stilfragen der Semmeringarchitektur (1). In: Wolfgang Kos (Hg.): Die

lung und Flächenvernichtung.[33] Bereits damals kam man zur noch heute gültigen Erkenntnis, dass die Region nicht der allgemeinen Globalisierung folgen sollte, sondern Neubauten subtil auf Natur und Nachbarschaft abzustimmen sind. Zahlreiche Stararchitekten der Ringstraßenzeit haben sich damals daran gehalten, Adolf Loos hat 1913 sogar „Regeln für den, der in den Bergen baut" aufgestellt und sein eigenes Projekt am Kreuzberg subtil und doch hochmodern der lokalen Tradition angepasst.[34]

VORBILD SEMMERINGBAHN

Von den ÖBB wurde 2010 bis 2018 eine Serie von sieben Bauwerksrichtlinien[35] entwickelt, die unter Mitwirkung des Bundesdenkmalamts den optimalen Prozessweg von Instandsetzungs- und Veränderungsmaßnahmen am Baudenkmal vorzeigen.[36] Sie sind ÖBB-intern als verpflichtend eingestuft und werden auch bei Veräußerungen zum Vertragsbestandteil. Das dort formulierte „Leitbild" setzt sich aus den vier Bereichen Authentizität, Integrität, Kontinuität und Entwicklungsfähigkeit zusammen.[37] Die vertiefenden „Leitlinien" stellen die Erhaltung der überlieferten Originalsubstanz als Hauptziel fest, weshalb Eingriffe auf das Notwendigste zu beschränken und zu integrieren, bei Ergänzungen gleichartige Materialien vorzusehen sowie durch regelmäßige Instandhaltungen die Bauten präventiv und nachhaltig zu sichern sind.

Eroberung der Landschaft, Semmering, Rax, Schneeberg, Katalog zur Niederösterreichischen Landesausstellung Schloss Gloggnitz 1992, Wien 1992, S. 509–520.

33 Géza Hajós: Die „Verhüttelung" der Landschaft. Beiträge zum Problem Villa und Einfamilienhaus seit dem 18. Jahrhundert. In: Österreichische Gesellschaft für Denkmal- und Ortsbildpflege (Hg.): Landhaus und Villa in Niederösterreich 1840–1914, Wien/Köln/Weimar 1982, S. 9–56.

34 Markus Kristan/Adolf Loos: Landhaus Khuner am Kreuzberg (Hg. Höhere Graphische Bundes-, Lehr- und Versuchsanstalt), Wien 2005, S. 10.

35 Verkehrsstationen, Wächterhäuser, Schuppen und sonstige Technikgebäude, Mauern, Viadukte, Brücken und Durchlässe sowie Tunnelportale.

36 Patrick Schich: Die Semmeringbahn als Denkmal. In: Hermann Fuchsberger, Gerd Pichler (Hg.): Welterbe Semmeringbahn, Zur Viaduktsanierung 2014–2019, Fokus Denkmal 12, Horn/Wien 2020, S. 95–105.

37 Bauwerksrichtlinien Welterbe Semmering-Eisenbahn, allgemeine Vorbemerkungen.

Abb. 18: Viadukt über den Gamperlgraben mit Blick zum Sonnwendstein.

Um eine effiziente und konsequente Prozessplanung zu gewährleisten, konnten für einzelne Richtlinien bereits konkrete Vorarbeiten integriert werden. So sind sämtliche Bahnwächterhäuser[38] sowie alle Schuppen und Nebenbauten[39] im Rahmen systematischer Bestandserfassungen katalogmäßig dokumentiert

38 Roland Tusch/Alexandra Fellinger: Wächterhäuser an der Semmeringbahn, Forschungsbericht am Institut für Landschaftsarchitektur, BOKU Wien 2012. Tusch, Roland: Wächterhäuser an der Semmeringbahn, Innsbruck 2014.

39 Roland Tusch: Schuppen und Nebenbauten. Forschungsbericht am Institut für Landschaftsarchitektur, BOKU Wien 2017.

und archivalisch sowie bauhistorisch analysiert. Darauf aufbauend konnten für diese Objekte allgemeine Grundsätze für Materialien, Farben und Bauformen festgelegt werden. Das Bundesdenkmalamt erstellte detailgenaue Bestandsvermessungen von einzelnen Fenster- und Außentürtypen, nicht zuletzt wurden an verschiedenen Gebäudearten parallellaufende Fassadenrestaurierungen musterhaft durchgeführt, deren materialtechnische Erkenntnisse und Leistungsbeschreibungen in den Anhang der Richtlinien aufgenommen wurden.

Beim Hauptteil der Semmeringbahn handelt es sich jedoch nicht um additiv exakt wiederholte Bestandteile, die durch fixe Regeln zu erfassen wären. Einerseits wurden praktisch alle Viadukte, Trassenmauern, Aufnahmsgebäude und Tunnelportale bereits in der Konzeption subtil ausdifferenziert und andererseits haben sie in der Folge eine äußerst heterogene Veränderungsgeschichte durchgemacht, die oft ebenfalls erhaltenswert ist. So weisen frühe Vergrößerungen an den Bahnhöfen auf die rasch gestiegene Bedeutung der jeweiligen Tourismusorte hin, die Eingriffe der deutschen Reichsbahn zeigen eine symptomatische strukturelle und architektonische Handschrift und die Elektrifizierung markiert einen bedeutenden Wendepunkt in der Eisenbahnentwicklung. Nicht zuletzt wurden periodisch zeittypische bauliche Instandsetzungen durchgeführt, deren innovative Anwendungen von Beton sowie Eisenankern technikhistorisch bemerkenswert sind. Die Bauwerksrichtlinien können und sollen hier nur den Planungsprozess definieren, der in angemessener Laufzeit zu einem optimalen Ergebnis führt. Für dieses schrittweise Vorgehen stehen vier Viadukte, deren musterhafte Restaurierung 2020 publiziert wurde.[40]

Nach diesem Beispiel kann es gelingen, die gesamte Baukultur des Semmering zunächst konsequent zu erfassen, um sie dann gezielt zu pflegen und durch sanfte Modernisierung achtsam in die Zukunft zu führen.

LITERATURVERZEICHNIS

Aichinger-Rosenberger, Peter/Schraml, Stefan: Erhaltenswürdige Bauwerke und Althausbauten, Behandlung im NÖ Baurecht. In: Vom Wert alter Gebäude, Denkmalpflege in Niederösterreich, Band 46/2011, S. 31–34.

Aichinger-Rosenberger, Peter: Wachauzonen, Wahrung sowie Weiterentwicklung Wa-

40 Hermann Fuchsberger, Gerd Pichler (Hg.): Welterbe Semmeringbahn, Zur Viaduktsanierung 2014–2019, Fokus Denkmal 12, Horn/Wien 2020.

chauer Baukultur. In: Kulturlandschaft, Denkmalpflege in Niederösterreich Band 50/2014, S. 37–39.
Buchinger, Günther: Villenarchitektur am Semmering, Wien/Köln/Weimar 2006.
Bundeskanzleramt (Hg.) Dritter Österreichischer Baukulturreport, Szenarien und Strategien 2050, Wien 2017.
Bundeskanzleramt, Abteilung II/4 (Hg.): Baukulturelle Leitlinien des Bundes und Impulsprogramm, Wien 2017.
Dehio Niederösterreich südlich der Donau, Horn/Wien 2003.
Denkmalpflege und Beschäftigung, Schriftenreihe des Deutschen Nationalkomitees für Denkmalschutz, Band 62, Bonn 2000.
Duong Lam Village, Ha Tay Province, Socialist Republic of Viet Nam, Hamlet Survey Report (Hg. Nara National Research Institute for Cultural Properties), Nara 2009.
Fairclough, Graham: Teil I. In: Wege in europäische Kulturlandschaften (Hg. Gerhard Ermischer, Rüdiger Kelm, Dirk Meier, Harald Rosmanitz), Albersdorf 2003, S. 1–12.
Fuchsberger, Hermann/Pichler, Gerd (Hg.): Welterbe Semmeringbahn. Zur Viaduktsanierung 2014–2019, Fokus Denkmal 12, Horn/Wien 2020.
Hajós, Géza: Die „Verhüttelung" der Landschaft. Beiträge zum Problem Villa und Einfamilienhaus seit dem 18. Jahrhundert. In: Landhaus und Villa in Niederösterreich 1840–1914 (Hg. Österreichische Gesellschaft für Denkmal- und Ortsbildpflege), Wien/Köln/Weimar 1982, S. 9–56.
Hajós, Géza: Die „Parkerkenntnis" des Verfassungsgerichtshofs (1964) aus kunsthistorischer Sicht. In: Österreichische Zeitschrift für Kunst und Denkmalpflege, XLV/1991, S. 196–202.
Hölz, Christoph/Hauser, Walter (Hg.): Weiterbauen am Land, Verlust und Erhalt der bäuerlichen Kulturlandschaft in den Alpen, Fokus Denkmal, Veröffentlichung des Bundesdenkmalamts, Innsbruck 2012.
Holzschuh-Hofer, Renate: Denkmalinventar zwischen Kulturlandschaft und Einzeldenkmal. In: Denkmal – Ensemble – Kulturlandschaft am Beispiel Wachau, Beiträge eines Internationalen Symposions 1998 in Dürnstein, Wien/Horn 1999, S. 210–213.
Jeschke, Hans Peter: Entwurf der Struktur eines Pflegewerks für Cultural Heritage Landscapes (UNESCO-Schutzkategorie „fortbestehende Kulturlandschaft") in föderalistisch organisierten Staaten in Europa. In: Denkmal – Ensemble – Kulturlandschaft am Beispiel Wachau, Beiträge eines Internationalen Symposions 1998 in Dürnstein, Wien/Horn 1999, S. 116–146.
Keiler, Barbara: Die Revision der Denkmalliste Vorarlberg (2017/18). In: Österreichische Zeitschrift für Kunst und Denkmalpflege, LXXII, Heft ¾ 2018, S. 19–20.
Kristan, Markus/Loos, Adolf: Landhaus Khuner am Kreuzberg (Hg. Höhere Graphische Bundes-, Lehr- und Versuchsanstalt), Wien 2005.
Kos, Wolfgang: Über den Semmering, Kulturgeschichte einer künstlichen Landschaft, Wien 1984.
Lipp, Wilfried: Ist der Denkmalbegriff bis zur Kulturlandschaft erweiterbar? In: Denkmal

– Ensemble – Kulturlandschaft am Beispiel Wachau, Beiträge eines Internationalen Symposions 1998 in Dürnstein, Wien/Horn 1999, S. 73–83.
Posch, Wilfried: Weltkulturerbe Wachau, Triumph der Schutzbemühungen – Herausforderungen für die Zukunft. In: Denkmalpflege in Niederösterreich, Band 26/2001, S. 18–25.
Rössler, Mechthild: Die Verknüpfung von Kultur und Natur – Der Schutz von historischen Gärten und Kulturlandschaften nach der UNESCO-Welterbekommission. In: Historische Gärten heute (Hg. Michael Rohde, Rainer Schomann), Leipzig 2003, S. 221–249.
Ringbeck, Brigitta: Managementpläne für Welterbestätten, Ein Leitfaden für die Praxis, Bonn 2008.
Schicht, Patrick: Die Semmeringbahn als Denkmal. In: Welterbe Semmeringbahn, Zur Viaduktsanierung 2014–2019, Fokus Denkmal 12 (Hg. Hermann Fuchsberger, Gerd Pichler), Horn/Wien 2020, S. 95–105.
Schwarz, Mario: Stilfragen der Semmeringarchitektur (1). In: Die Eroberung der Landschaft, Semmering – Rax – Schneeberg, Katalog zur Niederösterreichischen Landesausstellung Schloss Gloggnitz 1992 (Hg. Wolfgang Kos), Wien 1992, S. 509–520.
Silberbauer, Gerhard: Ziele der Raumordnung in der Wachau. In: Denkmal – Ensemble – Kulturlandschaft am Beispiel Wachau, Beiträge eines Internationalen Symposions 1998 in Dürnstein, Wien/Horn 1999, S. 217–225.
Steiner, Erich: Die Anfänge des Naturschutzes und der Landschaftspflege in Niederösterreich. In: Kulturlandschaft, Denkmalpflege in Niederösterreich, Band 50/2014, S. 34–36.
Tusch, Roland/Fellinger, Alexandra: Wächterhäuser an der Semmeringbahn, Forschungsbericht am Institut für Landschaftsarchitektur, BOKU Wien, Wien 2012.
Tusch, Roland: Wächterhäuser an der Semmeringbahn, Innsbruck 2014.
Tusch, Roland: Schuppen und Nebenbauten. Forschungsbericht am Institut für Landschaftsarchitektur, BOKU Wien, Wien 2017.
Vasko-Juhász, Désirée: Die Südbahn. Ihre Kurorte und Hotels, Wien/Köln/Weimar 2018.
Wehdorn, Manfred: Das kulturelle Erbe vom Einzeldenkmal zur Kulturlandschaft, Innsbruck 2005.
Welterbe-Manual, Handbuch zur Umsetzung der Welterbekonvention in Deutschland, Luxemburg, Österreich und der Schweiz, Bonn 2009.
Welterbe Semmeringbahn Managementplan, Wien 2010.

Florian Krumpöck

KUNST UND KULTUR ALS KEIMZELLE

Eine Semmeringer Erfolgsgeschichte

DER ZAUBERBERG DER BELLE ÉPOQUE

Für eine kleine österreichische Gemeinde mit knapp 600 Einwohnerinnen und Einwohnern ist es keine Selbstverständlichkeit, dass allein durch den Klang des Ortsnamens landauf, landab rege Assoziationen geweckt werden. Bilder von imposanten Grandhotels, eingebettet in die malerische Semmeringer Bergkulisse, bevölkert von den Reichen, Berühmten und Intellektuellen der Jahrhundertwende, die gleichsam den Novellen und Romanen Arthur Schnitzlers oder Stefan Zweigs entsprungen sein könnten, kommen einem in den Sinn.

Dazu gesellt sich stets auch eine unmittelbare gedankliche Verknüpfung zur Eisenbahnstrecke zwischen Wien und Graz, befindet sich die Station Semmering doch genau dazwischen und besticht mit einem unvergleichlichen Gebirgspanorama. Dieser Umstand bringt uns zugleich zum Ausgangspunkt der wohl faszinierendsten Epoche in der Geschichte des heilklimatischen Kurortes. Mit dem Bau der Semmering-Eisenbahn in der Mitte des 19. Jahrhunderts – geplant von Carl von Ghega, seit 1998 UNESCO Welterbe – avancierte der bis dahin quasi unbewohnte, raue Bergpass innerhalb weniger Jahrzehnte zu einem Knotenpunkt des gerade entstehenden Sommerfrische-Tourismus der Jahrhundertwende. Diese für die damalige Zeit technische Sensation erschloss der städtischen Gesellschaft eine vollkommen neue Welt, die sich rasch an das neue Publikum anzupassen vermochte. Die Eröffnung des Südbahnhotels 1882 initiierte die Entwicklung der kleinen Gemeinde hin zu einer beliebten Feriendestination und ebnete der Tradition des Kur- und Sommerfrische-Tourismus in ganz Österreich den Weg. Dem großen Andrang der betuchten Gäste entgegenkommend, gesellten sich mit dem Hotel Panhans 1888 sowie dem Kurhaus Semmering 1909 zwei weitere Nobelquartiere dazu.

Um die Jahrhundertwende hatte sich der Semmering als einer der berühmtesten, mondänsten Kurorte der Belle Époque etabliert, wo Adelige und Würdenträger ebenso wie zahlreiche bedeutende Persönlichkeiten aus Literatur, Musik, Kunst und Geisteswissenschaften verkehrten. Arthur Schnitzler, Alma Mahler, Karl Kraus, Stefan Zweig, Alfred Polgar, Sigmund Freud, Lina und Adolf Loos, Hugo von Hofmannsthal, Oskar Kokoschka und viele mehr verschlug es sommers wie winters zur Kur und Entspannung auf den Semmering. Dieses bunte Treiben der Künstlerinnen und Künstler schlug sich auch kreativ nieder. Legendär wurde etwa jene Szene aus den „Letzten Tagen der Menschheit" von Karl Kraus, in der Hoteldirektor Dangl auf der Terrasse des Südbahnhotels „große Erfolge bei Verdun"[1] verkündet, während die feine Gesellschaft, vom Krieg unbehelligt, Heinrich Heine rezitiert. Auch im Werk Arthur Schnitzlers, der zwischen 1909 und 1912 zwölf Mal in den Kurort reiste, finden sich immer wieder Anspielungen auf den faszinierenden Kosmos der eleganten Semmeringer Grandhotels. So ist etwa der Charakter des Portier Rosenstock aus der Tragikomödie „Das weite Land" eine direkte Hommage an den langjährigen Portier des Südbahnhotels Karl Rosenstein, dem Schnitzler ein Exemplar der Erstausgabe mit den Worten „dem scharmantesten, mir persönlichsten aller Portiere"[2] schenkte. Die vielleicht bedeutendste literarische Semmering-Verarbeitung findet sich jedoch in Stefan Zweigs Novelle „Brennendes Geheimnis", beginnend mit folgenden Worten:

> Die Lokomotive schrie heiser auf: der Semmering war erreicht. Eine Minute rasteten die schwarzen Wagen im silbrigen Licht der Höhe, warfen ein paar bunte Menschen aus, schluckten andere ein, Stimmen gingen geärgert hin und her, dann schrie vorne wieder die heisere Maschine und riß die schwarze Kette rasselnd in die Höhle des Tunnels hinab. Rein ausgespannt, mit klaren, vom nassen Wind reingefegten Hintergründen lag wieder die hingebreitete Landschaft.[3]

Ein Großteil der sich daraufhin entfaltenden Handlung ist in einem eleganten Semmeringer Grandhotel angesiedelt, möglicherweise im legendären Grandhotel Panhans. Nicht zuletzt fand der Semmering als Künstlerkolonie der Jahr-

---

1 Karl Kraus: Die letzten Tage der Menschheit, Frankfurt am Main 1986, S. 247.

2 o. V.: Wie Schnitzler seine Menschen zeichnete. Was der Portier vom Südbahnhotel am Semmering erzählt. In: Neues Wiener Journal, 22. November 1931, S. 14.

3 Stefan Zweig: Brennendes Geheimnis, Frankfurt am Main 2013, S. 9.

hundertwende Einzug in zahlreiche Briefe und Texte ihrer Protagonisten, berühmt sind etwa Peter Altenbergs Worte über die Semmeringbegeisterung seiner Zeitgenossen:

> Wir steigen aus. Wir atmen rasiermesserscharfe Bergluft ein. Wir sind geborgen und im Waldesfrieden. Hinter uns der Dunst des Getümmels, Getriebes. Alles kommt uns da unnötig vor, lächerlich. Wir sind 1000 Meter über dem Dunkel der Großstadt.[4]

Die Sehnsucht nach dieser historisch bedeutsamen, schillernden Blütezeit ist heute noch vielerorts am Semmering spürbar. Die eleganten Villen und mondänen Hotelbauten der Belle Époque beherrschen noch immer unbeirrbar das Semmeringer Landschaftsbild. Doch ein passives nostalgisches Schwelgen und die anachronistische Glorifizierung dieser „guten alten Zeit" enden zumeist im Stillstand, während das Vermächtnis der Vergangenheit langsam verstaubt. Im Gegensatz dazu hat sich am Semmering im Laufe der letzten zwei Jahrzehnte eine aktive, kreative Auseinandersetzung mit dem kulturellen Erbe des Ortes entwickelt, die heute ein von Jahr zu Jahr wachsendes, kulturbegeistertes Publikum aus ganz Österreich und darüber hinaus anzuziehen vermag.

Abb. 19: Das Grandhotel Panhans, das Südbahnhotel sowie das Kurhaus Semmering beherbergten um die Jahrhundertwende zahlreiche kulturell bedeutsame Persönlichkeiten. Rund ein Jahrhundert später dienen sie als Ausgangspunkte einer neuen kulturellen Renaissance des Semmering.

4 Peter Altenberg: Ohne Titel. In: Südbahn und Lloyd: illustrierte Monatsschrift, August 1912. Zit. nach: Helfried Semann, Christian Lunzer: Semmering 1860–1930, Wien 2001, S. 1.

ZWEI JAHRZEHNTE DER SOMMERFESTSPIELE

Die kulturelle Wiederbelebung des Semmering um die Jahrtausendwende stellte einen neuen Meilenstein in der Zukunftsgestaltung der geschichtsträchtigen Gemeinde dar und erweiterte das Bild vom oftmals glorifizierten Semmering der Belle Époque um ein spannendes neues Kapitel. Als zentrale Herzstücke dieser kulturellen Renaissance fungierten von Beginn an die ikonischen, leer stehenden Jahrhundertwende-Hotelbauten, die bis heute als stille Zeitzeugen den Genius loci der Semmeringer Seele versprühen.

Dieses Wiederaufblühen des kulturellen Lebens nahm seinen Ausgang mit den Festspielen Reichenau, die von 2000 bis 2010 das Südbahnhotel Semmering als geradezu idealtypische, historische Kulisse für die Inszenierung von Jahrhundertwende-Dramen aus den Federn von Karl Kraus, Arthur Schnitzler und anderen Vertretern der Wiener Moderne nutzten. 2007 wurde ein weiteres Herzstück der Semmeringer Fin-de-Siècle-Architektur zum Schauplatz kulturellen Schaffens, als Paulus Manker das interaktive Theatererlebnis „Alma – A Show Biz ans Ende“ neben vielen anderen Lebensstationen von Alma Mahler auch im Kurhaus Semmering inszenierte.

Nach dem Verklingen dieser ersten legendären Festspielsaisonen ermöglichte die Gründung des Kulturvereins Semmering durch DDr. Erich Reiter ein Wiederaufleben von kulturellen Glanzmomenten. Der Ausgangspunkt dafür war ab dem Sommer 2011 das Kurhaus Semmering, nachdem dieses durch den großen persönlichen Einsatz des Kulturvereins in eine Spielstätte mit unverwechselbarem nostalgischen Charme verwandelt werden konnte.

Nach vier Jahren und dem überraschenden Tod von Erich Reiter war es mir eine Ehre, im Jahr 2015 an der Seite von Geschäftsführerin Nina Sengstschmid die Intendanz des Kultur.Sommer.Semmering übernehmen zu dürfen. Im Zentrum des hochkarätigen, renommiert besetzten Kulturprogramms stand dabei stets der Gedanke, die imaginäre Barriere zwischen Bühne und Auditorium aufzuheben, wenn große Bühnenpersönlichkeiten im kleinen, historisch inspirierten Rahmen hautnah erlebt werden können, darunter etwa Angelika Kirchschlager, Robert Meyer, Maria Bill, Erwin Steinhauer, Brigitte Karner, Peter Simonischek, Heinz Marecek, Roland Neuwirth oder Willi Resetarits. Durch den breit gefächerten Spielplan unter dem Motto „Im Zeichen der Vielfalt“ mit literarischen Programmen, Theatervorstellungen und Konzerten von Klassik, Jazz und Chanson bis hin zu Wiener Lied und neu gedachter Volksmusik sowie das innenarchitektonisch herausragende Jugendstil-Originalambiente des Kurhauses avancierte das Festival schnell zu einem Geheimtipp unter Kulturliebhaberinnen und -liebhabern.

Zwei Jahre darauf erfolgte im Rahmen des Kultur.Sommer.Semmering 2017 der Auftakt des Klassik-Zyklus „Eine Pilgerfahrt zu Beethoven“. Im Laufe von fünf Jahren gelangten bei dem in dieser Form einzigartigen pianistischen Unterfangen sämtliche 32 Klaviersonaten des Bonner Meisters zur Aufführung. Literarisch untermalt wurde die Reise in den faszinierenden Kosmos Ludwig van Beethovens mit ausgewählten Texten und Briefen von, an und über den Komponisten, vorgetragen von renommierten Bühnenpersönlichkeiten wie Cornelius Obonya, Tamara Metelka, Nicholas Ofczarek, Maria Köstlinger, Jürgen Maurer, Joseph Lorenz, Erwin Steinauer, Miguel Herz-Kestranek oder Fritz Karl.

Einen Meilenstein in der Festivalgeschichte markierte die sukzessive Verlagerung der Hauptspielstätte vom Kurhaus in das weitläufige Südbahnhotel Semmering. Als im Sommer 2017 für den im Grandhotel Panhans geplanten Klassik-Zyklus „Rising Stars“ nach der kurzfristigen Schließung des legendären Traditionshotels plötzlich eine neue Bühne gesucht werden musste, trat zum damaligen Zeitpunkt ein wahrer Glücksfall ein. Den Besuchern des Kultur.Sommer.Semmering wurde das lange Jahre verschlossene Gebäude wieder zugänglich gemacht. Großer Dank gilt dem ehemaligen Eigentümer des Südbahnhotels Semmering, mit dessen Hilfe eine unvergleichlich atmosphärische, neue Spielstätte gewonnen werden konnte. Zuletzt sieben Jahre zuvor von den Festspielen Reichenau als Theaterbühne genutzt, war das Südbahnhotel Semmering in den Köpfen zahlreicher Kulturinteressierter noch immer als Sehnsuchtsort mit unvergleichlicher historisch-kultureller Strahlkraft verankert. Ein Jahr darauf, in der Festivalsaison 2018, konnte parallel zum Spielbetrieb im Kurhaus Semmering ein eigens für die Aufführung im Südbahnhotel konzipierter literarischer Programmschwerpunkt realisiert werden. Unter dem Motto „Literarische Sommerfrische“ wurden ausgewählte Texte jener berühmten Autoren gelesen, die um die Jahrhundertwende selbst noch im Südbahnhotel Semmering oder im Grandhotel Panhans auf Sommerfrische verweilten, etwa Arthur Schnitzler, Peter Altenberg, Alfred Polgar oder Stefan Zweig, dessen Novellenschaffen die Seele der Jahrhundertwende auf unvergleichliche Weise verewigte. Diese kreative, literarisch-performative Auseinandersetzung mit dem am Semmering allgegenwärtigen nostalgischen Geist des Fin de Siècle erwies sich durch die einzigartige ästhetische Symbiose der historischen Kulisse und der Bühnenqualität der Darstellerinnen und Darsteller schließlich als Erfolgsrezept des Kultur.Sommer.Semmering.

Im Zusammenspiel mit den renommiert besetzten Lesungen der „Literarischen Sommerfrische" wurde das Semmeringer Kulturprogramm im Festivalsommer 2018 um eine aufsehenerregende Novität erweitert: Das historisch angehauchte Kulinarik-Erlebnis „Menu à la Belle Époque" bot erstmals nach rund 40 Jahren die Möglichkeit, in einem der großen Speisesäle der damaligen Nobelhotels, wo sich ein Jahrhundert zuvor schon die Größen der österreichischen Kulturgeschichte zum Souper trafen, wieder auf höchstem Niveau zu dinieren. Ganz originalgetreu hüllte ein Streichquartett dabei das viergängige Hauben-Diner in die Klangkulisse der Jahrhundertwende.

Die gesamte Verlagerung des Kultur.Sommer.Semmering in das Südbahnhotel erfolgte im Sommer 2019, als das Kurhaus Semmering vom Grazer Hotelier Florian Weitzer übernommen wurde, mit dem Ziel, die historische Kuranstalt erneut in ein Grandhotel zu verwandeln. Das prestigeträchtige Projekt „Grand Semmering" sieht parallel zum historisch angehauchten Hotelkonzept auch eine zukünftige Nutzung als Kulturstätte vor.

Drei Jahre darauf erlebt der Kultur.Sommer.Semmering 2022 jedoch gerade aufgrund eines weiteren Eigentümerwechsels des Südbahnhotels einen neuerlichen Umbruch. Nachdem der aktuelle Besitzer, Mag. Christian Zeller, das mittlerweile hochkarätige Festival nicht mehr bei sich beherbergen möchte, wurde der Kultur.Sommer.Semmering mit offenen Armen im zwischenzeitlich liebevoll renoviertem Grandhotel Panhans aufgenommen.[5] In enger Kooperation und Abstimmung mit den Investoren des legendären und geschichtsträchtigen Nobelbaus, der Gemeinde Semmering und dem Land Niederösterreich werden dabei zukunftsweisende Ideen entwickelt, die als bedeutende Anzeichen dafür zu werten sind, dass Kunst und Kultur als Keimzellen eines nachhaltigen touristischen Aufschwungs von größter Bedeutung für den Semmering sind.

In der Festivalsaison 2020 sah man sich im Südbahnhotel Semmering zudem mit den Auswirkungen der Covid-19-Pandemie konfrontiert, welche die Kulturbranche in noch nie dagewesenem Ausmaß erschütterte. Rückblickend darf man stolz darauf sein, dass dem Kultur.Sommer.Semmering inmitten dieser weltweiten Zäsur des kulturellen Lebens eine Vorreiterrolle zukam. Als eines von wenigen österreichischen Festivals gelang es, das vorgesehene Programm ohne Abstriche in vollem Umfang auf die Bühne zu bringen. Mit einem ausgefeilten Präventionskonzept konnte die Sicherheit des Publikums stets erfolgreich

5 Zum jetzigen Zeitpunkt (Stand Jänner 2022) wird bereits an der Planung für den Kultur.Sommer.Semmering 2022 im Grandhotel Panhans gearbeitet.

Abb. 20: Pianist und Intendant Florian Krumpöck mit Opernsänger Günther Groissböck (v.l.n.r.) auf der Bühne des Waldhofsaals nach dem umjubelten Abschlusskonzert der Festivalsaison 2021.

gewährleistet und dabei sogar ein neuer Besucherrekord verzeichnet werden. In weiterer Folge trug die daraus entspringende, von zahlreichen renommierten Kulturschaffenden unterstützte Initiative „Florestan" zu einem Neudenken der Politik im Umgang mit Kulturinstitutionen sowie einem österreichweiten Bekenntnis zum Recht auf Kunst und Kultur bei.[6]

Die stetige künstlerische Weiterentwicklung und Vergrößerung des Festivals im Laufe der vergangenen Jahre führten zu einer unvergleichlichen kulturellen Erfolgsgeschichte. Von rund 3500 Festivalgästen beim Kultur.Sommer.Semmering 2015 konnte sich die Publikumsanzahl innerhalb von sechs Jahren mehr

6 Die Initiative „Florestan" wurde im Jahr 2020 von Pianist, Dirigent und Kultur.Sommer.Semmering-Intendant Florian Krumpöck, Kulturmanager Mag. iur. Florian Dittrich und Rechtsanwalt Dr. Wolfgang Proksch ins Leben gerufen, um auf den Schutz des kulturellen Lebens durch eine Reihe an Grundrechten hinzuweisen und die undifferenzierte Stilllegung von Kultureinrichtungen trotz wirksamer Sicherheitskonzepte auf ihre Verfassungskonformität hin zu prüfen. Nachdem eine Verfassungsklage vom Österreichischen Verfassungsgerichtshof im Herbst 2021 abgewiesen wurde, wird derzeit (Stand November 2021) die Einreichung einer Menschenrechtsbeschwerde beim Europäischen Gerichtshof für Menschenrechte in Strasbourg vorbereitet.

als vervierfachen und erreichte zuletzt in der Saison 2021 mit rund 14.500 Gästen einen neuen Rekord. Parallel zu diesem stetigen Besucheranstieg können kontinuierlich weitere bedeutende Bühnenpersönlichkeiten aus dem gesamten deutschsprachigen Raum für einen Auftritt am Semmering gewonnen werden, darunter absolute Größen ihres Fachs wie etwa Senta Berger, Karl Markovics, Elisabeth Leonskaja, Alfred Dorfer, Ursula Strauss, Miguel Herz-Kestranek, Maria Happel, Friedrich von Thun, Sandra Cervik, Herbert Föttinger, Elisabeth Orth, Michael Maertens oder Günther Groissböck. Im Laufe der vergangenen Jahre etablierte sich der Kultur.Sommer.Semmering somit als größtes Mehrspartenfestival Niederösterreichs.

Schlussendlich begreift sich die erfolgreiche Semmeringer Kulturinitiative jedoch nicht als singuläre Institution, sondern ist eng mit der weiteren Entwicklung und dem Zukunftspotenzial der gesamten Region verwoben. Mit dem Festival soll nicht nur ein anspruchsvolles Kulturangebot geschaffen werden – stets wird dabei versucht, eine Brücke zur eigenen Geschichte zu schlagen, die Identität eines gesamten historischen Ortes im Jetzt zu festigen und den Semmering damit einmal mehr zu einem bedeutsamen Anziehungspunkt für Kulturschaffende und -interessierte aus ganz Österreich und darüber hinaus zu entwickeln.

KULTUR ALS ZUKUNFTSVISION

Kultur ist stets mehr als die Summe ihrer Teile. Eine Lesung, ein Konzert, eine Theateraufführung oder eine Ausstellung transportieren immer etwas, das über den eigentlichen Inhalt hinausgeht, ein Stück Zeitgeschichte, einen Hauch von Identität. Diese gedankliche Vergegenwärtigung historisch-kultureller Bedeutungskomplexe im Moment der kreativen Beschäftigung kommt beim Kultur.Sommer.Semmering auf ganz besondere Weise zum Tragen. Durch die Bühneninterpretation an historischen Orten des Semmering werden Werke aus einer vergangenen Epoche einerseits in die Zeit ihres Entstehens zurücktransportiert und dabei zugleich in der Gegenwart einem komplett neuen Verständnis ausgeliefert. Der historischen Kulturregion Semmering bietet sich damit die einzigartige Ausgangssituation, die zukünftige Entwicklung mit einem nachhaltigen Fokus auf die eigenen Wurzeln zu gestalten.

Diese aktiv-kreative Auseinandersetzung mit der eigenen Geschichte sowie die vermehrte Stärkung kultureller Impulse sorgten bereits in den vergangenen Jahren für ein sich anbahnendes Momentum des Wandels am Semmering und bieten eine ganze Bandbreite an noch ungeahnten Aufschwungsmöglichkeiten. Denn eine systematische touristische Erschließung ist ohne die nachhaltige Bedeutungssteigerung vonseiten der Kultur kaum von Erfolg gekrönt – insbesondere am Semmering, wo diese seit jeher einen großen Stellenwert einnimmt. Die Vergangenheit als mondäner Erholungsort namhafter Intellektueller und Kulturschaffender sowie die architektonischen Zeitzeugen dieser Epoche prägen heute maßgeblich die Identität der gesamten Region. Diese einzigartige, durch und durch von Kultur und Geschichte geprägte Ästhetik des Semmering im Zusammenspiel mit seiner Naturkulisse ist das Markenzeichen des Ortes und damit sein größtes Potenzial.

Ein zukünftiger Ausbau des erfolgreichen Semmeringer Kulturkonzeptes, vielleicht sogar durch den Bau eines in der Landschaft liegenden Konzertsaales in unmittelbarer Nähe zum Grandhotel Panhans (in Anlehnung an den berühmten Konzertsaal in Andermatt in der Schweiz) ist ein sehr persönlicher Traum, der bereits auf vielfältigen medialen und politischen Zuspruch gestoßen ist.

Die stetig steigenden Besucherzahlen des Kultur.Sommer.Semmering deuten jedenfalls schon jetzt auf eine sich anbahnende Erfolgsgeschichte dieses neuen, kulturell wiedererblühenden Semmering hin. Auch zieht es seit kurzer Zeit vermehrt bedeutende Kulturpersönlichkeiten dauerhaft hierher, so haben etwa mehrere Künstlerinnen und Künstler des Kultur.Sommer.Semmering mittlerweile Domizil am Semmering bezogen. Damit lässt sich bereits erahnen, welche Zukunft auf den heilklimatischen Kurort Semmering zueilt. Mit Kunst und Kultur als Keimzellen für eine in der Identität der Region verwurzelte, sanfte touristische Entwicklung wird mit Sicherheit auch diese neue Semmeringer Blütezeit in die Geschichte eingehen.

LITERATURVERZEICHNIS

Altenberg, Peter: Ohne Titel. In: Südbahn und Lloyd: illustrierte Monatsschrift, August 1912. Zit. nach: Seemann, Helfried/Lunzer, Christian: Semmering 1860–1930, Wien 2001.

Kraus, Karl: Die letzten Tage der Menschheit, Frankfurt am Main 1986.

o. V.: Wie Schnitzler seine Menschen zeichnete. Was der Portier vom Südbahnhotel am Semmering erzählt. In: Neues Wiener Journal, 22. November 1931.

Zweig, Stefan: Brennendes Geheimnis, Frankfurt am Main 2013.

Norbert Krausner, Franz Steiner

WINTERSPORTVEREIN-SEMMERING

Visionäre des Wintersports seit 1946

Der Gründung des WSV-Semmering ging bereits eine lange Tradition des Sports, speziell des Wintersports, am Semmering voraus. Bereits Ende des 19. Jahrhunderts betrieben die Gründer des Skisports erste Rennen und Sprungbewerbe am Semmering. Diese Veranstaltungen wurden vorwiegend vom Österreichischen Wintersportclub (ÖWSC) und dem Sportverein Enzian durchgeführt. Dabei kamen Bewerbe des alpinen Skilaufs, des nordischen Ski- und Sprunglaufs, des Bob- und Rodelsports sowie Eislauf- und Eishockeybewerbe zur Austragung. Dazu wurden zahlreiche Sportstätten geschaffen, darunter die alpinen Pisten auf dem Hirschenkogel, Sprungschanzen, Rodelbahnen am Hirschen- und Pinkenkogel sowie auf der Fürstenhofstraße, weiters eine Bobbahn am Hirschenkogel samt Bob-Aufzug sowie eine Eislauf- und Eishockey-Sportanlage auf der Passhöhe.

In diesem Teil befassen wir uns jedoch hauptsächlich mit der Geschichte des Wintersportvereins-Semmering (WSV-Semmering), der am 16. November 1946 im Waldhofsaal des Südbahnhotels Semmering im Rahmen der konstituierenden Sitzung als Sportverein Semmering gegründet wurde. Ziel und Herausforderung der Gründungsmitglieder war es, den Sport am Semmering nach den Wirren des Zweiten Weltkriegs wiederaufzubauen und die teilweise zerstörten und verwachsenen Sportanlagen wieder instand zu setzen.

VON DEN ANFÄNGEN BIS ZUM JAHR 2000 – EIN CHRONOLOGISCHER ÜBERBLICK[1]

Im Amtsblatt der Bezirkshauptmannschaft Neunkirchen erfolgte mit der Veröffentlichung des Bescheides der Sicherheitsdirektion für das Land Niederöster-

1 Sämtliche Inhalte dieses Kapitels sind dem Archiv des WSV-Semmering entnommen oder wurden von den Autoren aus persönlicher Erinnerung zusammengestellt.

reich mit der Zahl 17103 die Genehmigung des Sportvereins Semmering. Der Ausschuss des Sportvereins setzte sich bei der Gründung aus den folgenden Mitgliedern zusammen:

- Obmann: Erich Krausner
- erster Stellvertreter: Rudolf Scharf
- zweiter Stellvertreter: Rudolf Prasch

Ein weiteres interessantes Detail wurde im Jänner 1947 mittels Bescheides der Sicherheitsdirektion für das Land Niederösterreich dem Sportverein Semmering genehmigt, nämlich die Ermächtigung für ihn und seine Mitglieder, das Vereinsabzeichen zu führen beziehungsweise zu tragen. Bereits am 23. März 1947 fand die erste Jahreshauptversammlung im Hotel Stefanie am Semmering statt. Aus dem Protokoll dieser Sitzung sind die folgenden Punkte entnommen:

> Obmann Erich Krausner bedankt sich in einem ersten Punkt für die vorbildliche Arbeit der provisorisch gewählten Sektionsleiter Prasch für Skilauf, Kriz für den Rodelsport und Wojak für die Eischützen und berichtet über die durchgeführten Veranstaltungen während des Winters und die Leistungen der Mitglieder, die mit 1221 Arbeitsstunden die Bahnen und Abfahrten, sowie die Sprungschanze in Schuss brachten. Den Sportlern der Rodelsektion gratuliert er zu ihren herausragenden Leistungen bei den Rennen in Rottenmann und Liezen. Die Skifahrer starteten auch bei zahlreichen Veranstaltungen, wie zum Beispiel in Murau, Mürzzuschlag, Hadersdorf und Ternitz. Dabei erwähnt er besonders die selbstlose Arbeit des Moser Hansl, dessen guter Organisation das Gelingen zahlreicher Skiveranstaltungen zu verdanken ist, insbesondere des Riesentorlaufs am Hirschenkogel vom 9. März 1947. Er berichtete über ein Kinderrodelrennen im Adlitzgraben, bei dem die Begeisterung der Kleinen so groß war, dass sie schon am frühen Morgen den über Nacht gefallenen Schnee mittels selbst angefertigter Schneepflüge, Besen und Schaufeln entfernten. Er bedankte sich weiters bei der Bevölkerung, die es durch Spenden ermöglichte, jedem der Kinder einen Preis zu überreichen.
>
> Kassier Karl Maierhofer legte einen ausführlichen Bericht über die Einnahmen und Ausgaben des Vereins vor, der einen Kassastand von 2.428,62 Schilling ergab, was mit stürmischem Beifall honoriert wurde.
>
> Bürgermeister Anton Purkharth sprach in seinen Ausführungen dem Verein seine Anerkennung für die großartig geleistete Arbeit aus. Er habe die Tätigkeiten des Vereins aufmerksam verfolgt und die Sportler haben den Semmering großartig vertreten.

In einem weiteren Punkt schlägt der Obmann vor, den Mitgliedsbeitrag wie bisher zu belassen, wonach ausübende und beitragende Mitglieder im Monat einen Schilling und Jugendmitglieder unter 14 Jahren 40 Groschen im Monat zu leisten haben. Er gibt bekannt, dass der Verein bereits 231 Mitglieder verzeichnet.

Obmann Krausner nennt die Notwendigkeit, um irgendwelche Förderungen erwarten zu können, eine Persönlichkeit zu finden, die entsprechende Unterstützung leistet. Diese Person sollte entweder Semmeringer sein beziehungsweise ein Sportler oder Sportsfreund des Vereins. So ist der Verein zum Entschluss gekommen, den Vizepräsidenten des Niederösterreichischen Landtages, Hans Endl, als Ehrenpräsidenten aufzunehmen, was von den anwesenden Mitgliedern mit starkem Beifall angenommen wurde. Ehrenpräsident Endl betonte, dass er gerne der Einladung zur ersten Generalversammlung gefolgt sei und er komme nicht als Funktionär, sondern als Anhänger des Sports. Er erinnere sich noch gerne an die Zeit nach dem Ersten Weltkrieg, als am Semmering der Sportverein Enzian gegründet wurde, dem er lange als Kassier angehörte. Schon damals war es nicht nur das Ziel, sich im sportlichen Wettkampf zu messen, sondern auch für den Kurort etwas zu leisten. Nun, nach dem Krieg, wünsche er sich, der Sportverein möge eine junge aufstrebende Organisation in demokratischem Sinne sein, die neben dem Sport auch Propaganda für den Semmering betreiben solle. Er betonte, dass lebendiger Sport die beste Werbung für den Ort sein kann, und dass die Semmeringer das Zeug dazu haben. Er hoffe, dass folgend alle Sportbahnen wieder in Stand gesetzt werden können, was auch für den gesamten Ort von großer Wichtigkeit sei. Er wolle den Semmering und den Sportverein bestmöglich unterstützen, dies zum Wohle der Familien, des Vereins und unseres Vaterlandes Österreich, was mit langanhaltendem stürmischem Beifall quittiert wurde.

In einem weiteren Punkt ersuchte der Obmann alle öffentlichen Körperschaften beim Aufbau der Sportanlagen aktiv mitzuarbeiten, insbesondere forderte er die Errichtung einer Sprungschanze und eines Skilifts auf den Hirschenkogel. Er betonte, dass der Aufbau der Anlagen sehr wichtig sei, und betreffend der Errichtung einer Seilbahn beklagte er sich über eine mangelnde Unterstützung seitens des Landes Niederösterreich, obwohl ihm Verschiedenes versprochen wurde.

In den folgenden Jahren 1948–1950 erfolgte weiterhin ein kontinuierlicher Wiederaufbau der Sportanlagen, wobei sich Erich Krausner und Hermann Palka als Obmänner abwechselten. Im Sommer 1950 wurde an die Bezirkshauptmannschaft in Neunkirchen der Antrag gestellt, den Sportverein Semmering in Wintersportverein-Semmering umzubenennen, „welcher im Juli durch die Behörde nicht untersagt wurde. Somit fand der noch heute bestehende Name seinen Ursprung“, wie in der Chronik des WSV-Semmering zu lesen ist. Diese Jahre des Sportvereins fielen noch in die Zeit der Besatzung Österreichs, und so wurde dem Wintersportverein-Semmering auch der Auftrag des Alliierten-Rates zur Beachtung mitgeteilt: Der Verein ist verpflichtet,

- das freie und unabhängige Österreich zu stärken und zu erhalten.
- demokratische Grundsätze zu beachten und die nationalsozialistische Ideologie in jeder Form zu bekämpfen.
- die öffentliche Ordnung, die von den Besatzungsmächten durch Anleitungen und Vorschriften eingeführt wurde, nicht zu stören.
- keinerlei Tätigkeit gegen die Besatzungstruppen und deren Mitglieder oder Streitkräfte zu richten.

1951 führte der WSV-Semmering die Österreichischen Jugendmeisterschaften Alpin und Nordisch durch und empfahl sich mit der perfekten Organisation als idealer Austragungsort für weitere Großveranstaltungen. So stand 1953 als Höhepunkt die Abhaltung der Akademischen Weltwinterspiele am Programm, wobei die alpinen und nordischen Disziplinen am Semmering ausgetragen wurden. Diese wurden vom Allgemeinen Landessportverband Niederösterreich (ALSN) organisiert und mit den dadurch erzielten Mitteln konnte ein Teil der Sprunganlage erneuert werden.

Schon 1952 konnte der WSV-Semmering sein organisatorisches Talent beim nächsten Großevent unter Beweis stellen, nämlich den Österreichischen Ski-Meisterschaften, welche sowohl im alpinen als auch im nordischen Bereich am Semmering ausgetragen wurden. In diesen Jahren wurde massiv an den Sportstätten gearbeitet, so wurde neben neu angelegten Strecken außerdem eine massive Startrampe aus Holz neben dem Liechtensteinhaus am Hirschenkogel errichtet. Eines der größten Vorhaben war der Neuaufbau der Liechtenstein-Schanze. Die Österreichischen Meisterschaften gingen von 23. bis 27. Jänner 1952 über die Bühne. Obwohl Anfang des Jahres noch kein Schnee auf den Pisten zu sehen war, bewahrheitete sich auch in diesem Jahr die bereits 60 Jahre anhaltende Statistik, dass die zweite Jännerhälfte am Semmering nicht schneelos war. Trude Klecker konnte bei ihrem Heimrennen einen zweiten Platz im Slalom einfahren. Das Highlight der Meisterschaften war der Abschlussbewerb auf der Liechtenstein-Schanze, bei dem „Bubi“ Sepp Bradl sich den Österreichischen Meistertitel mit Sprüngen von 59 und 61 Metern sicherte. Zu diesem Ereignis kamen rund 35.000 Zuschauer und Zuschauerinnen in 234 Autobussen und doppelt so vielen Privatwagen. 22.000 Personen waren außerdem in Sonderzügen der Bundesbahn angereist.

1954 wurde der neue Einser-Sessellift auf dem Hirschenkogel in Betrieb genommen – eine schon lange vom WSV-Semmering geforderte Investition, die fortan massiv den weiteren Aufschwung des Skilaufs am Semmering förderte.

Im Jahr 1954 sprang der Niederösterreichische Landesskiverband in der Durchführung der Österreichischen Jugendmeisterschaften für den Steiermärkischen Landesverband ein. Dadurch sicherte er sich das Anrecht zur Abhaltung der Österreichischen Meisterschaften 1955 am Semmering. Hierfür wurde eine neue Piste am Hirschenkogel geschaffen sowie der bestehende Hang verbreitert. Obschon bei den Meisterschaften im Jahr 1952 riesige Besuchermassen auf den Semmering kamen, wurden die Erwartungen im Jahr 1955 mit rund 70.000 Zuschauern und Zuschauerinnen bei Weitem übertroffen. Im Nordischen Kombinationsbewerb konnte der Semmeringer Leopold Kohl hinter Sepp Bradl den großartigen zweiten Platz erreichen. Bei den alpinen Bewerben musste der Abfahrtslauf aufgrund des vorangegangenen Tauwetters abgesagt werden. Die restlichen Wettkämpfe fanden am Ost- und Westhang des Hirschenkogels statt. Beim Setzen der Riesentorläufe am Westhang musste man sich nach den verbliebenen Schneeresten richten, da die Strecke schon stark ausgeapert war. Bei den Herren sicherte sich Anderl Molterer die Siege in den Disziplinen Slalom, Riesenslalom und Alpine Kombination, während Toni Sailer bei den Junioren erfolgreich blieb. Trude Klecker gelangen als beste Ergebnisse vor Heimpublikum ein vierter Rang im Riesenslalom und ein fünfter Rang in der Kombination.

Als einer der damals besten Skiläufer des Semmering war der spätere Leiter der Skischule Semmering, Alfred Puschlmayer, genannt „Puschi", in allen Disziplinen am Start der Österreichischen Jugendmeisterschaften 1951, sowie bei den Österreichischen Meisterschaften 1952 und 1955 aktiv.

1956 stellte ein erfolgreiches Jahr für die Wintersportler und Wintersportlerinnen des WSV-Semmering dar. Insgesamt nahmen sechs Mitglieder des Vereins an den Olympischen Winterspielen in Cortina d'Ampezzo teil. Neben Trude Klecker (Ski Alpin) und Leopold Kohl (Nordische Kombination) war auch Karl Wagner mit einem Viererbob-Team im Einsatz. Neben der Teilnahme an den Olympischen Spielen konnte sich Leopold Kohl trotz eines Sturzes im zweiten Sprung noch den dritten Rang in der Kombination bei den Österreichischen Meisterschaften sichern.

Die bis heute noch erfolgreichsten Sportler und Sportlerinnen des WSV-Semmering waren Trude Klecker im alpinen Skilauf und Hans Krausner im Rennrodeln.

1956 war geprägt von den Olympischen Spielen in Cortina d'Ampezzo. Während Toni Sailer in allen Disziplinen siegreich war, war der zwölfte Platz in der Abfahrt die beste Platzierung für Trude Klecker. Bei den Österreichischen Meisterschaften in Lienz im selben Jahr fuhr sie einen Sieg in der Abfahrt sowie dritte Plätze im Slalom und Riesenslalom ein, womit sie sich den Sieg in der Kombination sicherte.

1957 beendete Trude Klecker mit einem achten Platz im Riesentorlauf bei den Österreichischen Meisterschaften ihre Karriere.

Als Auszug ihrer zahlreichen Erfolge seien genannt:

- Akademische Weltmeisterin in Bad Gastein 1951
- Vierter Platz bei den Olympischen Spielen 1952 in Oslo
- Kandahar-Siegerin 1953
- Beste Sportlerin Österreichs 1953
- Goldene Kandahar-Nadel 1954
- Weltmeisterin im Slalom in Are 1954 sowie Silbermedaille in der Abfahrt
- Olympia-Teilnehmerin in Cortina d'Ampezzo 1956
- Diamantene Kandahar-Nadel 1957

Den Rodelsport bekam Hans Krausner praktisch in die Wiege gelegt, da sein Vater Hans Krausner sen. in seiner Wagnerei Rennrodeln baute, die zu den besten der damaligen Zeit zählten.

Hans Krausner musste seine Karriere als Spitzensportler nach einem schweren Rodelunfall zurückstellen, blieb aber dem Rodelsport noch viele Jahre als Funktionär und aktiver Rodler erhalten.

Als Auszug aus Hans Krausners zahlreichen Erfolgen seien genannt:

- Mehrere Landesmeistertitel 1947–1953 im Ein- und Doppelsitzer
- Erfolge bei den Österreichischen Staatsmeisterschaften 1949 mit dem Sieg im Doppelsitzer sowie zweite und dritte Plätze bei den Meisterschaften 1951, 1955 und 1956
- Weltmeister im Doppelsitzer in Oslo 1955
- Europameistertitel in Igls 1951 und in Cortina d'Ampezzo 1953
- Zahlreiche weitere Siege und Erfolge bei internationalen Meisterschaften
- Träger der Meisternadel des Österreichischen Rodelverbandes in Gold

Neben Hans Krausner waren auch die Geschwister Lache überaus erfolgreich in der damaligen Rodelszene. Willi Lache errang bei den Europameisterschaften 1951 in Igls und 1954 in Davos jeweils die Silbermedaille, 1953 in Cortina d'Ampezzo die Bronzemedaille im Einsitzer sowie 1952 in Garmisch-Partenkirchen die Bronzemedaille und 1953 in Cortina d'Ampezzo mit Hans Krausner den Titel im Doppelsitzer. Hilde Lache wurde mehrfache Österreichische Meisterin in den Jahren 1940 bis 1948.

Am Samstag, dem 1. Dezember 1956 erging eine Einladung zur Festversammlung anlässlich des zehnjährigen Bestandes des WSV-Semmering. Im runden Saal des Hotel Panhans begrüßte Obmann Hans Moser zahlreiche Gäste und der dritte Präsident des Niederösterreichischen Landtages und Ehrenpräsident des WSV-Semmering Hans Endl hielt die Festansprache.

Am 30. und 31. Jänner 1960 kamen die Österreichischen Junioren Rodelmeisterschaften am Semmering zur Austragung. Nach denkbar schlechten Wetterverhältnissen im Vorfeld der Veranstaltung führte ein Temperatursturz in letzter Minute zu perfekten Bahnverhältnissen. Im Teilnehmerfeld zu den Meisterschaften fanden sich fünf Damen, 57 Herren und 22 Doppelsitzer-Teams. Der für den WSV-Semmering startende Rudolf „Rudi" Neumayer erreichte den achten Platz, womit er sich für einen Platz in der Nationalmannschaft für die Europa Junioren Meisterschaften in Villach desselben Jahres qualifizierte. Mit Claudius Lettmayer qualifizierte er sich ebenso für den Doppelsitzerbewerb, bei dem das Duo dann den vierten Platz erzielte.

Weiters wurden am 27. und 28. Februar 1960 internationale Torläufe um die Semmering-Pokale ausgetragen. Als bekannteste Starterinnen dieser Zeit galten die Österreicherin Edith Zimmermann aus Vorarlberg sowie Marielle Goitschel aus Frankreich.

In den folgenden Jahren waren die internationalen Skispringen auf der Liechtenstein-Schanze die Top-Ereignisse des WSV-Semmering. Diese fanden immer eine Woche nach der Deutsch-Österreichischen Vierschanzen-Tournee im Jänner statt und brachten die gesamte damalige Weltelite der Skispringer auf den Semmering. Bis 1970 fanden auf der Liechtenstein-Schanze internationale Wettkämpfe statt, 1968 letztmalig eine Österreichische Meisterschaft. Den Schanzenrekord hielt Sepp Lichtenegger mit 84 Metern (1970).

Der WSV-Semmering führte in der Folgezeit zahlreiche weitere Veranstaltungen durch, die eindrucksvoll zeigten, dass der Verein nicht nur mit Veranstaltungen im alpinen Bereich für Aufmerksamkeit sorgte. Zu diesen zählten die folgenden Wettkämpfe:

1968 kamen bei den Österreichischen nordischen Meisterschaften die Disziplinen Spezialsprunglauf, Nordische Kombination, Speziallanglauf über 15 km sowie Staffellauf über 4 x 10 km zur Austragung.

1969 wurden die Österreichischen Juniorenmeisterschaften im Naturbahnrodeln am Semmering ausgetragen.

1976 fanden die Österreichischen nordischen Schüler- und Jugendmeisterschaften am Semmering statt. Hierbei kam es zu Wertungen in diversen Langlauf und Sprungbewerben, Staffel-Bewerben sowie der Nordischen Kombination.

1979 organisierte der WSV-Semmering den internationalen Grand Prix der Naturbahnrodler.

Generell gesehen wurde es in den 1960er- und 1970er-Jahren etwas ruhiger um die Veranstaltungen, die der WSV-Semmering austrug. Die Sektionsleiter Rudi Hahnl im Rodeln und Karl Engelschall bei den Alpinen zeichneten dabei jeweils für die Organisation verantwortlich. Außerdem kamen in jeder Wintersaison der Ortsjugendskitag sowie die Vereinsmeisterschaften Ski Alpin und Rodeln zur Austragung.

In den 1970er-Jahren etablierten sich mehrere Semmeringer Rodelsportlerinnen und Rodelsportler in der Österreichischen Spitzenklasse. Sigrid Kaiser war in diesen Jahren bei den Damen das Aushängeschild des Vereins – sie erreichte zwei Staatsmeistertitel. Unser heutiger Präsident Franz Steiner erreichte in der Juniorenklasse mehrfach den Niederösterreichischen Landesmeistertitel auf der Naturbahn sowie den Vizestaatsmeistertitel im Doppelsitzer auf der Kunstbahn und qualifizierte sich auch für die Junioreneuropameisterschaften 1972 in Kufstein.

In den 1970er- und 1980er-Jahren erlebte die Sektion Rodeln ein Zwischenhoch mit bis zu zwölf Starterinnen und Startern bei nationalen Bewerben. Aufgrund des generellen Rückgangs im Naturbahn-Rennrodelsport in den folgenden Jahrzehnten wurde es auch im Verein in der Rodelsektion ruhiger. Ab dem Jahr 2002 wurden gemeinsam mit dem Rodelverein Pinguin Payerbach im Sommer internationale Rollenrodelrennen durchgeführt, wobei die Österreichischen Meisterschaften 2013 der Höhepunkt waren. Die Sektionsleiterin Anita Jancsek wurde 2013 zur Präsidentin des Niederösterreichischen Rodelverbandes gewählt und übt dieses Amt mit viel Engagement und Leidenschaft aus. Erfreulich ist, dass auch bei den Vereinsmeisterschaften der letzten Jahre die Teilnehmerzahlen im Rodeln stets gestiegen sind.

In den 1980er-Jahren erlebte der Semmering wieder eine Renaissance bezüglich der Austragung von internationalen alpinen Skirennen.

Alles begann 1982, als am 3. und 4. Jänner zwei FIS-Damen-Slaloms am Hirschenkogel ausgetragen wurden. Im Jahr 1982 kamen am 20. und 21. Dezember erneut zwei FIS-Damen-Slaloms zur Austragung. 1983 wurden am 1. und 2. Februar Damen-Europacup-Rennen im Slalom und Riesentorlauf am Semmering durchgeführt. Die Siegerin im Slalom hieß damals Karin Buder. Für Österreich starteten damals außerdem die künftigen Weltcup-Siegerinnen Anita Wachter und Ulli Maier. Heidi Boves aus den USA konnte den Sieg im Riesentorlauf erringen. Teilnehmende Nationen außer Österreich und den USA waren noch die Schweiz, Italien, die Bundesrepublik Deutschland, Norwegen, Kanada, Frankreich, Jugoslawien, Schweden und Großbritannien. 1984 kamen erneut Damen-Europacup-Rennen am Semmering zur Austragung. Diese wurden am 27. und 28. Jänner gemeinsam mit dem WSV-Spital am Semmering durchgeführt. Die umkämpften Disziplinen waren diesmal eine Abfahrt und ein Riesentorlauf. Anfang 1985 kamen die ersten FIS-Herren-Rennen am Semmering zur Austragung. Während der Abfahrtslauf am 31. Jänner am Stuhleck ausgetragen wurde, kam der Torlauf am 2. Februar am Hirschenkogel zur Austragung. Im Februar 1986 wurden erneut FIS-Damen-Rennen am Hirschenkogel ausgetragen. Während am 1. Februar die Siegerin im Riesentorlauf Christa Kinshofer hieß, gewann den Slalom am 2. Februar Claudia Strobl, die heutige Präsidentin des Kärntner Landesskiverbands. Am Start waren unter anderen Petra Kronberger, Elfi Eder, Karin Köllerer und Roswitha Steiner. Im selben Jahr stellte Serge Lang, der Erfinder und Mitbegründer des alpinen Ski-Weltcups, einen Besuch am Semmering in Aussicht, wobei der Chef des Organisationskomitees der FIS-Rennen, Karl Kaiper, Gespräche betreffend der Ausrichtung von Weltcuprennen am Semmering führte. Die Kronen Zeitung berichtete damals: „Nicht einmal Weltcuprennen sind so gut wie die FIS-Rennen am Semmering organisiert". Bereits damals wurden also die ersten Weichen Richtung Weltcuprennen am Semmering gestellt.

1990 endete nach 36 Jahren die Ära von Hans Moser als Obmann des WSV-Semmering. Albert Tonn wurde in der Jahreshauptversammlung zum neuen Obmann gewählt – er übte dieses Amt eine Periode lang bis 1994 aus, nach der er auf eigenen Wunsch ausschied. Bei den Neuwahlen im Rahmen der Generalversammlung am 14. Mai 1994 wurden zwei Wahlvorschläge eingebracht, aus denen Franz Steiner als neuer Obmann des WSV-Semmering hervorging.

Nach dieser Generalversammlung wurden auch die Statuten, die noch aus dem Jahr 1975 stammten, geändert. So wurde der Begriff des Obmanns durch den Titel Präsident abgelöst und die Obmann-Stellvertreter zu Vizepräsidenten ernannt.

1995 fanden die Österreichischen Meisterschaften im Riesentorlauf in Spital am Semmering statt. Der Slalom wurde am Semmering ausgetragen. Diesen gewann bei den Herren Mario Reiter, der zuvor auch schon im Riesentorlauf siegreich war. Michael Walchhofer, Benjamin Raich, Rainer Schönfelder, Thomas Sykora und Hermann Maier standen damals am Beginn ihrer beeindruckenden Karrieren. Bei den Damen siegte die Deutsche Angela Zimmermann vor Karin Köllerer und Manuela Lieb. Michaela Dorfmeister konnte damals den zehnten Platz erringen.

Der WSV-Semmering erwies sich in diesen Jahren als professioneller Veranstalter zahlreicher Skigroßveranstaltungen und empfahl sich somit als Austragungsort und Veranstalter für Weltcuprennen am Semmering.

DER WEG ZUM WELTCUP AM SEMMERING

Nachdem bereits bei den erfolgreichen FIS-Rennen öfters der Semmering als Austragungsort für Weltcuprennen ins Gespräch kam, fasste der WSV-Semmering gemeinsam mit dem Mehrheitseigentümer der Bergbahnen Hirschenkogel, Markus „Max“ Pausackerl, den Entschluss, das Projekt Weltcup am Semmering in Angriff zu nehmen. Als Geburtsstunde kann sicher das legendäre Treffen zwischen Max Pausackerl von den Bergbahnen Hirschenkogel, Dir. Eduard Aberham vom Grand Hotel Panhans, Dr. Hermann Gruber als Vertreter des Hauptsponsors GÖSSER des ÖSV und WSV-Präsident Franz Steiner gesehen werden. Ein geplanter publikumswirksamer Termin in den Weihnachtsferien und die Nähe zur Großstadt Wien wurden als Hauptargumente für die Bewerbung ins Spiel gebracht. Weiters standen damals mit dem Westhang eine absolut weltcuptaugliche Piste sowie motivierte Teams des WSV-Semmering und der Bergbahnen Hirschenkogel für die Organisation und Durchführung zur Verfügung. Lediglich der Termin in den Weihnachtsferien wurde von manchen Gastronomen und Beherbergungsbetrieben als kritisch gesehen, da befürchtet wurde, Stammgäste der Betriebe so zu verlieren.

Ein weiterer wichtiger Schritt in Richtung der Durchführung von Weltcuprennen am Semmering war der Aufbau einer Kooperation mit dem Land Niederösterreich, da der erhebliche finanzielle Beitrag des Regionalpaketes durch den WSV, die Bergbahnen und die Gemeinde nicht aufzubringen gewesen wäre.

Landeshauptmann Dr. Erwin Pröll hatte für das Vorhaben ein offenes Ohr und sagte die finanzielle Unterstützung des Landes Niederösterreich prompt zu.

1994 wurde schließlich über den Niederösterreichischen Landesskiverband, unter dem damaligen Präsidenten MR Dipl. Ing. Werner Rachoy, ein offizielles Ansuchen an den ÖSV übermittelt.

1995 machte sich dann eine kleine, feine Abordnung auf zu den Hahnenkammrennen in Kitzbühel, um medien- und publikumswirksam für das Projekt „Damen Weltcuprennen am Semmering" zu werben. Max Pausackerl, Markus Pausackerl jun., Franz Steiner und Erich Schabus vom Tourismusverband Semmering/Rax/Schneeberg fanden dabei anfangs wenig Beachtung. Sie ließen sich jedoch nicht von der Idee abbringen und organisierten nach zwei Tagen im Hotel Rasmushof eine Pressekonferenz, bei der FIS-Generalsekretär Gian Franco Kasper, ÖSV-Präsident Peter Schröcksnadel und ÖSV-Generalsekretär Dr. Klaus Leistner die Präsentation des Semmering als Austragungsort für Damen-Weltcuprennen interessiert verfolgten. Nach dieser Pressekonferenz stieg das Interesse an dieser Idee sprunghaft an und bereits wenige Wochen danach konnte in Wien ein Vertrag zwischen dem Österreichischen Skiverband und dem WSV-Semmering unterzeichnet werden, der für fünf Jahre die Austragung der Rennen zum Termin zwischen Weihnachten und Neujahr am Zauberberg sicherte.

Somit brachte der ÖSV bei der FIS-Tagung im Juni den Termin ein und es standen am 28. und 29. Dezember 1995 zwei Weltcup-Damen-Slaloms am Semmering im Rennkalender. Zeitnah wurde zur Organisation der Veranstaltung ein Komitee gegründet, dem MR DI Werner Rachoy als Präsident vorstand und Franz Steiner als Generalsekretär die operative Umsetzung verantwortete. Der WSV-Spital am Semmering war ein wichtiger Partner, besonders da in der anfänglichen Bewerbung auch noch eventuelle Speed-Bewerbe inkludiert waren. Diese gelangten jedoch nicht zur Umsetzung. Das Verkehrskonzept umschloss bereits ab dem ersten Jahr die Parkplätze auf der Semmering Schnellstraße S6. Die Quartiere für die Athletinnen, Teams, Mitarbeiter und Gäste waren in der Region verstreut, da die Unterkunftsmöglichkeiten direkt am Semmering alleine nicht ausreichten. Von der ersten Stunde an wurde beim Weltcup am Semmering das Konzept des Spitzensports mit dem der Unterhaltung in Form eines Events verbunden. Hiermit war wieder eine internationale Sportgroßveranstaltung im Winter für Niederösterreich geschaffen. Eine weitere Hürde war die ausreichende Produktion von Kunstschnee, da nur der kleine Speicherteich im Auslauf der ehemaligen Liechtensteinschanze zur Verfügung stand. Trotzdem gelang es, zur Premiere ausgezeichnete Pistenverhältnisse zu schaffen. Für diese Meisterleistung zeichneten die beiden Wintersportvereine Spital am Semmering und Semmering, gemeinsam mit der Freiwilligen Feuerwehr Semmering unter der Regie von FIS-Race Director Kurt Hoch verantwortlich. Dieser war von Anfang an voll des Lobes für die Veranstalter.

DIE WELTCUPRENNEN AM SEMMERING – EINE ERFOLGSGESCHICHTE

Unvergessen bei den ersten beiden Damen-Weltcup-Slalomrennen am 29. und 30. Dezember 1995 sind bis heute nicht nur zwei große Siegerinnen, sondern auch die arktischen Temperaturen von minus 25 Grad Celsius. Die Schwedin Pernilla Wiberg gewann den ersten Slalom, während am zweiten Tag der erste österreichische Heimsieg durch Elfi Eder bestaunt und bejubelt werden konnte.

Gleich 1996 folgte die zweite Auflage der Rennen am Semmering, ebenfalls wieder zwei Slaloms, ausgetragen am Westhang. Pernilla Wiberg konnte am ersten Tag ihren Vorjahreserfolg wiederholen, am zweiten Tag gewann die Italienerin Deborah Compagnoni.

1998 brach dann eine wegweisende Ära der Weltcuprennen am Zauberberg an. Die Weltcup-Panoramapiste wurde neu geschaffen und mit der ebenfalls neuen, leistungsstarken Flutlichtanlage konnten erstmals in Österreich Damen-Nachtrennen durchgeführt werden. Die neue Rennstrecke, die Flutlichtanlage und ein top Rahmenprogramm rund um die Rennen begeisterten von da an Tausende Besucher und Besucherinnen. Die Presse lobte die Events am Zauberberg mit dem Vergleich eines „Kitzbühels für Damen“. Eine weitere Neuigkeit auf diesem Sektor war es, Sport und Kunst im Rahmen der Weltcuprennen am Semmering zusammenzuführen. Mit dem Wahlsemmeringer Prof. Christian Ludwig Attersee fand unser Verein einen begeisterten Sportfan und Unterstützer der Events, der für jede Veranstaltung unentgeltlich ein Weltcupbild schuf, welches der WSV-Semmering als sensationellen Werbeträger für die Veranstaltungen bestens nutzte. Mittlerweile hat der renommierte Künstler elf einzigartige Werke für die Weltcuprennen geschaffen, die seither die grafische Basis der Werbe- und Marketingstrategie für die Weltcuprennen am Semmering bilden. Die Auftaktveranstaltung zu den Rennen am Semmering war immer die öffentliche Auslosung der Startnummern für das erste Rennen auf dem Hauptplatz in Neunkirchen, wo Tausende Fans die Stars hautnah bewundern konnten. Auch

Abb. 21: Abendstimmung zwischen den beiden Durchgängen des Weltcup-Nachtslaloms.

gelangten von da an die Rennen am Semmering im Zweijahresrhythmus, alternierend mit Lienz in Osttirol, zur Austragung.

Sportlich feierten die Österreicherinnen im Riesentorlauf 1998 einen beeindruckenden Doppelsieg, Anita Wachter gewann vor Alexandra Meissnitzer und Andrine Flemmen aus Norwegen.

In den nächsten Jahren sah der Zauberberg einige großartige Siegerinnen. Große Namen wie Janica Kostelić, Sonja Nef und Karen Putzer feierten in den Jahren 2000 und 2002 vor einer beeindruckenden Zuschauerkulisse mit 24.000 Fans an zwei Renntagen großartige Erfolge am Hirschenkogel.

Unvergessen aus österreichischer Sicht bleibt wohl auch das Jahr 2004, in dem Marlies Schild sowohl den Riesentorlauf vor Tanja Poutiainen und Elisabeth Görgl als auch den Nachtslalom vor Janica Kostelić und Tanja Poutiainen gewann. Weiters konnten in diesem Jahr dank der Unterstützung von Prof. Christian Ludwig Attersee und Vertretern der Wien Energie zwei neue Weltcup-Ankünder im Bereich der Wagnerkurve und der ehemaligen ESSO-Tankstelle positioniert werden. Dadurch präsentierte sich der Ort Semmering mit seinen Weltcuprennen bestmöglich.

Im Jahr 2006 schaffte es erstmals eine Läuferin aus Niederösterreich bei ihrem „Heimrennen“ aufs oberste Treppchen – Kathrin Zettel aus Göstling an der Ybbs führte beim Riesentorlauf einen sensationellen österreichischen Dreifachsieg an. Sie siegte vor Nicole Hosp und Marlies Schild. Beim Nachtslalom am darauffolgenden Tag siegte die Schwedin Therese Borssén vor Kathrin Zettel und Marlies Schild.

2008 konnte Kathrin Zettel ihren Sieg im Riesentorlauf wiederholen – sie gewann diesmal vor Manuela Mölgg aus Italien und Lara Gut aus der Schweiz. Maria Riesch aus Deutschland siegte im Nachtslalom vor Tanja Poutiainen und Lindsey Vonn.

Zum 15-jährigen Weltcupjubiläum 2010 stellte Franz Steiner, Chef des Organisationskomitees, ein sensationelles Rahmenprogramm auf die Beine, wobei der Auftritt von Wolfgang Ambros sicher den Höhepunkt bildete. Sportlich konnte Marlies Schild ihren zweiten Sieg beim Nachtslalom feiern, während Tessa Worley aus Frankreich im Riesentorlauf siegreich war.

Bei der zehnten Weltcupveranstaltung am Semmering im Jahr 2012 stand wieder eine Österreicherin ganz oben am Siegerinnenpodest – Anna Fenninger gewann den Riesentorlauf vor Tina Maze aus Slowenien und Tessa Worley. Veronika Velez-Zuzulová aus der Slowakei siegte beim Nachtslalom vor Kathrin Zettel und Tina Maze.

Die geplanten Weltcuprennen im Dezember 2014 konnten leider aufgrund von anhaltendem Warmwetter im Vorfeld der Veranstaltung nicht durchgeführt werden. Kühtai in Tirol sprang damals kurzfristig für den Semmering ein.

2016 standen dann gleich drei Bewerbe am Semmering am Programm, da auch der abgesagte Riesentorlauf von Courchevel am Zauberberg ausgetragen wurde. Sensationell und bis dato einzigartig an einem Ort war in diesem Jahr die Leistung von Mikaela Shiffrin, die aus allen drei Rennen siegreich hervorging.

2018 feierte die Slowakin Petra Vlhova einen großartigen Sieg im Riesentorlauf am Semmering und lockte damit Tausende slowakische Fans zum Nachtslalom auf den Zauberberg. Vor einer beeindruckenden Kulisse siegte dann Mikaela Shiffrin vor Petra Vlhová und Wendy Holdener.

Die Rennen 2020 bleiben sicher aufgrund von zwei unwillkommenen Premieren in Erinnerung. Einerseits konnten sie aufgrund der herrschenden COVID-19-Pandemie nur unter strengsten Sicherheitsauflagen und leider ohne Publikum durchgeführt werden, andererseits durch den Abbruch des Riesentorlaufs nach dem ersten Durchgang aufgrund eines noch nie erlebten orkanartigen Sturmes, der den gesamten Zielraum verwüstete. Unermüdlich arbeiteten unzählige Hel-

Abb. 22: Weltcup-Plakat 2020 von Christian Ludwig Attersee.

fer bereits ab den frühen Morgenstunden am Wiederaufbau des Zielbereichs, sodass am nächsten Tag der Nachtslalom planmäßig über die Bühne gehen konnte. Michelle Gisin feierte dann ihren ersten Weltcupsieg vor der späteren Weltmeisterin von Cortina d'Ampezzo, Katharina Liensberger und Mikaela Shiffrin.

Einer der Garanten für die Erfolge der Rennen am Zauberberg mit immer sensationeller Publikumskulisse war bestimmt auch das einzigartige Rahmenprogramm. Musikgruppen aus der Volksmusik-, Schlager-, Pop- und Rockszene standen auf den Bühnen im Eventbereich.

Die 25-jährige Erfolgsgeschichte „Weltcuprennen am Semmering" will fortgesetzt werden. Um den Vertrag mit dem Österreichischen Skiverband für die weitere Durchführung der Rennen am Semmering zu verlängern, müssen einige Rahmenbedingungen neu definiert werden. Die größten Herausforderungen sind dabei:

- Die Sicherstellung der Finanzierung in Zusammenarbeit mit dem Land Niederösterreich
- Die Fortsetzung der bislang guten Zusammenarbeit mit den Bergbahnen Hirschenkogel
- Eine Verbesserung der Situation betreffend Beherbergung und Gastronomie am Semmering
- Die Sicherstellung der Verfügbarkeit von rund 300 freiwilligen Mitarbeitern und Mitarbeiterinnen schon vor und während der Weihnachtsfeiertage
- Der Aufbau von Nachfolgern oder Nachfolgerinnen in strategischen Funktionen im Organisationskomitee

Aufgrund der großen Bedeutung und Werbewirksamkeit für den Semmering, die Region und den Verein ist das Bemühen, auch in Zukunft Weltcuprennen am Hirschenkogel durchzuführen, weiterhin groß.

AUS DEM VEREINSLEBEN DES WSV-SEMMERING

Neben den sportlichen Großveranstaltungen beeindruckt der WSV-Semmering mit weiteren erwähnenswerten Ereignissen.

Bereits in den Gründungsjahren wurde auch eine Tennissektion im WSV-Semmering geschaffen, die unter der Leitung von Ferdinand Daum und später von Karl Mayer den Tennissport am Semmering aufbaute.

In den 1970er-Jahren boomte der Tennissport, woraufhin sich der Vorstand des WSV-Semmering entschloss, Tennis wieder wettkampfmäßig zu betreiben. Die Sektion Tennis erlebte eine Renaissance und eine Mannschaft des WSV-Semmering spielte unter der Führung von Norbert Krausner bis 1995 bei Meisterschaften des NÖ-Tennisverbandes. Anfang 2000 flaute das Interesse am Tennissport, bedingt auch durch die Abwanderung vieler Stammspieler, ab und so wurden die Aktivitäten der Sektion Tennis ruhend gestellt.

Seit Jahrzehnten nicht mehr vom Semmeringer Veranstaltungskalender wegzudenken ist der traditionelle Silvesterfackellauf, der gemeinsam mit der Skischule Semmering am letzten Tag im Jahr durchgeführt wird und Hunderte Zuschauer in den Weltcup-Zielraum lockt.

Eine weitere Veranstaltung mit Tradition war bis 2005 der Ortsjugendskitag für die Semmeringer Kinder, welcher ab 2005 durch das Semmeringer Kinderrennen gemeinsam mit den Gemeinden Breitenstein und Schottwien abgelöst wurde.

Jeden Faschingsdienstag ist der WSV-Semmering außerdem gemeinsam mit der Kurgemeinde Semmering Veranstalter des Semmeringer Masken-Faschingslaufs am Hirschenkogel.

1998 beschloss der Vorstand des WSV-Semmering die Errichtung eines Vereinshauses, welches zügig in den Sommermonaten gebaut wurde und bereits zu den Weltcuprennen im Dezember provisorisch nutzbar war. Das Haus am Fuße der Weltcup-Panoramapiste am Hirschenkogel wurde im darauffolgenden Jahr fertiggestellt und 2004 um zwei Garagen erweitert. Auf den beiden vorrangig genutzten Pisten am Hirschenkogel, nämlich der Weltcup-Panoramapiste und dem Südhang, wurden sukzessive Verkabelungen mit mehreren Anschaltstellen für die Zeitnehmung verlegt und im Bereich unter der sogenannten Blitzkurve ein Zielcontainerhaus aufgestellt. Investitionen zur Durchführung der Rennen wie Torstangen, Funkgeräte, Absperrungen, Beschallungs- und Zeitnehmungsanlagen wurden angeschafft und laufend erweitert beziehungsweise erneuert.

Damit ist es möglich, pro Jahr rund 40 Veranstaltungen durchzuführen, darunter zahlreiche Firmen- und Ortsmeisterschaften, die jede Menge Gäste auf den Semmering bringen.

Außerdem werden regelmäßig Schulskitage und Kinderrodeltage veranstaltet. Die Vereinsmeisterschaften Ski alpin/Snowboard und Rodeln sind Fixpunkte in jeder Wintersaison, wobei die neu geschaffene Kombiwertung Ski und Rodel in den letzten Jahren sehr an Beleibtheit gewann, wodurch auch wieder steigende Teilnehmerzahlen bei den jährlichen Vereinsmeisterschaften zu verzeichnen waren.

1998 beschloss der Vereinsvorstand eine einheitliche Vereinsbekleidung für alle aktiven Sportlerinnen und Sportler und Funktionäre anzuschaffen. Dank zahlreicher Sponsoren konnten die überwiegenden Kosten durch den Verein getragen werden, sodass nur ein geringer Beitrag selbst zu leisten war. 2003 und 2012 wurden wieder neue Vereinsbekleidungen angeschafft. Im Jahr 2021 wird die neueste Kollektion den Läuferinnen und Läufern und Funktionären zur Verfügung stehen.

Die Eventagentur Faist organisierte jährliche Prominenten-Charity-Skirennen, die in den Jahren 2004 bis 2014 vom WSV durchgeführt wurden. Diese Veranstaltungen brachten viele Promis der ORF-Sendung „Seitenblicke" und ehemalige ÖSV-Stars auf den Semmering.

2005 erreichte der WSV-Semmering den bis dato höchsten Mitgliederstand mit 1087 Vereinsmitgliedern, und WSV-Präsident Franz Steiner wurde als Vizepräsident, zuständig für den PR-Bereich, in den Vorstand des Niederösterreichischen Landesskiverbandes aufgenommen.

2006 bestritt Doppel-Olympiasiegerin und Weltmeisterin Michaela Dorfmeister ihr letztes Weltcuprennen. Im März danach organisierte der Wintersportverein-Semmering ihr Abschiedsrennen. Die erfolgreichste niederösterreichische Skirennläuferin beendete am Semmering mit dem Sieg ihre Karriere und feierte diesen sowie ihren 33. Geburtstag ausgiebig mit vielen ÖSV-Stars, darunter Elisabeth „Lizz" Görgl, Kathrin Zettel, Rainer Schönfelder und Michael Walchhofer sowie rund 2000 Fans.

2013 wurde dem WSV-Semmering für die perfekte Organisation der Damen-Ski-Weltcuprennen der Niederösterreichische Event Award verliehen, den OK-Chef und Vereins-Präsident Franz Steiner stolz entgegennahm. 2017 bekam WSV-Präsident Franz Steiner im Kursalon Bad Vöslau das Sportehrenzeichen in Gold für seine Verdienste um den Sport in NÖ von Frau LR Dr. Petra Bohuslav verliehen.

Ines Beran, seit Anfang des Jahrtausends aufstrebendes Talent des Vereins, schaffte es mit ihren Leistungen bis zur Aufnahme in den ÖSV-Jugendkader. Auch beim FIS-Damen-Rennen 2012 am Semmering war sie bei zwei Riesentorläufen am Start. Sie gehörte zu den drei besten Niederösterreichischen Skirennläuferinnen und war mehrfache Landesmeisterin in den Kinder- und Schülerklassen. Ines konnte mehrere Siege und Stockerlplätze bei FIS-Rennen sowie Top-10-Platzierungen im Europacup einfahren, ehe sie 2017 verletzungsbedingt ihre Karriere beendete.

Ohne die Läuferinnen und Läufer einzeln zu nennen, war der WSV-Semmering bei den regionalen Kinder- und Schülerrennen stets mit einer schlagkräftigen Mannschaft vertreten und konnte in den letzten Jahren zahlreiche Cup-Wertungen gewinnen.

Das Team Aigner startet für den WSV-Semmering und sorgt laufend für Spitzenleistungen und top Platzierungen im Para-Skisport. Die sicher erfolgreichste Sportlerin im Team ist die sehbehinderte Läuferin Veronika Aigner, die bereits mehrfache Weltcup-Siegerin und auch Sportlerin des Jahres 2020 ist.

Als nennenswertes Beispiel für eine aktive Jugendarbeit stand Anfang März 2021 die Durchführung der Österreichischen Schülermeisterschaften 2021. Die besten heimischen Skitalente zeigten dabei ihr Können bei perfekten Bedingungen am Westhang. 146 junge Rennläuferinnen und Rennläufer kämpften um die Titel in den Altersklassen 14 bis 16 Jahre.

Mehr als 60 Mitarbeiter und Mitarbeiterinnen und Helfer vom WSV Raiffeisen Spital am Semmering und vom WSV-Semmering sowie das Team der Bergbahnen Hirschenkogel sorgten unter Einhaltung strikter COVID-19-Sicherheitsmaßnahmen für einen perfekten Rennablauf.

WSV-SEMMERING – DIE ZUKUNFT

Der WSV-Semmering sieht sich als stolzes Mitglied des gesamten Vereinslebens und der Gesellschaft am Semmering. Mit rund 500 Mitgliedern und zahlreichen freiwilligen Helferinnen und Helfern steht der Verein auf starken Beinen, die besonders durch die Einnahmen aus den Weltcupveranstaltungen auch in finanzieller Hinsicht gesichert sind. Der Fokus auf die Kinder- und Jugendarbeit sind dem Vereinsvorstand hierbei besonders wichtig. In erster Linie müssen dabei die Kinder und Jugendlichen für den Sport begeistert werden, sie müssen die Grundtechniken in ihrer Sportart erlernen und Schritt für Schritt an den Renn- und Leistungssport herangeführt werden. Eltern und Familien der Nachwuchssportler und -sportlerinnen gilt es am Beginn der Karriere finanziell zu unterstützen, um die Trainings- und Vorbereitungsarbeit und den Start in möglichst vielen Bewerben zu sichern. Die Durchführung von regionalen Rennen der diversen Nachwuchscups, landesweite Schüler- und Jugendrennen sowie auch FIS-Rennen werden in den kommenden Jahren am Veranstaltungskalender des WSV-Semmering stehen.

Für die Weiterführung der Weltcuprennen am Semmering liegt ein Vertrag seitens des Österreichischen Skiverbandes vor, der die Rennen für die Jahre 2022 bis 2026 weiter sicherstellt. Dazu gilt es nun mit den Verantwortlichen auf fachlicher und politischer Ebene die Rahmenbedingungen zu vereinbaren, um als WSV-Semmering für eine erfolgreiche Fortsetzung dieser Events gerüstet zu sein.

Um auch weiterhin einen wertvollen Beitrag für den Semmering leisten zu können, gilt es, in Zukunft besonders die Nachfolge im Funktionärsbereich zu sichern, was eine große Herausforderung in einem Ort mit nur rund 600 Einwohnerinnen und Einwohnern darstellt. Wir brauchen engagierte Mitglieder, die auch bereit sind, sich in ihrer Freizeit im Vereinsleben einzubringen. 2021 heißt es „75 Jahre Wintersportverein Semmering“ und wir sehen optimistisch den kommenden Jahren entgegen. Denn auch die nächsten Generationen werden den Wintersport am Semmering leben, dank eines aktiven und gut aufgestellten Vereins ihre Akzente setzen und den WSV-Semmering in eine erfolgreiche Zukunft führen.

Andreas Stühlinger

DER SEMMERING ALS KURORT

Chance für die Zukunft oder lästiges Relikt längst vergangener Zeit?

Der Semmering beging im Jahr 2021 sein hundertjähriges Jubiläum der Ernennung zum Kurort. Doch was bedeutet das? Stellt das Prädikat „Kurort", mittlerweile „Heilklimatischer Kurort", überhaupt noch einen Mehrwert für den Ort dar? Schließlich hat mit dem Kurhotel Dr. Stühlinger 2017 der letzte Betrieb geschlossen, der in der Tradition der Kuranstalten auf dem Semmering stand. Ja, es gibt das Rehabilitationszentrum Renona, doch die wichtige Arbeit, die dort geleistet wird, hat mit dem Kurmittel Heilklima nichts zu tun.

Will man überhaupt noch Kurort sein? Hat der Begriff in einem modernen Tourismus Platz oder ist er sogar eine Hypothek, weil zu altmodisch und schwer oder gar nicht zu vermarkten?

Um diese Fragen zu beantworten, ist erst zu klären, was einen Ort zu einem Kurort macht. Darauf folgend wird das Heilklima am Semmering zum Thema gemacht, um auf die Kurmöglichkeiten und den Gesundheitstourismus im Ort in seiner Genese eingehen zu können.

WAS IST EIN KURORT?

Im feierlichen Kurstatut aus dem Jahr 1921 finden sich dazu keine Hinweise. Es liest sich eher wie ein x-beliebiges Vereinsstatut und regelt beispielsweise den Ablauf der monatlichen (!) Sitzungen der Kurkommission und den Verwendungszweck der Kurabgaben.

Im dem Statut angefügten Dekret der Landesregierung sind die Eisenbahn und die dazugehörenden Nebenanlagen ausdrücklich aus dem Kurgebiet ausgenommen. Ob das wegen der von den Dampflokomotiven produzierten Abgase war oder andere Gründe hatte, darüber lässt sich nur spekulieren. Die ebenfalls nicht gerade umweltfreundliche Passstraße ist jedenfalls Bestandteil der Kurzone, obwohl sie sich am Rande des Ortes befindet und nicht wie die Bahn als Lebensader das ganze Ortsgebiet durchzieht.

Das Vorwort des Kurortstatuts verfasste Dr. Franz Hansy, der erste Vorsitzende der Kurkommission und Leiter des Kurhauses auf dem Wolfsbergkogel. Bereits er nimmt die Errichtung eines Kursalons in den Blick, der am jetzigen Standort des Panoramahotels Wagner errichtet werden sollte. Es blieb aber bei einem Projekt, sodass der Semmering bis heute über keine öffentlichen kurortspezifischen Einrichtungen wie etwa ein Kurmittelhaus, einen Kurpark oder eben auch einen Kursalon verfügt.

Die rechtliche Grundlage für Kurorte bildet heute das Niederösterreichische Heilvorkommen- und Kurortegesetz aus dem Jahr 1978, das die Voraussetzungen, die ein Kurort erfüllen muss, definiert.

Teilweise hat es durchaus Unterhaltungswert. So zählt zu den erforderlichen Kriterien auch das Vorhandensein „heizbarer Unterkunftsmöglichkeiten“ sowie eines Wasser- und Kanalnetzes.

Gehen diese Passagen auf die später noch erwähnte Wohnsituation in den Großstädten der Mitte des 19. Jahrhunderts zurück? Ist das ein Hinweis dafür, dass Kurorte grundsätzlich nicht mehr zeitgemäß sind? Schließlich werden Fremdenzimmer auch längst nicht mehr mit „fließendem Warm- und Kaltwasser“ beworben, wie es manche von uns noch aus ihrer Jugend in Erinnerung haben.

Verkürzt ausgedrückt, ist die wesentliche Voraussetzung für einen Kurort das Vorhandensein eines ortsgebundenen Heilvorkommens mit wissenschaftlich anerkannter Wirkung. Dieses Heilvorkommen kann Wasser sein, als Thermalwasser oder Wasser mit besonderen Inhaltsstoffen (z. B. bei Schwefelbädern), ein Peloid (z. B. Moor) oder eben auch das Klima.

Bei den Klimakurorten wird zwischen Luftkurorten und heilklimatischen Kurorten unterschieden.

Ein Luftkurort muss über ein Klima verfügen, das die Erhaltung oder Wiedererlangung der Gesundheit fördert.

Im Gegensatz dazu muss das Klima eines heilklimatischen Kurortes eine wissenschaftlich anerkannte Heilwirkung aufweisen.

Im Dekret der Niederösterreichischen Landesregierung vom 14. Jänner 1921 wurde der Semmering zum Kurort erklärt. Wann der Wandel zum heilklimatischen Kurort stattfand, bleibt jedoch im Dunkeln. In einem „Auszug aus dem Grundlagenblatt zur Zentralkartei der Heilbäder und Kurorte Österreichs“ findet sich dazu folgender Vermerk vom 20.2.1964:

„Die Gemeinde Semmering ist nicht in der Lage die Unterlagen zu erbringen, auf Grund welcher wissenschaftlicher Gutachten die Qualifikation des Kurortes Semmering als heilklimatischer Kurort belegt erscheint (im Jahr 1945 verloren gegangen). Nach Befragung ehemaliger Gemeindebediensteter sowie Semmeringer Bürger soll der Ort als ‚heilklimatischer Hochkurort Semmering' während der NS-Aera erfolgt sein (sic!)."

Nebenbei sei erwähnt, dass im selben Dokument in der Jahresmeldung von 1966 vermerkt ist, dass der Semmering im Jahr 1965 299.044 Nächtigungen verzeichnete. Wir müssen also nicht immer in die Vor- und Zwischenkriegszeit zurückblicken, um „goldene" Zeiten des Semmering zu finden. Auch spätere Generationen waren in der Lage, das Potenzial des Ortes auszuschöpfen.

Wie auch immer es dazu gekommen ist, der Kurort Semmering ist neben Puchberg am Schneeberg und Reichenau an der Rax aktuell einer von nur drei heilklimatischen Kurorten in Niederösterreich.

DER SEMMERING – EINE KLIMATISCHE WOHLFÜHLOASE

Klima ist die Kombination vieler, vorwiegend meteorologischer, Faktoren. Luftkurorte sind verpflichtet, eine Wetterstation zu betreiben, die unter anderem Temperatur, Luftdruck, Luftfeuchtigkeit, Wind und Temperaturschwankungen kontinuierlich misst. Überraschenderweise müssen Verunreinigungen und Staubgehalt nur gelegentlich bestimmt werden.

Aus diesen Messungen werden die wesentlichen Klimafaktoren erhoben:

- Reizfaktoren (Luftdruck, Sonnenbestrahlung, Luftbewegung, Tagestemperaturschwankungen)
- Schonfaktoren (Vorhandensein von Schattenspendern, Schutz vor starken Winden, stabile Witterung, schadstoff- und allergenarme Luft)
- Die Wechselwirkung der Reiz- u. Schonfaktoren
- Das Fehlen ungünstiger Klimafaktoren (häufiger Nebel, Föhn, Hitzetage, Tage extremer Kälte, Dauerregen, der den Aufenthalt im Freien verhindert, Abgase von Industrieanlagen)

Die ersten Klimaaufzeichnungen vom Semmering stammen aus dem Jahr 1857, also lange vor der Verleihung des Kurortstatus. Es ist aber nicht möglich, aus dem einfachen Vergleich der Daten von über 160 Jahren einen Klimatrend abzuleiten. Dies liegt daran, dass die Messstellen häufig gewechselt wurden. In einem

Ort, dessen Gemeindegebiet einen Höhenunterschied von über 500 m aufweist und der trotz seiner kleinen Fläche von nicht einmal 9 km² sehr unterschiedliche Klimazonen hat, werden an verschiedenen Plätzen divergierende Werte ermittelt. Im Laufe der Jahrzehnte gab es zwischen den einzelnen Messstellen, die sich unter anderem im Bereich des Bahnhofs Semmering, des Südbahnhotels, des Hotel Panhans und des Palace Hotels befanden, Höhendifferenzen von über 100 Metern. Aber selbst die Messungen annähernd gleich hoch gelegener Standorte, wie zum Bespiel Passhöhe und Südbahnhotel, lassen sich nicht vergleichen. Jeder Ortskundige weiß, wie unterschiedlich das Wetter an diesen beiden Punkten zur selben Zeit sein kann. Außerdem wurde zeitweise etwas getrickst, indem man zu unterschiedlichen Tageszeiten die Werte verschiedener Wetterstationen herangezogen und so beispielsweise die Zahl der Sonnenstunden optimiert hat. Das ist, ebenso wie der häufige Wechsel der Standorte, eine Folge der topografischen Vielfalt des Semmering. Es gibt eben keine für den ganzen Ort repräsentative Stelle.

In den letzten Jahrzehnten waren die Messstellen der Zentralanstalt für Meteorologie und Geodynamik im Bereich der Passhöhe platziert. Die Standorte wechselten zwar auch geringfügig, trotzdem sind die Daten, die in diesem Zeitraum erhoben wurden, miteinander vergleichbar.

Zur Erhaltung des Status als heilklimatischer Kurort sind unter anderem in 10-jährigem Abstand Klimagutachten zu erstellen. Die letzten Gutachten stammen aus den Jahren 1996, 2006 und 2018 und beobachten den Zeitraum ab 1984.

Vergleicht man diese, sind gewisse Trends zu erkennen, wie z. B. eine deutliche Temperatursteigerung. Der Jahresmittelwert hat sich laut Zentralanstalt für Meteorologie und Geodynamik von der ersten zur dritten Dekade um 1,2 °C erhöht.

Jahresmittelwerte:
1984–1997: + 5,2 °C
1998–2007: + 5,9 °C
2008–2019: + 6,4 °C

Diese Veränderung hat durchaus erkennbare Auswirkungen. So sind die Tage, an denen eine ununterbrochene Schneedecke bestanden hat, von durchschnittlich 80 auf 71 zurückgegangen, also um gut 10 %. Das Ende der durchgehenden Schneedecke hat sich um mehr als zwei Wochen auf Anfang März vorverlegt.

Insgesamt hat sich die gefallene Schneemenge nicht signifikant verändert, es bestehen allerdings große jährliche Schwankungen. Im Winter 1995/1996 fielen 501 cm Schnee, im Winter 2014/2015 hingegen nur 117 cm.

Auf das Skigebiet hat die kürzere Dauer der Schneedecke keine Auswirkung. Durch die technischen Möglichkeiten und die permanenten Investitionen ist die Schneesicherheit heute so groß wie nie zuvor. Ich erinnere mich an Jahre in meiner Jugend, in denen der Skibetrieb in manchen Wintern wegen Schneemangels fast zur Gänze eingestellt war, was seit der technischen Erneuerung des Skigebietes rund um den Hirschenkogel in der Mitte der 1990er-Jahre kein Thema mehr ist.

Die Gesamtzahl der Regentage blieb praktisch unverändert, die gefallene Regenmenge hat sich aber um ca. 10 % erhöht.

Ein wesentliches Klimakriterium für das Wohlbefinden des Menschen ist das Auftreten von Föhntagen. In diesem Bereich hat sich nichts geändert, der Semmering ist so gut wie föhnfrei.

Wichtig ist die Durchlüftung eines Kurgebietes, was für den Semmering kein Problem darstellt, denn seine Hanglage ist dafür optimal. Starkwinde treten nach wie vor nur selten auf, was ebenfalls als wichtiges Klimakriterium gilt.

Immer mehr tritt die Konzentration von Schadstoffen in den Blickpunkt. Aus den vorliegenden Messungen geht hervor, dass die Semmeringer Luft extrem schadstoffarm ist. Die Grenzwerte werden bei Schwefeldioxid, Stickoxiden, Kohlendioxid und Staub praktisch nie auch nur annähernd erreicht.

Anzumerken ist, dass die Schadstoffmessstation auf der Passhöhe aufgestellt war. Dort besteht bekanntlich die größte Verkehrsdichte und ein kontinuierlicher Luftstrom kommt aus dem vergleichsweise bevölkerungsreichen und industrialisierten Mürztal. Es handelt sich also zweifelsfrei um den Ortsbereich mit der höchsten Schadstoffbelastung. Umso bemerkenswerter ist das trotzdem hervorragende Ergebnis. Was hätte erst eine Messung im Bereich des Südbahnhotels oder des Wolfsbergkogel ergeben? Wären die Instrumente empfindlich genug, überhaupt Schadstoffe festzustellen?

Wie konnte das Semmeringer Klima den weltweit über Jahrzehnte steigenden Schadstoffausstoß unbeschadet überstehen? Dafür dürften im Wesentlichen drei Faktoren verantwortlich sein: die geografische Situierung, der Wind und die lokalen Emissionen.

Der Semmering liegt am Ostrand der Alpen, die schwach besiedelt und auch relativ schwach industrialisiert, dafür aber dicht bewaldet sind. Da der Wind vorwiegend aus West bis Nordwest weht, durchströmt die Luft einen 1000 Kilometer langen Naturfilter, ehe sie den Semmering erreicht. In Kombination mit der Höhenlage verhindert der Wind auch, dass Luftströme aus den dicht bewohnten und hoch industrialisierten Ebenen östlich des Semmering den Kurort erreichen. Zuletzt spielen lokale Faktoren ebenso eine Rolle. Der Semmering ist sehr dünn besiedelt, der lokale Schadstoffausstoß ist daher grundsätzlich gering. Außerdem führt eine Gaspipeline über den Semmering, sodass weite Teile des Ortes und vor allem auch große Hotelbetriebe seit Jahrzehnten mit Gas heizen. Gasheizungen produzieren deutlich weniger Staub als Öl- und Feststoffheizungen.

Dass Erdgas künftig noch eine Rolle spielen wird, kann zwar bezweifelt werden, möglicherweise wird es durch andere gasförmige Brennstoffe ersetzt und das vorhandene Leitungsnetz könnte weiter genützt werden.

Der Grenzwert für Ozon wird ebenfalls deutlich unterschritten. Das ist insofern bemerkenswert, als der Semmering – wie andere Klimakurorte auch – vor noch gar nicht so langer Zeit mit „ozonreicher Waldluft" um Gäste geworben hat. Ähnliches gilt auch für UV-Strahlen, die vor 100 Jahren wesentlich positiver gesehen wurden als heute, was wohl an den geänderten Lebensgewohnheiten liegt. Unser Freizeit- und Urlaubsverhalten hat zu einem zeitweisen Überangebot an UV-Strahlen und den damit verbundenen Folgen für die Haut geführt. Durch den Waldreichtum auf dem Semmering kann auch beim Aufenthalt im Freien direkte Sonnenbestrahlung weitgehend vermieden werden.

Es lohnt sich, einen Blick auf die weiter oben erwähnten Klimafaktoren mit Bezug auf den Semmering zu werfen. Womit wartet der Ort auf?

1. Reizfaktoren: Mit dem geringeren Luftdruck durch die Höhenlage, der guten Durchlüftung und den Tagestemperaturschwankungen (über 10 °C Unterschied zwischen Höchst- u. Tiefsttemperatur) sind drei wesentliche Faktoren gegeben.
2. Schonfaktoren: Durch die intakte waldreiche Natur (der Waldanteil im Gemeindegebiet beträgt 80 %) ist jederzeit für ausreichend Schatten gesorgt, die Winde sind vorwiegend schwach. Hitzetage fehlen fast vollständig.
3. Wechselwirkung: Am Semmering wechselt die Wetterlage häufig, lange Schlechtwetterphasen sind sehr selten. Der Aufenthalt im Freien ist somit an den meisten Tagen möglich.
4. Das Fehlen ungünstiger Klimafaktoren: Föhn ist am Semmering praktisch unbekannt, Nebel ist selten und im Wesentlichen auf den Passhöhenbereich beschränkt, Starkwinde gibt es kaum und die Schadstoffbelastung ist minimal, da durch die Hang- und Höhenlage so gut wie keine Inversionswetterlagen auftreten.

Es besteht also kein Zweifel:

Das Semmeringer Klima erfüllt nach wie vor alle Kriterien eines Heilklimas!

KLIMA ALS HEILMITTEL – EIN MEDIZINISCHER EINBLICK

Dem Semmeringer Klima wird bei folgenden Erkrankungen eine heilende Wirkung attestiert:

Atemwegserkrankungen:
Chronische Bronchitis
Asthma bronchiale
Emphysem
Restzustände nach Lungenentzündungen

Herz-Kreislauferkrankungen:
Funktionelle Kreislaufstörungen
Milder Bluthochdruck
Zustand nach Herzinfarkt (nicht in der Akutphase)
Kompensierte Herzfehler
Gefäßsklerose und ihre Folgezustände
Zustand nach Herz- und Gefäßoperationen

Hautkrankheiten:
Neurodermitis
Endogenes Ekzem

Allgemeine Gesundheitsstörungen:
Rekonvaleszenz
Stressfolgen
Vegetative Regulationsstörungen
Leichte Schilddrüsenüberfunktion

Tatsächlich wird heute niemand auf den Semmering kommen, um z. B. Ekzeme, Bluthochdruck oder Schilddrüsenüberfunktion klimatisch zu heilen.

Relevant sind andere Beschwerden, die geheilt werden wollen: Atemwegserkrankungen und die Folgen der Be- bzw. Überlastung durch den immer schneller getakteten Alltag. Letzteres ist, wie die Erholung nach schweren Erkrankungen oder Operationen, dem Bereich „Allgemeine Gesundheitsstörungen" der obigen Indikationsliste zuzuordnen.

KLIMA ALS KURMITTEL – WEIT MEHR ALS EIN METEOROLOGISCHER BEGRIFF

Wenn es um die Qualität eines Kurortes geht, ist „Klima“ aber nicht nur als meteorologischer Begriff zu verstehen. Klima ist in diesem Fall die Summe aller Faktoren, die einen Einfluss auf das Wohlbefinden des Menschen haben. Dazu gehören neben einer intakten Natur auch Ruhe, die Möglichkeit zu körperlicher Aktivität und begleitende Faktoren wie ein Kulturangebot. Gerade die Rahmenbedingungen haben immer schon eine große Rolle bei einem Kuraufenthalt auf dem Semmering gespielt.

Kuren sind heute nicht mehr das Mittel der Wahl bei akuten Erkrankungen. Dafür hat die Medizin rascher und sicherer wirkende Instrumente zur Hand.

Heute versteht man im allgemeinen Sprachgebrauch unter Kur einen Aufenthalt zur Behandlung von Krankheitsfolgen und chronischen Beschwerden, meist wird sie vom staatlichen Gesundheitssystem finanziert.

Private Kuren leistet man sich eher nur bei komplementären (= die Schulmedizin ergänzenden) Angeboten oder im Ruhestand, wenn zumindest keine Urlaubszeit für die Kur geopfert werden muss.

Auf dem Semmering selbst gab es, im Gegensatz zur erweiterten Semmering-Region, nie größere Kur- oder Rehabilitationszentren der Sozialversicherungsträger. Die Kurgäste waren überwiegend Privatpatienten.

Kuren spielen eine wesentliche Rolle in der Krankheitsprävention. Das wird in Zukunft an Bedeutung gewinnen und den Fortbestand der Kurorte sichern, da sie dabei auch weiterhin eine wichtige Funktion haben.

Nicht zu unterschätzen sind die Folgen der aktuellen COVID-19-Pandemie. Schon jetzt sind die Rehabilitationszentren mit Patienten, die unter dem „Long Covid“-Syndrom leiden, darunter versteht man Atemwegsbeschwerden, die oft erst Monate nach der akuten Erkrankung auftreten, voll. Und das mit Menschen, die in der ersten Welle, also im Frühjahr 2020, erkrankt sind. Man kann daher erahnen, welche Belastungen auf das Gesundheitssystem zukommen, wenn sich die Spätfolgen bei den Erkrankten der viel größeren Wellen im Herbst 2020 und im Frühjahr 2021 zeigen. Wie die Prognose für diese Patienten ist, ob sie sich jemals ganz erholen oder ob dauerhafte Lungenschäden zurückbleiben werden, kann noch nicht abgeschätzt werden.

Vermutlich werden viele von ihnen noch Jahre an den Folgen ihrer Erkrankung leiden.

Um dieses Leid zu lindern, bietet der Semmering ideale Voraussetzungen: gute Luft, intakte Natur und Ruhe.

Der laute und hektische Tagestourismus, den es auf dem Semmering, vor allem im Passhöhenbereich, immer schon gegeben hat und auch weiterhin geben wird und soll, steht nur auf den ersten Blick im Widerspruch zum Erholungs- und Gesundheitstourismus. Bei genauerer Betrachtung stellt er eine Ergänzung und Bereicherung dar. Die Ortsbereiche abseits von Passhöhe und Hochstraße sind von ihm kaum betroffen.

Mit dem Skigebiet Hirschenkogel, den vielen Wanderwegen, die teilweise als Terrainwanderwege angelegt wurden und jetzt auch als Laufstrecken genützt werden, der Tennishalle und dem Golfplatz gibt es für alle Jahreszeiten attraktive Sportangebote, der Kultur.Sommer.Semmering bietet ein hochkarätiges Sommerprogramm, ebenso wie die Internationale Sommerakademie der Musikuniversität Wien und weitere Veranstaltungen in der Region.

Auch die für einen so kleinen Ort beachtliche Geschäftsinfrastruktur (Supermarkt, Bäckerei, Sport- und Blumengeschäfte, mehrere Gastronomiebetriebe) ist in diesem Zusammenhang zu erwähnen.

DER GESUNDHEITSTOURISMUS AUF DEM SEMMERING, RÜCKBLICK UND VORSCHAU

Kann Gesundheitstourismus auf dem Semmering ohne einen einzigen spezialisierten Kurbetrieb überhaupt funktionieren?

Die aktuellen, wenn auch teilweise noch etwas vagen Tourismusprojekte wecken zwar berechtigten Optimismus, was die wirtschaftliche Zukunft des Semmering betrifft, lassen aber nicht darauf schließen, dass es in absehbarer Zeit wieder klassische Gesundheitsbetriebe geben wird. Ist damit die Tradition des Semmering als Kurort vorbei oder sind derartige Einrichtungen heute nicht mehr erforderlich?

Vielleicht hilft bei der Beantwortung dieser Frage ein Blick in die Vergangenheit. Betrachtet man die Geschichte des Tourismus auf dem Semmering, so stellt man fest, dass sein Beginn auch den Beginn des Gesundheitstourismus darstellte.

Gesundheitliche Beeinträchtigung durch Schadstoffe ist nämlich kein Novum unserer Zeit, auch wenn durch Medienberichte manchmal dieser Eindruck entsteht. Dieses Problem gab es durch die beginnende Industrialisierung, den

Abb: 23: Frauen beim „Luftbaden" 1924.

Hausbrand und die prekäre Wohnsituation in den Großstädten schon Mitte des 19. Jahrhunderts.

Auffallend ist, dass einerseits alle Kurbetriebe der ersten Hälfte des letzten Jahrhunderts auf dem Semmering bereits vor Erlangung des Kurortstatus existierten, andererseits auch alle anderen großen Betriebe über (teils sogar sehr aufwendig ausgestattete) Gesundheitsabteilungen verfügten und diese auch bewarben.

Der Semmering war immer sehr darum bemüht, das Image eines Treffpunktes der Gesellschaft in reiner Luft zu haben und nicht als Ort für Lungenkranke gebrandmarkt zu werden. Typisch dafür ist der Begriff „Nachkur", der sich von der Kur erholen bedeutet. Die Nachkur spielte am Semmering eine bedeutende Rolle. Man kam hierher, um es sich gut gehen zu lassen. Heute sagt man dazu „Wellness". Das einstige Konzept des Südbahnhotels, Hallenbad, Golfplatz, Tennisplätze, Skiwiese und Berghütte inklusive, wäre auch heute noch hochaktuell und kann daher als visionär bezeichnet werden.

Das Foto, auf dem junge Frauen auf einer Lichtung hinter dem Palace-Hotel beim „Luftbaden" posieren, zeigt gut, wie sich der Semmering damals positioniert hat: als Ort für aktive Menschen, die ihrer Gesundheit Gutes tun und gleichzeitig das Leben genießen wollen.

Ich möchte in diesem Zusammenhang auf das zuvor erwähnte Jahr 1965 mit fast 300.000 Nächtigungen zurückkommen. In diesem Jahr gab es auf dem Semmering ein Kurhotel mit knapp 50 Betten und einige kleinere Firmen-Erholungsheime. Die Gesamtnächtigungskapazität der Gesundheitsbetriebe betrug daher maximal 10 % der tatsächlich im Ort erzielten Nächtigungen. Sicher waren aber auch die anderen 90 % der Gäste auf der Suche nach Erholung und Wohlbefinden.

Auch wenn in den aktuellen Leitbildern für die Zukunft des Semmering der Gesundheitstourismus nicht explizit erwähnt ist, wird er auf dem Semmering immer eine Rolle spielen. Der Name des Ortes ist so eng mit Gesundheit und guter Luft verbunden, dass man gar nicht mehr gesondert auf diese Qualitäten hinweisen muss.

Das einzige Problem in diesem Zusammenhang stellt das uralte Semmeringer Wasserleitungsnetz dar. Aufgrund des geringen Kalkgehaltes konnte sich keine Schutzschicht in den Leitungen bilden, wodurch diese offensichtlich weitgehend verrostet sind. Das Problem des bräunlich verfärbten Wassers ist auf dem Semmering weit verbreitet. Auch wenn der Rost keine gesundheitliche Gefahr darstellt, erwartet der Gast zu Recht, im Urlaub klares Wasser vorzufinden. Eine vollständige Erneuerung des Leitungsnetzes mit auf die chemisch-physikalische Charakteristik des Wassers abgestimmten Rohren ist unvermeidlich. Erfahrungsgemäß führt das zusätzlich zu einer wesentlichen Verringerung des Leitungsverlustes. Der bei Realisierung der angedachten Projekte steigende Wasserbedarf könnte durch die gemeindeeigenen Wasserreserven gedeckt werden. Der Bau kilometerlanger Leitungen, um derzeit noch gar nicht erschlossenes Wasser unklarer Qualität auf den Berg zu pumpen, könnte so vermieden werden.

Ob man den Status eines heilklimatischen Kurortes beibehalten möchte, der mit Kosten für die Gemeinde (regelmäßige aufwendige Gutachten) und die Betriebe (hohe Nächtigungstaxen) verbunden ist, müssen deren Vertreter entscheiden, die klimatischen Voraussetzungen dafür erfüllt er jedenfalls. Der gesundheitliche Mehrwert, den der Semmering bietet, wird weiterhin ein Argument sein, hierher zu kommen. Das wird sich auch in absehbarer Zeit nicht ändern.

LITERATURVERZEICHNIS

Harriet, Elisabeth-Joe: Ich bin zur Kur am Semmering, 2011.
Jungwirth, Michael: Wiederkehrende Begutachtung gemäß den Vorgaben des NÖ Heilbäder und Kurortegesetzes 2013.
Marktl, Wolfgang: Medizinisch-Klimatologisches Gutachten betreffend d. Heilanzeigen für den Heilklimatischen Kurort Semmering, 2007.
Scheicher, Elisabeth: Messbericht der Luftgütemessungen in Semmering, 2006.
Vasko-Juhász, Désirée: 80 Jahre Höhenluftkurort Semmering, 2001.
Vasko-Juhász, Désirée: Die Südbahn, ihrer Kurorte und Hotels, 2006.
Zentralanstalt für Meteorologie und Geodynamik, Das Bioklima von Semmering, 1993, 1997, 2007, 2019.

III AUSBLICK

AUFBRUCH IN DIE ZUKUNFT

Hermann Knoflacher

DIE FEHLER DER VERGANGENHEIT VERLANGEN WEIT MEHR BEDACHT UND VORSICHT IM UMGANG MIT DER WELT

VORBEMERKUNG

Verkehr, bzw. was man heute in der Regel darunter versteht, kann man weder als eigenes System betrachten noch behandeln. Das zu tun war einer der zentralen Fehler von Systemverständnis, der zu folgenschweren, zum Teil irreversiblen Fehlentwicklungen geführt hat, die auch in die Klimaveränderung reichen. Diese Vorstellungen eines motorisierten Autoverkehrs beherrschen immer noch das Denken und Handeln in allen verkehrsbezogenen Gebieten, obwohl die zunehmenden Probleme, eines davon der Klimawandel, schon vor Jahrzehnten Anlass zur Vorsicht geboten hätten. Heute hofft man die Probleme durch Digitalisierung und Elektrifizierung zu bewältigen. An der Dynamik des Systems und ihren Folgewirkungen ändert das aber wenig. Da Verkehr nicht Selbstzweck, sondern nur Mittel zum Zweck sein kann, kann daher zur Zukunft des Semmering wenig Konkretes ausgeführt werden, solange der Zweck nicht definiert wird. „Heilklimatischer Kurort" ist die Vorgabe, auf die später einzugehen sein wird.

Derzeit zeigt aber diese Gemeinde beispielhaft für viele andere, dass das Verkehrssystem des letzten Jahrhunderts auf deren Zukunft keine Rücksicht nahm, sondern selbstbezogen und baugetrieben an den Menschen und der lokalen Wirtschaft vorbei gestaltet wurde. Eine der Hypotheken für die Zukunft nicht nur am Semmering.

Konkrete und umfassende Entwürfe für eine zukünftige Gesellschaft sind wegen der hohen Komplexität dieser Aufgabe unmöglich. Das heißt aber nicht, auf die Gestaltung von Zukünften zu verzichten. Die strikte Trennung von Gegenwart und Zukunft ist nicht möglich. Zukunftspotenziale, gute und schlechte, liegen in der Gegenwart der jeweiligen Gesellschaft. Da die gesellschaftliche Entwicklung nicht wie die der Natur abläuft, müssen diese Potenziale als Werte bewusst gemacht, demokratisch diskutiert und die wünschenswerten realisiert werden. Die politischen und wirtschaftlichen Bedingungen lassen es noch zu, Möglichkeiten der Humanität und der Umsetzung zu nutzen.

Die Zukunft hatte selten zuvor so Hochsaison wie in den vergangenen drei Jahrzehnten. Diese Zukunftssehnsucht ist wohl auch ein Indiz für eine problematischer werdende Gegenwart. Diese Gegenwart ist aber das Ergebnis der Zukünfte der Vergangenheit. Ein wesentlicher Teil dieser Zukünfte waren die realisierten Vorstellungen für die Verkehrssysteme der beiden letzten Jahrhunderte. Weniger vorausgesehen hat man dabei die Veränderungen im Raum, in den Rauminhalten und den Verteilungen von Möglichkeiten im Zusammenwirken mit anderen Faktoren. Bis heute bestimmt die billige und massenhafte Nutzung externer Energie die Erwartungen und Ansprüche der Gesellschaft in einer nie dagewesenen Form. Jede Gebietskörperschaft hat in der einen oder anderen Form die Wirkungen dieser technischen Veränderungen erleben müssen. Noch viel gravierender, wenn auch durch die Hinwendung zur künstlich werdenden Umwelt, sind die Veränderungen in den Lebensgrundlagen der Menschen und ihrer Mitlebewesen auf der Erde.

Im Titelvorschlag ist ein Ergebnis dieser Veränderungen angeführt, der Einfluss auf das Klima, das in keiner Zukunftsvorstellung während der begeisterten Weichenstellung für ein sicheres und bequemes Leben ständigen Wachstums und materiellen Wohlstands, die bis vor wenigen Jahrzehnten nicht hinterfragt wurden, vorkam. Die Vorstellung des Materiellen nach „noch mehr und noch besser“ ist bei genauer Betrachtung schon seit Jahrzehnten obsolet, trotzdem kann man sich davon nicht lösen. Man kann nur versuchen, das Verhalten des Systems zu verstehen und sich danach zu richten. Damit komme ich zum erwünschten Thema, das sich auf den Kurort Semmering beziehen soll.

KURORT SEMMERING UND DAS VERKEHRSSYSTEM

Ein Indiz für das Gedeihen und Vergehen lebender dynamischer Systeme ist deren Wachstum oder der Verlust an Substanz, die nicht mehr gehalten werden kann bzw. sich nicht mehr selbst erhalten kann.

Die Eröffnung der Semmeringbahn 1854 wird als „Meilenstein der Eisenbahngeschichte“ bezeichnet und stellt ein Beispiel für den Höhepunkt der Ingenieurleistungen dar. Für die Gemeinde auf der Passhöhe ergab sich eine Entwicklung durch die touristische Erschließung eines hochalpinen Gebietes um den Bahnhof Semmering in attraktiver zeitlicher Entfernung zu Wien, damals

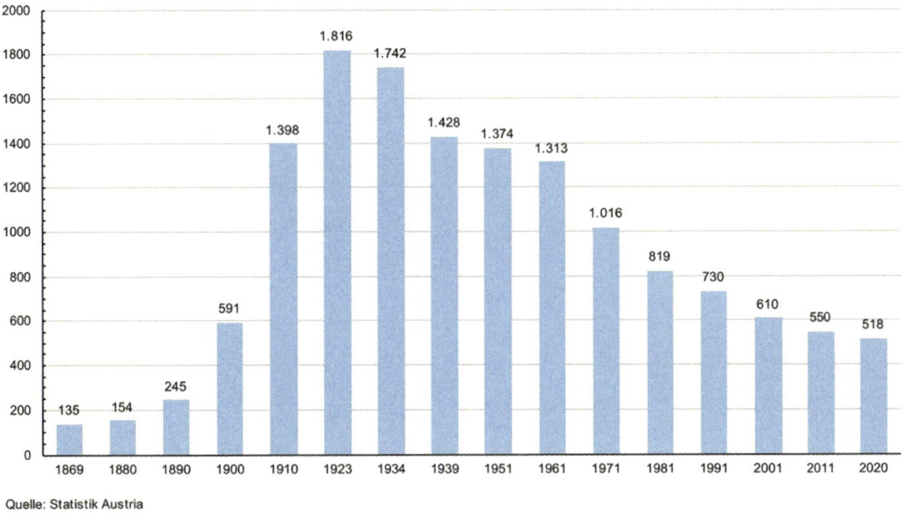

Abb. 24: Einwohner Semmering 1869–2020.

Hauptstadt der Monarchie. In nur 60 Jahren stieg die Zahl der Einwohner um das Zehnfache. Hätte man dieses Wachstum, wie das heute der Fall ist, fortgeschrieben, wäre eine Einwohnerzahl von über 5500 Einwohnern zu erwarten. Durchaus kein unplausibler Wert bei einer mittleren jährlichen Zunahme von 39 Einwohnern, wie sie zwischen 1880 und 1923 gegeben war. 1934, ein Jahr nach dem Ende der Periode der „Semmering Bergrennen", hatte die Gemeinde noch 1742 Einwohner. Interessant ist die folgende Phase bis nach dem Zweiten Weltkrieg, als trotz der grundlegenden Einschnitte der beiden Weltkriege, der Besatzungsmächte und des geteilten Österreich, der mittlere jährliche Abgang an Einwohnern bei zehn lag. In der Folge des Wirtschaftsaufschwunges seit den 1950er-Jahren wäre daher zu erwarten gewesen, dass sich die Einwohnerzahl stabilisiert oder nicht noch stärker abnimmt. Denn die Eisenbahn war nach wie vor in Betrieb und hätte stabilisierend genutzt werden können.

Die Zukunftsvorstellungen der Gemeinde Semmering aus dieser Zeit des enormen Wirtschaftswachstums sind dem Autor nicht bekannt. Ein Leitindikator für zunehmenden Wohlstand war und ist die Motorisierung. Nach dieser Annahme, die bis heute immer noch weit verbreitet ist, läge die Vermutung nahe, dass eine Gemeinde, die an einem ausgezeichneten Punkt einer internationalen Hauptverbindung liegt, davon überdurchschnittlich profitieren und die Zahl der Einwohner zumindest gehalten werden oder steigen müsste. Wie die

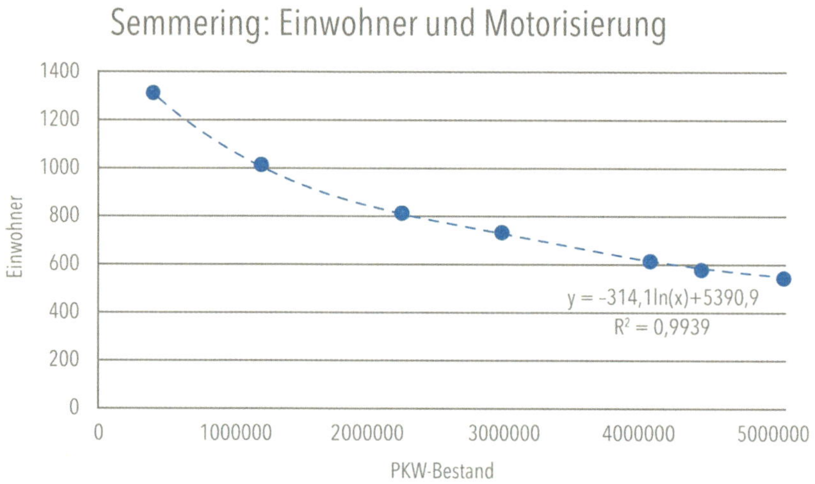

Abb. 25: Einwohnerentwicklung und Motorisierung 1961–2020.

Abbildung zeigt, erfüllt die reale Entwicklung diese Erwartungen nicht. Es kam zu einer progressiven Abnahme der Einwohnerzahl. Es ist daher interessant, welche Faktoren zu dieser Abnahme der Bevölkerung am Semmering geführt haben. Versucht man die Beziehung zwischen der Motorisierung in Österreich und den Einwohnerzahlen herzustellen, erhält man folgendes Diagramm:

Mit zunehmender Motorisierung nimmt die Einwohnerzahl der Gemeinde nach einer Funktion ab, die auch in vielen anderen Gemeinden in dieser Periode, in der die Gesamtbevölkerung zugenommen hat, festgestellt werden kann. Die Ursache(n) sind erforscht und bekannt.[1] Es sind mehrere Faktoren, die zusammenwirken, wie die Wirkung des Gravitationsgesetzes auf die abnehmenden Entfernungswiderstände, dem auch unser Verhalten im System folgt, die Beziehungen zwischen Strukturstabilität und Geschwindigkeit des dominierenden Verkehrssystems, durch die Bauordnung bedingt, die zeigen, dass hohe Geschwindigkeiten für relativ kleine Strukturen negativ, für große positiv wirken, um nur einen Faktor zu erwähnen. Vereinfachend ausgedrückt, ist die Geschwindigkeit niedrig, ist auch ein kleiner Ort groß genug, ist sie hoch, schrumpfen auch die Inhalte der Städte.

1 Hermann Knoflacher: Grundlagen der Verkehrs- und Siedlungsplanung, Wien 2007 und 2012.

DIE SITUATION HEUTE

Das Verkehrssystem wurde in den vergangenen Jahrzehnten nicht zum Vorteil der kleinen Gemeinden entwickelt, insbesondere am Semmering. Mit der Autobahn oder S6 hat man die Gemeinde vom Durchgangsverkehr genommen, was Vorteile, aber auch Nachteile hat. Mit dem mit abenteuerlich falschen Gutachten politisch und gerichtlich durchgeboxten ÖBB-Basistunnel ist bei realistischer Einschätzung der Zukunft davon auszugehen, dass man die Bergstrecke nicht mehr erhalten wird. Die Konkurrenz durch das Auto und die enorme Überdimensionierung seiner Infrastruktur zeigen schon jetzt die schlechte Wettbewerbssituation der Eisenbahn. Ob eventuelle Verträge und Versprechungen unter den harten wirtschaftlichen Randbedingungen diese Entscheidung vermeiden können, muss angezweifelt werden. Eine Chance hätte die Bergstrecke noch als Ausweichroute bei Tunnelschließungen, aus welchen Gründen auch immer. Bei betriebswirtschaftlicher Bewertung, die heute den Konzern ÖBB beherrscht, wird er keine Rücksicht auf die lokalen Bedingungen nehmen (können), weil das die Gewinne schmälert. Zynisch betrachtet kann das damit enden, dass man den Betroffenen sagt, „Wenn ihr die Bahn haben wollt, müsst ihr sie selber erhalten."

Auch das Image des Semmering wird durch die Tunnelprojekte leiden, weil der Berg und die Region weiterhin Wasser verlieren werden und manche Bäche trockenfallen, was auch den Tourismus beeinflussen kann. Wie wichtig natürliche Wasserläufe nicht nur für den Erholungstourismus sind, zeigen die erfolgreichen Kämpfe der Bürger und Gemeinden in Tirol, Salzburg und Kärnten gegen die geplanten Kraftwerksbauten (bei denen auch die Tunnelbauten für die Wasserumleitung zu den Kraftwerken eine Rolle spielten). Bauindustrie, Banken und Politik haben auf den Semmering keine Rücksicht genommen. Viel Geld im Dunkeln der Tunnelbauten war wohl zu verlockend. Diese den Semmering und die ganze Region schädigenden Verkehrsbauprojekte passen auch nicht in die zu erwartenden Randbedingungen, die sich durch den Klimawandel einstellen werden.

Der Autoverkehr quert auf der S6 den Semmering heute im Tunnel. Die Straße über den Semmering hat noch lokale Bedeutung und als Zufahrt zu den Autoabstellplätzen an der Talstation, mit denen die Kette der passiven Mobilität bis zu den Aufstiegsanlagen geschlossen wird. Autoabstellplätze tragen aber zum positiven Erscheinungsbild eines hochwertigen Kurortes nicht bei. Eine Entscheidung, was der Kurort Semmering in Zukunft sein soll, wird auch die

Verkehrslösungen vorgeben. Dass Autokomfort wie auch hochwertiger Kur- und Tourismusort am Berg unverträglich sind, kann man auch schon an dem Verhalten der Städte, die sich auf den Klimawandel einstellen, feststellen. Die Randbedingungen werden sich aber durch den Klimawandel auch am Semmering verändern, was Risiken und Chancen bietet.

VORGABEN DURCH DAS PARISER ZIEL VON MAXIMAL 2 BZW. 1,5 GRAD KLIMAERWÄRMUNG

„Um die Erderwärmung zu stoppen, hat die EU die CO_2-Reduzierung bis zum Jahr 2030 um mindestens 55 Prozent beschlossen",[2] meldet das ZDF am 21.04.2021. (Bezugsjahr ist 1990) „Merkel lobt den Beschluss, den Grünen reicht das nicht", lautet der Kommentar dazu. Beschäftigt man sich auch nur ansatzweise mit den seit Jahrzehnten bekannten Klimaveränderungen, muss man den Satz als Illusion bewerten. Selbst wenn die Treibhausgasemissionen sofort auf null reduziert werden, wird die bereits eingeleitete Dynamik der Klimaveränderung die Einhaltung der genannten „Ziele" nicht mehr ermöglichen. Für Österreich hat sich bei den Treibhausgasen die Schere zwischen Soll und Ist schon bisher vergrößert anstatt verkleinert, wobei der Verkehr der Hauptverursacher dafür ist. Umso härter sind bei sachlicher Betrachtung daher die naturbedingten Konsequenzen: Wir haben die falschen Infrastrukturen für die Zukunft gebaut, denn der Autoverkehr passt nicht in diese. Noch weniger der Flugverkehr und ebenso wenig der Eisenbahn-Hochgeschwindigkeitsverkehr. Physikalisch sind daher alle Verkehrssysteme, die große Massen mit hoher Geschwindigkeit bewegen, klimaunverträglich – auch Elektroautos. Sich unter diesen Bedingungen einzurichten, ist daher die logische Konsequenz, will man die Risiken für die Zukunft geringhalten. Als Verkehrsmittel passen daher nur die intelligenten Systeme wie Fußgänger, aktiver Rad- und klimaverträglicher Nahverkehr. Für Transporte von Gütern und Personen über größere Distanzen wird die Geschwindigkeit daher weniger Bedeutung haben als eine intelligente vorausschauende Logistik, für welche gute Voraussetzungen durch die elektronischen Informationssysteme vorhanden sind.

---

2 https://www.zdf.de/nachrichten/politik/eu-klimaziel-treibhausgase-100.htm, letzter Zugriff: 31.01.2022.

SEMMERING UND KLIMAWANDEL

Der Klimawandel wird aber auch Auswirkungen auf die räumliche Verteilung von Chancen und Risiken haben. Städte sind bereits heute Hitzepole und werden es in Zukunft noch mehr sein. Wien macht nach jahrzehntelanger beispielhafter Verkehrspolitik gerade derzeit schwerste verkehrspolitische Fehler, indem sich das Land für weitere Autobahnbauten entscheidet und damit Chancen für den Klimawandel vergibt.

Die weltweite Klimaerwärmung wirkt sich in Großstädten besonders stark auf die Gesundheit und das Wohlbefinden sehr vieler Menschen aus. In Städten wird es durch die Verbauung nicht nur tagsüber oft wärmer als in ländlichen Gebieten, es bleibt bei Hitzewellen auch in den Nächten extrem warm. Temperaturunterschiede werden daher in Zukunft mehr Einfluss auf die Lebensverhältnisse haben. In Kombination mit Home-Office-Arbeitsmöglichkeiten werden sich nicht nur Verlagerungen der Beschäftigung, sondern auch der Betriebe ergeben, die anders sein werden als bisher. Sechs oder sieben Grad Temperaturdifferenz können daher zu einem neuen wichtigen Standortfaktor für die Wahl des Arbeitsplatzes und Wohnortes werden. Die Erfahrung zeigt, dass mit den Home-Arbeitsplätzen auch positive Effekte auf lokale Betriebe verbunden sind, die genutzt werden können. Eine Chance für die Gemeinde Semmering, qualitativ hochwertige Arbeitsplätze in einem klimatisch attraktiven Umfeld in einer auch unter den zu erwartenden Veränderungen im Verkehrssystem immer noch attraktiven Zeitdistanz zu Wien oder Wiener Neustadt zu gewinnen.

Eine Chance für Gemeinden wie Semmering als Kurort liegt in der zunehmenden Bedeutung von Gesundheits- und Pflegeeinrichtungen und -berufen. Der Frauenanteil, so zeigen die Studien,[3] ist in diesen Branchen deutlich höher als in anderen, wie etwa dem Bau. Semmering als Kurort würde dafür besondere Vorteile bieten, wenn es gelingt, diese Chance zu nützen. Der Vorteil liegt in den längeren Aufenthalten der Beschäftigten und Gäste oder Patienten und den davon ausgehenden positiven synergetischen Wirkungen auf Einwohner und lokale Sekundärbetriebe, wenn es gelingt, die Vorteile des Ortes auszubauen und entsprechend darzustellen. Das dazu passende Verkehrssystem muss klimaneutral und damit ohne Privatautos, unabhängig mit welcher Energie diese betrieben werden, gestaltet werden. Große, asphaltierte oder kahle Flächen sind diesem

---

3 https://www.ituc-csi.org/IMG/pdf/care_economy_de_web.pdf, letzter Zugriff: 27.01.2021.

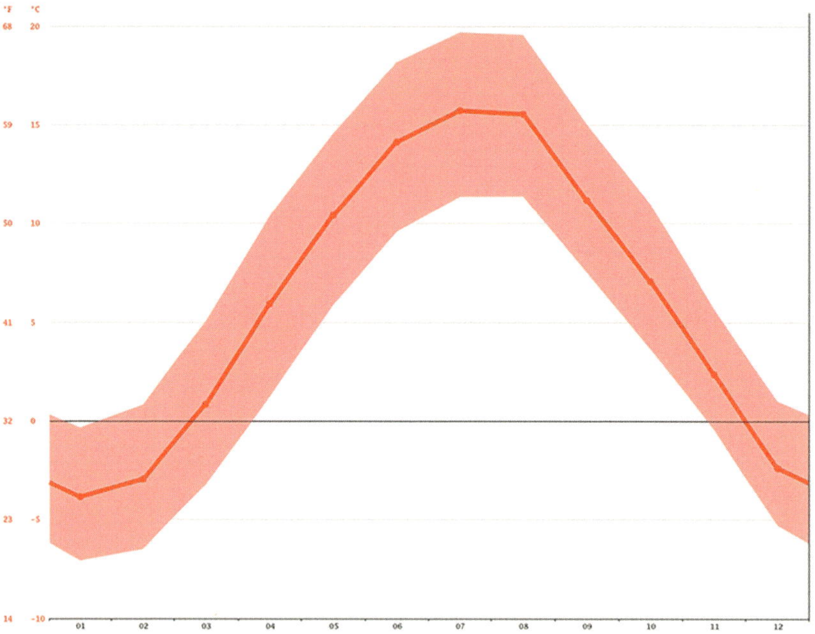

Abb. 26: Klimadiagramme von Semmering (oben) und Wien (rechts) 2021.

Image abträglich. Rad- und Wanderwege, die es bereits gibt, können zur primären und langlebigen Infrastruktur ausgestaltet werden.

Wie sich die Verhältnisse für den Wintertourismus in den Höhenlagen des Semmering in Zukunft entwickeln, kann zwar in der Tendenz grob abgeschätzt, nicht aber in der für Investitionsentscheidungen notwendigen Genauigkeit angegeben werden. Der Erholungstourismus unter ganzjährigen Aspekten wäre eine Option, für die auch dazu passende Verkehrslösungen zu entwickeln wären. Massive Strukturen für den Autoverkehr passen nicht zu einer durch den Klimawandel bestimmten Zukunft. Als Übergang und Puffer wären demontierbare Abstellmöglichkeiten auf den ohnehin bereits durch den Fahrbahnbau verwüsteten Teilen der Schnellstraße zu überlegen. Aber auch das sind nur Spekulationen über die Zukunft, die kaum jenen entsprechen, die heute den Mainstream bilden. Wenn man zumindest aus der Vergangenheit die richtigen Lehren zieht, ist schon viel gewonnen, was man in Zukunft brauchen wird.

Das Unangenehme und Ungewohnte für die beharrenden Geister unserer Zeit der Sorglosigkeit, Sicherheit und Machbarkeitsvorstellungen ist die Nichtverhandelbarkeit mit dem Klima und dem Artensterben. Schon ein nicht sicht-

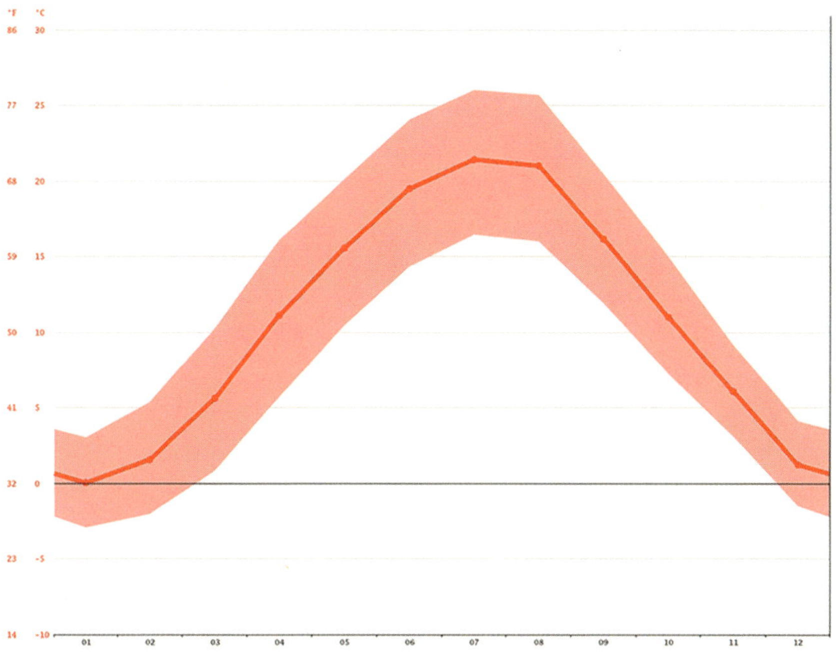

bares Virus gibt uns eine Vorstellung von den noch wesentlich stärkeren Veränderungen, die durch den Klimawandel notwendig werden. Der Semmering hätte aber in dieser Situation wieder Chancen, die er schon einmal klug nutzen konnte. Wichtig ist es, dabei auf jene Erfahrungen zurückzugreifen, die sich aus den schleichenden Erosionsprozessen scheinbaren Fortschritts, der sich als trügerisch erwiesen hat, ergeben. Es ist zu wünschen, dass die geistige Mobilität wieder schneller wird als das Davon- und Herumfahren. Die Zukunft ist zwar offen, aber ein Teil ist schon durch die Zukünfte der Vergangenheit „verbraucht".

EIN ZEICHEN SETZEN

Jede Maßnahme, die wir ergreifen, jede Entscheidung, die wir treffen, wirkt in die Zukunft. Jede setzt ein Zeichen, für das Leben oder nicht. Dies wäre der Schluss meines Beitrages gewesen, doch ein Gespräch mit dem Herausgeber, Josef Wagner, war ausschlaggebend, in diesem Beitrag noch ein paar Gedanken auszuführen. Josef Wagner weihte mich nicht nur in die Entwicklungsgeschichte des Panoramahotels Wagner ein, sondern ließ mich auch an seiner Vision für den Semmering teilhaben, die zukünftige Verkehrsproblematiken in den Mittelpunkt stellt. Den vorliegenden Beitrag sieht er: „Nicht als Projekt oder Konzept, sondern als Idee für einen Tourismusort der Zukunft in einem postfossilen Zeitalter. Eine Idee als bloße Vorstellung oder Vision gedacht, die erst in einem nächsten Schritt zum Projekt wird – oder auch nicht. Der Semmering steht dabei im Mittelpunkt. Die Ideen selbst können aber in anderen Tourismusorten ebenso zum Weiterdenken anregen."

Er präzisiert: „Um die zukünftige Verkehrslage deutlich zu machen, ist nicht nur die Zahl der Einwohner*innen relevant. Die Personengruppe der Zweitwohnsitzbesitzer*innen, Gäste, Mitarbeiter*innen der Betriebe, Schüler*innen und Lehrpersonal der Tourismusschule macht einen weitaus größeren Anteil aus. Vor allem aber wird der Verkehr zum Problem, wenn die großen Hotels, Panhans, Südbahnhotel und Kurhaus, in (naher) Zukunft wieder eröffnen. Es gibt keine verlässlichen Daten zu dem zuvor skizzierten Personenkreis. Daher braucht es eine Schätzung. Folgende Zahlen sind vermutlich zutreffend: 500 Einwohner*innen, 600 Gästezimmer, 400 Mitarbeiter*innen, 200 bis 1000 Tagesbesucher*innen, im Winter max. 3000 (Seilbahn und Lifte), 1000 Zweitwohnungsbesitzer*innen, 500 Schüler*innen davon etwa 150 mit Auto, 60 Lehrende."

Eine Idee, wie damit umgegangen werden kann, formuliert Josef Wagner wie folgt: „Der Status des Semmering, heilklimatischer Kurort zu sein, wäre durch das steigende Verkehrsaufkommen nicht mehr zu halten. Von den Auswirkungen auf das Klima erst gar nicht zu reden. Der Ausweg: Zwei Tiefgaragen auf der Passhöhe. Eine Zufahrt zum Ort ist nur durch Umstieg auf zugelassene Fahrzeuge möglich. Ausnahmen gibt es nur für Einsatzfahrzeuge und Einwohner. Vorbilder für solche Lösungen befinden sich, wie schon besprochen, z. B. in Zermatt. Die Straßen im Ort werden zu Begegnungszonen. Davon profitieren nicht nur die Gäste und Einwohner*innen, sondern vor allem das Klima und die Zukunft des Semmering."

Was von meinen Vorschlägen und Projekten von außen vor Jahrzehnten als „Vision" erschienen sein mag, war immer die Folge einer kritischen und vor allem selbstkritischen wissenschaftlichen Methode und die logische Konsequenz für eine verantwortbare Praxis. In aller Regel wurde das als Illusion bezeichnet, seien es die Tempolimits, die Gurtenpflicht, die Fußgängerzonen, der Radverkehr und die Erhaltung der Straßenbahnen in Wien, um nur einige der bekannteren Beispiele zu nennen. Mit den „Katalysatoren für Nichtmotorisierte" 1985 veröffentlicht, wurden die wesentlichen erarbeiteten Grundlagen für autofreie vitale menschliche Siedlungen, also autofreie Städte vorgestellt. Heute, 36 Jahre später, wird diese Idee zwar von der fachlich gebildeten Jugend aufgegriffen, in der Praxis hat sich aber nach wie vor wenig bewegt, weil man immer noch an „Lösungen mit dem Auto" glaubt. Eben mit einer anderen Energiequelle, aus meiner Sicht einer der vielen technokratischen Irrwege, wie sie durch den Wunsch, die Komplexität unserer Welt durch einfache Lösungen gangbar zu machen, immer wieder die Fantasie anregen.

Eine notwendige Voraussetzung für verantwortbare Vorstellungen ist der Versuch einer groben Quantifizierung der Aufgabe, verbunden mit einer realistischen Sicht auf den „Zustand des Patienten" und dessen Umfeld. Beim Semmering sind es 2500 bis 4000 Personen, wenn man Bewohner, Beschäftigte, Zweitwohnungsbesitzer und Tagesbesucher im „Normalbetrieb" rechnet, in den Winterspitzen 2000 mehr. Kein Problem, wenn man nur die Menschen berücksichtigt, wie man es aus der Geschichte unserer Kleinstädte weiß. Das Problem entsteht – wie oben angegeben – darin, dass es sich um die Spezies Autofahrer handelt. Und diese hat andere Platzansprüche. Wenn man nur 60 % der Personen als Autobesitzer nimmt (was etwa dem heutigen Wert der Motorisierung in den beiden Bundesländern um den Semmering entspricht), ergibt sich ein Flächenbedarf für das Abstellen der Autos von 6 bis 8 Hektar, vorsichtig gerechnet. Auch wenn man an die Unterbringung in mehreren Ebenen denkt, müsste das erst bewältigt werden. Übrigens gilt das auch für Elektroautos. Die Wirkung des Austausches von Autos mit Verbrennungsmotoren durch Autos mit „grünen" Elektromotoren auf und in einen heilklimatischen Kurort unterscheidet sich in etwa so, wie wenn man glaubt, die Milch wäre auch noch genießbar, wenn man ihr statt Salzsäure guten Weinessig zugibt. Was unsere Sinne schnell begreifen, ist für den Verstand oft schwierig in der von ihm erzeugten komplexen technischen Welt. Es bleibt daher die Wahl zwischen einem autofreien Ort oder nicht.

Die naheliegende Analogie mit Zermatt erweist sich nur aus der Ferne betrachtet als sinnvoll. Leider fehlt dem Semmering nicht nur die Umrahmung der Viertausender der Westalpen, sondern auch ein Ort wie Täsch, der vermutlich mit gutem Gewinn die Abstellplätze der Autos für Zermatt akzeptiert. Drittens unterscheiden sich die historischen „DNA" des Verkehrssystems, die in Zermatt schon autofrei war, als am Semmering noch das Spektakel der Bergrennen stattgefunden hat, und schließlich die Lage im System: Zermatt im Talschluss ohne Hoffnung, mit dem Auto durch- und weiterzufahren und dem Semmering als traditionelle Durchfahrtsroute. Die Verhältnisse sind für den Semmering ungleich schwieriger, nicht nur aufgrund der strukturellen Randbedingungen.

Es gibt noch einen wesentlichen Unterschied zwischen der Schweiz und Österreich: das Selbstbewusstsein der Bürger und die Verteilung der finanziellen Machtverhältnisse. In der Schweiz bestimmen die Bürger, was wie mit ihrem Geld gemacht werden soll oder darf, im obrigkeitshörigen Österreich die jeweiligen Politiker. Damit ist es bei uns für Lobbys leichter, ihre Wünsche als politische Forderungen durchzusetzen, wie bei der Entscheidung der S6, die mit der Behauptung, man braucht diese, um die Arbeitsplätze im Mürztal zu sichern, begründet wurde. Mein damaliger Gegenvorschlag war, auch unterstützt durch eine Untersuchung der Universität Wien, das Geld nicht für das Autobahnprojekt zu vergeuden, sondern es für die Entwicklung zukunftsfähiger Betriebe in der Region einzusetzen, um die lokalen Arbeitsplätze zu halten und neue zu generieren. Aber der Agent der Baulobby war dem Ohr des Bundeskanzlers (damals Kreisky) näher als ich. Wie sich zeigt, hat sich daran seither nichts geändert, sondern ist noch massiv „ausgebaut" worden.

Das Ziel des Herrn Wagner, den Semmering als heilklimatischen Kurort beispielhaft so zu entwickeln, dass „die Ideen in anderen Tourismusorten ebenso zum Weiterdenken anregen", ist richtig und wichtig, aber nur wirksam, wenn es gelingt. Aus meinen Erfahrungen sind gute Lösungen eines der wirksamsten Mittel, um schlechte Gewohnheiten abzulegen. Wie schwer das beim Semmering heute ist, kann man am Vergleich mit dem Wunder von Bethesda bei Jerusalem vor über 2000 Jahren erahnen, kennt man das menschliche Verhalten. Damals war die Heilung mit der Formel „Steh auf, nimm dein Bett und geh hin! Und sogleich wurde der Mensch gesund, nahm sein Bett und ging hin" möglich. Der Spezies der Autofahrer zumuten zu wollen, auszusteigen, um aufzustehen, mit den Händen hart zuzugreifen und zu gehen, liegt wohl außerhalb ihrer Vorstellungswelt. Diese besteht darin, wie die Entwicklungen zeigen, jede Form der aktiven Mobilität zu meiden und vom Auto direkt ins Zimmer, ins Haus, in die Schule oder zum Lift als Fortsetzung passiver Mobilität zu fallen. Selbst bei bewusster aktiver Bewegung, wie im Sport, fährt man mit dem Auto so weit es geht, um jeden sinnvollen Fußweg zu vermeiden.

Damit sind wir beim Problem: „Heilklimatischer Kurort" funktioniert nur, wenn die Menschen ein Umfeld vorfinden, das sich am Fußgänger orientiert und sich der Rad- und Lieferverkehr diesem unterordnen. In Zermatt bekommt jedes Hotel nur die Erlaubnis für ein Elektrofahrzeug und für den weiteren Bedarf das Pferdefuhrwerk. Die dort tätigen Baufirmen verwenden Elektrofahrzeuge und der Arzt das Fahrrad, „womit er beweisen kann, dass er selber gesund ist", hat mir vor Jahren ein lokaler Politiker mitgeteilt.

Umsetzbar ist das nur, wenn es gelingt, den bei Autofahrern und -besitzern exzessiv ausgelebten rücksichtslosen Egoismus der gemeinsamen Idee eines Kurorts mit Beispielcharakter und damit entsprechender Anziehungskraft für den „Rest der Welt" unterzuordnen. Der Weg dorthin ist extrem schwierig, riskant und auch von Land und Bund als Partner abhängig. Allein die gewohnte Anwendung der NÖ-Bauordnung mit dem verhängnisvollen § 2 aus der Reichsgaragenordnung 1939, die Autoabstellplätze bei jedem Neu-, Um- und Zubau vorschreibt, zerstört die Möglichkeit, das Ziel zu erreichen. Mit ihr hat man zwar *„Die Förderung der Motorisierung ist das vom Führer und Reichskanzler gewiesene Ziel"* erreicht, aber nicht bedacht, dass das zur Zerstörung der über Jahrhunderte bestehenden stabilen Strukturen der Dörfer, Orte und Städte führen wird. Und zu der heutigen Abhängigkeit der Menschen von den Konzernen, die nicht nur das Verkehrssystem beherrschen. Supermärkte mit den Parkplätzen für den Spitzenbedarf sind etwa ihre Attraktoren.

Der Erfolg für die praktische Umsetzung hängt von Experten, Verwaltung, Politik und Bürger ab und lässt sich in der Formel einfach ausdrücken, wenn 1 das Ziel sein soll: 1 = E x V x P x B oder in Zahlen, mit denen man die Qualität ausdrücken kann: 1 = 1 x 1 x 1 x 1. Ist nur eine Null dabei, ist das Ergebnis offensichtlich. Nur wo diese Kombination zumindest annähernd so möglich war, konnte ein Schritt auf das Ziel gemacht werden.

Allein die divergierenden Interessen der oben angeführten sieben Gruppen auf das angestrebte Ziel eines erfolgreichen, bespielhaften heilklimatischen Kurortes wird eine Herausforderung werden, die nur dann gelingen wird, wenn man dem Thema Autoverkehr, der das Denken noch immer zu beherrschen scheint, jene Bedeutung zuordnet, die angesprochen wurde: als Ursache der Probleme, die damit nicht das Mittel der Lösung sein kann.

LITERATURVERZEICHNIS

Knoflacher, Hermann: Grundlagen der Verkehrs- und Siedlungsplanung, Wien 2007 und 2012.

ZDF: https://www.zdf.de/nachrichten/politik/eu-klimaziel-treibhausgase-100.html (letzter Zugriff: 31.01.2022).

De Hanu, Jerome; Himmelweit, Susan; Perrons, Diane: Investitionen in die Pflegewirtschaft. Simulation von Beschäftigungseffekten nach Geschlecht in Ländern des globalen Südens. Internationaler Gewerkschaftsverbund 2017, https://www.ituc-csi.org/IMG/pdf/care_economy_de_web.pdf (letzter Zugriff: 05.02.2022).

Simon Ziegler

DIE BIOREGION SEMMERING

Eine Vision

Stellen Sie sich vor, …
Semmering ist ein „Love Brand“, der das aktuelle Lebensgefühl der Menschen derartig spiegelt, sodass Traditionshotels und Gaststätten zu neuem Leben erweckt werden. Begehrt sein, wie es seit Jahrzehnten nicht mehr der Fall war.

Stellen Sie sich vor, …
die Vision der ökologisch nachhaltigen Bioregion Semmering greift den Zeitgeist auf und es ist wieder „in“, regelmäßig zum Krafttanken auf den Zauberberg zu reisen. Ein paar Tage oder auch länger.

Besonders die Jahre 2020 und 2021 zwangen uns, bedingt durch die Pandemie, gewohnte Bahnen zu verlassen. Die diversen Lockdowns und Betriebssperren haben zu zahlreichen Beschränkungen geführt, aber auch Raum für neue Ideen und Visionen geschaffen.

Eine dieser Visionen ist eben die Bioregion Semmering – ein möglicher Weg zur Neuausrichtung des Tourismuskonzeptes am Semmering.

AUSGANGSSITUATION

80 km entfernt von Österreichs größter Metropole Wien war der Semmering schon seit dem 19. Jahrhundert ein gut erreichbarer Sehnsuchtsort für urbane Erholungssuchende. Der Ort fungierte als Publikumsmagnet, denn er besaß die Fähigkeit, dem jeweiligen Zeitgeist entsprechend, den Erwartungen und Sehnsüchten der Gäste zu begegnen. So entstand über die Jahre ein breites Angebot an Kurhotels, Sport- und Kulturveranstaltungen sowie Erholungseinrichtungen. Im zunehmend internationalen Wettbewerb des Massentourismus und immer schneller werdenden Innovationszyklus mitzuhalten, ist jedoch herausfordernd.

Wo es früher als „konkurrierende" Destination Salzburg oder Tirol im Winter und Italien oder Griechenland im Sommer zu schlagen galt, muss heute einem schier unübersichtlichen Angebot an heimischen und internationalen Tourismusorten Paroli geboten werden, die mit erheblicher Finanzkraft immer ausgefeiltere Erholungskonzepte bieten. In diesem Wettlauf scheint die Tourismusregion Semmering zum Teil weniger gute Karten zu haben. Das zeigt sich an den zurückgehenden Zimmerbuchungen und Betriebsinsolvenzen, zumal die verlässlichen schneereichen Wintersaisonen klimabedingt der Vergangenheit angehören.

Die gute Nachricht: Die Bedürfnisse nach Erholung und Freizeit veränderten sich in den letzten Jahren erheblich und bieten der Tourismusregion Semmering neue Möglichkeiten. Im Zeitalter von Urbanisierung und Klimawandel wird das Bedürfnis breiter städtischer Bevölkerungsschichten immer größer, in ihrem Urlaub eine gefühlte Entfremdung in der Anonymität der Großstädte und die omnipräsente Umweltverschmutzung hinter sich zu lassen. Wir sprechen hier nicht nur von einer temporären Modeerscheinung, sondern von einem tiefgreifenden gesellschaftlichen Wandel, der insbesondere durch die Coronapandemie weiter befeuert wird.

> Neo-Ökologie ist der Megatrend, der die 2020er prägen wird wie kein anderer: Umweltbewusstsein wird vom individuellen Lifestyle zur gesellschaftlichen Bewegung. Nachhaltigkeit vom Konsumtrend zum Wirtschaftsfaktor. Und die Klimakrise zur Grundlage einer neuen globalen Identität. …
>
> Menschen fühlen sich immer stärker global zugehörig und verantwortlich. Gängige Konsummuster werden immer kritischer hinterfragt – denn Konsum ist das Gegenteil von Zugehörigkeit. Und Gemeinschaft ist den Menschen wichtiger als je zuvor. Diese Postindividualisierung formt die Gesellschaft von der Basis her um – und verändert die Logiken von Marken, Marketing und Märkten. Ökologie wandelt sich dabei von der individuellen Aufgabe zum gesellschaftlichen Auftrag.[1]

Untersuchungen wie die Shell Jugendstudie[2] machen deutlich: Junge Menschen in Österreich suchen zwischenmenschliche Beziehungen, persönliche Freiheit

---

1 Verena Muntschick, Lena Papasabbas, Nina Pfuderer, Christian Schuldt, Janine Seitz: Trendstudie Zukunftsinstitut „Neo-Ökologie – der wichtigste Megatrend unserer Zeit", Studienleitung: Lena Papasabbas, Nina Pfuderer, Oktober 2019.

2 Die 18. Shell Jugendstudie 2019 untersucht, wie die Generation der 12- bis 25-Jährigen

und Individualität. Umwelt- und gesundheitsbewusste Lebensführung wird dieser Generation immer wichtiger, was die Pandemie der Jahre 2020 und 2021 zusätzlich verstärkte. Ein Ort wie der Semmering kann sich den gegenwärtigen Entwicklungen mit eigenen Ideen mutig stellen.

BIOREGION SEMMERING

Die folgenden Ausführungen widmen sich der Vision, die Region Semmering zur Bioregion auszubauen. Den in einem Dreischritt entwickelten Weg von den Grundgedanken bis zur Realisierung stelle ich nun vor.

Die Vision

Die bestehende Tourismusregion Semmering wird zu Bioregion Semmering umgestaltet. Bio bedeutet ökologisch nachhaltig und bietet den Gästen von der An- bis zur Abreise einen klima- und umweltgerechten Urlaub. All inclusive erstreckt sich das Angebot von der Nächtigung über das kulinarische Erleben bis hin zur Freizeitgestaltung. In Verbindung mit den weit über die Region bekannten Kulturevents wie dem Kultur.Sommer.Semmering oder den Festspielen in Reichenau ist auch „geistige Erholung" abseits vom Alltag garantiert.

Durch die Teilhabe am gemeinsamen ökologischen Werdungsprozess entsteht eine langjährige Bindung an den Ort und seine Gastgeber und Gastgeberinnen – ein Alleinstellungsmerkmal in der österreichischen Tourismusbranche. Die Bioregion Semmering versteht sich als Marke, die nicht nur bekannt ist, sondern auch geliebt wird – ein „Love Brand".

Der Semmering bietet dafür die besten Voraussetzungen, denn er hat eine Geschichte zu erzählen, die inspiriert. Der Ort ist mit allen Sinnen (Schmecken, Sehen, Hören, Riechen, Fühlen) erfahrbar. Er umwirbt seine Gäste, indem er Emotionen weckt. Dabei tritt er mit dem Publikum in eine enge, nahezu intime Beziehung.

---

heute aufwächst: Welche Rolle spielen Familie und Freunde, Schule und Beruf, Digitalisierung und Freizeit. Und ebenfalls: Wie stehen junge Menschen zu Politik, Gesellschaft und Religion?

Rahmenbedingungen für ein neues Tourismuskonzept

Es braucht vier Grundbedingungen, um mit der Bioregion überzeugen zu können. Zum einen ist der Grundkonsens der örtlichen Bevölkerung wichtig. Das bedeutet, diesen Weg beschreiten zu *wollen*. Zum anderen kann die Vision nur realisiert werden, wenn unbedingter Rückhalt bei den lokalen Wirtschaftstreibenden, der Gastronomie, der Hotellerie und den weiteren Tourismusunternehmen gewährleistet ist. Drittens sind klare, transparente und strenge Nachhaltigkeitskriterien für die Bereiche Gastronomie, Hotellerie und alle weiteren Tourismusunternehmen gefragt. Die vierte Bedingung umfasst ökologische Nachhaltigkeit: Umweltschutz der einzigartigen Landschaft samt klimafreundlichen Urlaubsbedingungen. Ökologische Nachhaltigkeit ist bindend für die Bereiche Gastronomie, Mobilität und Verkehr, Sport- und Tourismusaktivitäten sowie Energieversorgung.

Sind die Grundbedingungen erfüllt, kann ein einzigartiges, ausgefeiltes und langfristig erfolgreiches Tourismuskonzept für den Ort und die Region Semmering entstehen, das auch für andere Tourismusregionen wegweisende Ideen beinhaltet.

Der Weg zur Realisierung

Um möglichst viele Beherbergungs- und Gastronomiebetriebe am Semmering an die Rahmenbedingungen zu binden, sind besonders die Traditionshäuser am Semmering gefordert. Wie viele große Hotels in ähnlichen Regionen stehen sie meist vor finanziellen Herausforderungen, die oft auf unzureichende Auslastung bei eng kalkulierten Zimmerpreisen zurückgehen. Die Idee Bioregion Semmering zeigt den Weg auf, wie der Semmering sein Potenzial nutzen und ökologischer Tourismus gelingen kann.

Als erster Schritt der Betriebe gilt es, ihr Beschaffungswesen zu ökologisieren. Das bedeutet zum Beispiel die schrittweise Umstellung der Verpflegung auf biologische Lebensmittel. Eine entsprechende Zertifizierung der Betriebe belegt dieses Engagement gegenüber den Gästen.

Hier gibt es bereits einige erfolgreiche Beispiele in Österreich. Eines davon: „Die Ramsauer Bioniere“. Ein Zusammenschluss von Biobauern, Gastronomen und Kaufleuten aus Ramsau am Dachstein setzt sich zum Ziel, in der Bioregion Ramsau am Dachstein ihren Gästen einen erholsamen und aktiven Urlaub im Einklang mit der Natur zu ermöglichen. Sie betrachten die Natur als einen Kreislauf aus Geben und Nehmen, daher denken und handeln sie „nachhaltig". Nachhaltig bedeutet die vollbiologische Landwirtschaft ohne den Einsatz von Gentechnik oder GVO (Gentechnisch veränderte Organismen), keine chemisch-synthetischen Pflanzen- und Lagerschutzmittel und keine künstlichen Aromen sowie Farbstoffe in ihren Produkten. [3]

> Wie die Umstellung gelingen kann, zeigt ein von der Stadt Wien gefördertes Projekt: „Natürlich gut essen" ist ein Kofinanzierungsangebot für Wiener Gastronominnen und Gastronomen zur Förderung eines nachhaltigen Speise- und Getränkeangebots. Ausgezeichnete Betriebe setzen auf das Angebot regionaler, saisonaler und ökologisch produzierter Speisen unter besonderer Beachtung des Tierwohls.
>
> Betriebe erhalten im Rahmen von OekoBusiness Wien zunächst eine Kofinanzierung der Beratungsunterstützung. Ziel der Beratung ist es, den Betrieben mehr Orientierung und Unterstützung bei der Verwendung ökologisch und nachhaltig produzierter Lebensmittel zu geben. Die erfolgreiche Teilnahme am Programm wird anschließend mit dem Gütesiegel „Natürlich gut essen" ausgezeichnet. Je nach Grad der Erfüllung der Kriterien des Programms (Restaurant, Großküche, Imbissstand) bei tierischen Produkten, im sonstigen Speiseangebot sowie im Hinblick auf den Bioanteil im Sortiment erhält der Betrieb das Gütesiegel in Gold, Silber oder Bronze.[4]

Die Stadt Wien übernimmt die Beratungs- und Umstellungskosten pro Betrieb in Höhe von bis zu 50 Beratungsstunden und die Zertifizierungskosten in Höhe von 480 €.

Eine solche Förderkonstellation ist auch für die Beherbergungs- und Gastronomiebetriebe am Semmering vorstellbar. Ökonomisch ist diese Umstellung mit einer fundierten Beratung machbar. Die Auswirkungen auf den Wareneinsatz bzw. auf die Nächtigungskosten sind gut kalkulierbar und bei dementsprechendem Marketing über höhere Verkaufspreise einspielbar.

Erfahrungen mit solchen Umstellungsprozessen haben die Mitglieder der Biohotels gemacht, die seit mehr als 15 Jahren den größten Zusammenschluss

---

3 Weitere Infos hierzu können Sie der Website der Ramsauer Bioniere entnehmen (www.bioregion-ramsau.at).

4 Stadt Wien – Umweltschutz: Dr. Thomas Hruschka, DI Bertram Häuple, https://unternehmen.oekobusiness.wien.at/unternehmen/natuerlich-gut-essen/, letzter Zugriff: 03.01.2022.

Abb. 27: Panoramahotel Wagner, 100 % biozertifiziertes Hotel am Semmering.

nachhaltig wirtschaftender Hotels in Europa darstellen. Sie sind zu 100 % biozertifiziert und haben sich mit ihren in ganz Europa liegenden Häusern vollständig der Nachhaltigkeit verschrieben.[5] Bei den Biowirten und Biowirtinnen, einem Zusammenschluss der österreichischen Biogastronomen und Biogastronominnen, liegen ebenso Expertisen und erfolgreiche Geschäftskonzepte vor. Auch für große Betriebe.[6]

5 Weitere Infos hierzu können Sie der Website der Biohotels entnehmen (www.biohotels.info), letzter Zugriff: 03.01.2022.

6 Weitere Infos hierzu können Sie der Website der BiowirtInnen entnehmen (www.diebiowirtinnen.at), letzter Zugriff: 03.01.2022.

Haben sich Beherbergungs- und Gastronomiebetriebe im Ort gemeinsamen Qualitätsstandards und einem entsprechenden Außenauftritt verpflichtet, so ist ein großes Stück des Weges zur Bioregion Semmering bereits beschritten. Die weiteren Schritte ergeben sich geradezu zwangsläufig:

a.) Kooperation mit örtlichen landwirtschaftlichen Biobetrieben und Bioverarbeitern

Der größte Nutzen der Zusammenarbeit mit Biobetrieben und Bioverarbeitern zeichnet sich durch die Versorgung der örtlichen Beherbergungs- und Gastronomiebetriebe des Ortes sowie durch deren Einbindung in einem neuen nachhaltigen touristischen Angebot in Form von Betriebsbesuchen, Kursen und Führungen ab.

Nichts ist so naheliegend, wie örtliche Biolieferanten hervorzuheben. Das südliche Niederösterreich mit der Region Semmering zeichnet sich durch eine Vielzahl von Biobetrieben aus, die auch im Bereich der Verarbeitung von eigenen Lebensmitteln tätig sind.

b.) Organisation einer bequemen und klimafreundlichen An- und Abreise der Gäste

Für die An- und Abreise empfiehlt es sich, möglichst umweltschonende Verkehrsmittel wie Bus und Bahn zu benutzen – ergänzt mit einem gut ausgebauten innerörtlichen Angebot an nachhaltiger Mobilität.

Es gibt eine Reihe von Vorzeigeprojekten, die so eine Konzeption im Ort mit Erfolg realisiert haben: Zum Beispiel die Gemeinde Werfenweng in Salzburg.

> [Hier] stehen den Gästen ganzjährig verschiedene Elektro-Fahrzeuge zur Verfügung. Die Palette reicht von E-Autos, E-Bikes, sogenannten Fun-Fahrzeugen bis hin zum elektrisch betriebenen Ortstaxi. Mit der SAMO Gästekarte, die den Gast 10 Euro kostet, sind diese Angebote in weiterer Folge kostenlos nutzbar.[7]

Das ließe sich auch in der Bioregion Semmering verwirklichen.

---

7 Weitere Infos hierzu können Sie der Website Gemeinde Werfenweng entnehmen https://www.werfenweng.eu/, letzter Zugriff: 03.01.2022.

c.) Überprüfung der ökologischen Nachhaltigkeit lokaler Sport- und Tourismusaktivitäten

Die Neuausrichtung der Tourismusregion bedeutet nicht, vom bisherigen Freizeitangebot Abstand zu nehmen, sondern die bestehenden Aktivitäten auf ihre ökologische Nachhaltigkeit hin zu überprüfen.

Die Region Semmering ist ein mehrfach geschütztes und wertvolles Gebiet. Es bestehen besondere Schutzkategorien im Bereich Quellschutz, Landschaftsschutz, Denkmalschutz, Natura 2000 und Europaschutz sowie UNESCO-Weltkulturerbe. Sich in diesem Zusammenhang kritischen Fragen im Spannungsfeld zwischen Freizeitangebot und Naturschutz zu stellen (z. B. in der Frage der Beschneiung von Skipisten und Rodelstrecken), liegt auf der Hand.

Gemeinsam mit Umweltorganisationen Sport- und Tourismusaktivitäten im Ort und in der Region zu evaluieren, wäre ein Anfang. In Kooperation mit den Gemeinden kann in weiterer Folge ein auf die Region zugeschnittener Mix an klimafreundlichen Aktivitäten zusammenstellt werden. Die Nachfrage an Angeboten, die im Einklang mit Mensch und Natur stehen, ist von überregionalen Reiseanbietern ungebrochen.

d.) Erneuerbare Energie – Heizung und Strom

„Es stellt sich nicht mehr die Frage, wann sich Erneuerbare rechnen, sondern wie lange wir uns fossile und atomare Energien noch leisten können“, sagt Wolfgang Löser, „Der Energierebell“. Die Energie- und Wärmeversorgung der künftigen Bioregion Semmering stellen wesentliche Themen dar, die in der Konzeption der Bioregion Semmering mitgedacht werden müssen.

Will die Erweiterung der Tourismusregion zur Bioregion Semmering gelingen, schlage ich sechs grundlegende Schritte vor:

1. Erstellen einer Ist-Analyse und eines Maßnahmenkatalogs gemeinsam mit Energie- und Klimaschutzprogrammen
2. Thermische Sanierung gemeindeeigener Gebäude
3. Umsetzung des Nachhaltigkeitsgedankens in Flächenwidmung, Bau- und Vollzugskontrolle sowie Beschaffung
4. Effiziente Infrastruktur
5. Nutzung regionaler Energien, z. B. Strom aus der Region
6. Mobilität aus erneuerbarer Energie

SCHLUSSGEDANKE

Alles in allem dienen diese Zeilen dazu, einen Anstoß für die Weiterentwicklung einer Region zu geben, die mir persönlich sehr ans Herz gewachsen ist. Und wenn die Realisierung der Bioregion Semmering der Klimakatastrophe ein wenig entgegenwirkt, dann ist das schon sehr viel.

LITERATURVERZEICHNIS

Muntschick, Verena; Papasabbas, Lena; Pfuderer, Nina; Schuldt, Christian; Seitz, Janine: Trendstudie Zukunftsinstitut „Neo-Ökologie – der wichtigste Megatrend unserer Zeit“, Oktober 2019.

Hruschka, Thomas, Häuple, Bertram: Stadt – Umweltschutz. https://unternehmen.oekobusiness.wien.at/unternehmen/natuerlich-gut-essen/ (letzter Zugriff: 03.01.2022).

Fritz Vesely

TELEWORKING IN DEN BERGEN

Neue Formen des Arbeitens in Zeiten des Wandels

Otti, was ist für dich das Besondere am Semmering?
Die Luuuft
Teddy Podgorsky im Interview mit Otto Schenk.

Gute Luft, duftender Wald, pure Natur: Eine Idylle, die viele Städter nur an den Wochenenden oder im Urlaub genießen können. Nach einer anstrengenden Arbeitswoche im Büro flüchten sie am Wochenende zur Erholung ins Grünland. Fahrtzeiten von zwei Stunden und mehr im Tausch gegen ein Heim im Grünen. Die Folgen: Der Speckgürtel wächst, Boden wird versiegelt, die Infrastruktur zieht nach, Zersiedelung, Verkehrsüberlastung und Stress sind unerwünschte Nebenwirkungen. Soweit bekannt und oft thematisiert.

Das Bedürfnis nach Natur ist verständlich – denn obwohl Österreichs Städte eine hohe Lebensqualität verzeichnen, die regelmäßig durch die Mercer-Studie[1] bestätigt wird, sind Probleme wie Klimawandel, Feinstaubbelastung und Zunahme des Individualverkehrs doch deutlich sichtbar. Die ultimative Lösung für diese Herausforderungen gibt es nicht – denn wie so vieles ist eine Stadt ein dynamisches, sich ständig wandelndes und damit hochkomplexes Gebilde.

Umso spannender sind die Trends, alternative Lebens- und somit auch Arbeitsformen zu entwickeln, die in manchen Unternehmen – zumeist in der IT-Branche – bereits erprobt und von vielen Selbstständigen gelebt werden. Dieser Beitrag soll darauf Bezug nehmen und einige Konzepte beschreiben, die vergleichsweise einfach umgesetzt werden könnten. Ein Fokus liegt dabei auf der bevorzugten Lage der Region Semmering – als Kurort auf fast 1.000 Metern

1 „Quality of living city ranking“ – https://mobilityexchange.mercer.com/Insights/quality-of-living-rankings, letzter Zugriff: 30.01.2022. Lebensqualität - Wien ist und bleibt Nummer eins – https://www.wien.gv.at/politik/international/vergleich/mercerstudie.html, letzter Zugriff: 30.01.2022.

– der durch die Südbahn besonders gut erschlossen ist und durch seine Nähe zu zwei Großstädten (Graz und Wien) sowie einen breiten Einzugsraum glänzt.

DIGITALE NOMADEN

Leben, wo andere Urlaub machen – kein Spruch von Immobilienmaklern, sondern Alltag für die digitalen Nomaden – ein Phänomen, das erstmals 1964 (!) von Marshall McLuhan[2] postuliert wurde. Der Mensch wird im elektronischen Zeitalter zum „nomadischen Informationssammler", so der Medienwissenschaftler. Gemeint sind Unternehmer und Unternehmerinnen, seltener Angestellte, die einen Mix aus Arbeit und Freizeit an oftmals exotischen Orten etabliert haben, ortsunabhängig oder multilokal leben und arbeiten.

Exotisch ist dabei keine Voraussetzung – denn bei der Auswahl des Standorts liegt der Fokus üblicherweise auf einer Erhöhung der Lebensqualität. Dieser Faktor kann durch den Strand auf Bali genauso abgedeckt werden wie von der Voralpenwelt der Semmeringer Gegend. Das altgriechische Wort „nomás" bedeutet übrigens „herumschweifend" oder „weidend". Digitale Nomaden und Nomadinnen sind folglich Menschen mit nicht-sesshafter Lebensweise, die ortsunabhängig (meist online) arbeiten. Die Frage nach der Anzahl an Menschen, die diesen Lifestyle pflegen, lässt sich schwer beantworten: Das Internet wirft nur Schätzungen aus: weltweit 500.000 bis einige Millionen. Einen Hinweis, dass es doch mehr als ein Randphänomen ist, liefert die Tatsache, dass es in Deutschland eine eigene Messe gibt: die DNX = Digitale Nomaden Konferenz mit mehr als 10.000 Teilnehmern und Teilnehmerinnen.

In den 2020er-Jahren sind dies Menschen aus Berufsgruppen, die keiner standortbezogenen Arbeitsmittel bedürfen, um ihren Beruf auszuüben – Laptop, Smartphone und Internetverbindung reichen für das Arbeiten in Bereichen wie Webdesign, Software-Entwicklung, Affiliate-Marketing, Redaktion, Bildbearbeitung und Grafik aus. Aber auch Branchen wie Unternehmensberatung, Training und Coaching, Steuerberatung, Buchhaltung, Management etc. haben heute die technischen Mittel zur Verfügung, um problemlos – zumindest in Teilzeit – Teleworking zu betreiben.

2 Marshall McLuhan: Understanding Media. Routledge Classics, Abingdon/New York 2001, S. 309, 391 (Erstausgabe: 1964).

Aber was heißt es konkret, Teleworking zu betreiben oder gar digitaler Nomade oder Nomadin zu sein: Der gemeinsame Nenner ist, dass es sich um digitale Arbeit handelt – also Aufgaben, die mittels Computer zu erledigen sind. Teleworking kann auch bedeuten, im Homeoffice zu sein, bei Unternehmen vor Ort projektbezogen zu arbeiten, oder – wie im Fall der „echten" digitalen Nomaden – völlig ohne fixen Standort auszukommen. Als Ersatz für den klassischen Büroarbeitsplatz kann alles genützt werden, wo Internet vorhanden ist: Internet-Cafés, eine Hotel-Lobby oder darauf spezialisierte Co-Working-Spaces, die üblicherweise Cafeteria, Konferenzräume und eigene, stunden- oder tageweise mietbare Arbeitszimmer anbieten. Diese Treffpunkte für digital Arbeitende haben den Vorteil, dass man oft Gleichgesinnte aus verwandten Berufen findet und sich daraus Kooperationen und kollegialer Austausch ergeben. Nähe schafft bekanntlich Vertrautheit.

NEUE FORMEN DER KOOPERATION

Als Arbeitsform ist disloziertes Arbeiten keine Erfindung des digitalen Zeitalters – geändert haben sich die Möglichkeiten, vor allem in Hinblick auf Datenzugriff, Kommunikation und Collaboration. In der Agentur- und Entwicklungsszene ist es gang und gäbe, mit Dienstleistern und Dienstleisterinnen zu arbeiten, die global verstreut sind. Für die Unternehmen bedeutet dies, sich auf andere, oft unverbindlichere Arbeitsformen (Werkverträge statt Anstellungen) einzulassen, die fix Beschäftigten mit anderen Incentives an die Firma zu binden und ein Stück weit die Kontrolle abzugeben sowie einen Vertrauensvorschuss in Bezug auf Loyalität und Leistungserbringung zu geben.

DIE PANDEMIE ALS ICEBREAKER

Während der COVID-19-Pandemie[3] war schnell klar, dass neue Formen für die Zusammenarbeit gefunden werden mussten. Mit einem Schlag gewannen dabei Conferencing-Programme wie Teams, Zoom, Skype etc. enorm an Bedeutung, da sie den unmittelbaren Kontakt mit den Menschen im Homeoffice ermöglich-

3 Dieser Text ist während des vierten Lockdowns im April 2021 entstanden.

ten. Wurden diese Technologien vorher eher sporadisch und zum Teil skeptisch genutzt, zeigte sich das Potenzial und der Nutzen dieser Tools nun ganz deutlich.

DIGITALISIERUNG ALS VORAUSSETZUNG

Gewerbeanmeldungen, Abschluss von Versicherungen, E-Procurement, elektronische Rechnungslegung per Unternehmens-Service-Portalen – alles Beispiele für die fortschreitende Digitalisierung, die wiederum eine Voraussetzung für Teleworking ist. Die Generation der Digital Natives[4] geht ohnehin davon aus, dass sich künftig jede Verwaltungstätigkeit online erledigen lässt – und: Es sieht gut aus für die Millennials.[5] Digitale Signatur, E-Government, E-Medikation, Chats und Bots statt telefonischer Auskünfte oder gar einem persönlichen Termin, vieles wird sich künftig via Internet erledigen lassen.

INFRASTRUKTUR ALS PULL-FAKTOR

Welches Land hat den besten Ausbau an Breitband-Internet? In Europa sind es die skandinavischen Länder, gefolgt von den Niederlanden. Gut im Rennen: die Schweiz und Spanien. Weltweit führend ist Singapur.[6] In Zeiten, wo selbst ein Buchhaltungsprogramm einen Internetzugang benötigt, um eine Rechnung zu generieren (Stichwort Cloud[7]), ist es nur folgerichtig, dass Digital Worker bei der Standortwahl auf die lokalen Gegebenheiten achten: Wie ist die Bandbreite an meinem künftigen Teleworking-Platz? Werben Gemeinden und Betriebe damit, ergibt sich eindeutig ein Standortvorteil. Die Breitband-Initiative leistet dabei Vorschub – Teleworker und Teleworkerinnen können sich also auf gute Zeiten freuen. Surfen wird eindeutig schneller – und billiger! Warum ist das von Bedeutung: Weniger, um die aktuelle Lieblingsserie ruckelfrei auf

---

4 Als Digital Native (deutsch: „digitaler Eingeborener“) wird eine Person bezeichnet, die in der digitalen Welt aufgewachsen ist (https://de.wikipedia.org/wiki/Digitale_Welt), letzter Zugriff: 22.09.2021.

5 Millennials oder auch Generation Y bezeichnet die Bevölkerungskohorte, die im Zeitraum der frühen 1980er- bis zu den späten 1990er-Jahren geboren wurde.

6 Stand 2020, Quelle: https://www.de.statista.com, letzter Zugriff: 03.01.2022.

7 Der Nutzen dabei: Die „Cloud“ verhindert, dass eine Rechnungsnummer doppelt vergeben würde, falls mit mehreren Clients gearbeitet wird.

Abb. 28: Ehemaliges Gemeindeamtsgebäude (Architekt Alfred Wildhack), geeigneter Standort für Teleworking.

Netflix zu sehen – wichtiger ist aus beruflicher Sicht, die Kommunikation mit Kollegen und Kolleginnen sowie Auftraggebern und Auftraggeberinnen gut zu organisieren. Schließlich ist man als Teleworker und Teleworkerin nicht vor Ort und muss umso bewusster regelmäßig den Kontakt suchen. Die Videokonferenz sollte jedenfalls störungsfrei ablaufen – eine Voraussetzung dafür: eine verfügbare Bandbreite von mindestens 20 Mbit/s oder mehr.

CO-WORKING AM BERG

Teleworking in der Karibik klingt verlockend, aber im Detail kann es auch gravierende Nachteile haben. Was, wenn man krank wird, rasch Hilfe braucht oder etwas Dringendes in der Heimat zu erledigen ist? Rechtliche Hürden wie der Erhalt einer Aufenthaltsbewilligung und die Frage, wo der Lebensmittelpunkt aus steuerlicher Sicht ist, machen die Sache komplex. Ein heiß diskutiertes Thema in den Online-Foren der Nomaden und Nomadinnen: Welche Versicherung ist die richtige? Ist man Tourist und Touristin oder Expatriate aus Sicht der Versicherung? Alles kein Thema, wenn Teleworking innerhalb von Österreich stattfindet.

Der Semmering bietet dafür perfekte Voraussetzungen. Und auch im Detail punkten die Gegebenheiten am „Zauberberg". Breitband-Internet seit 2020, gut ausgebautes mobiles Funknetz, hervorragende Freizeit- und Sportmöglichkeiten, Einkaufsmöglichkeiten von Gloggnitz bis Mürzzuschlag und darüber hinaus bis ins Mürztal, ärztliche Versorgung, Gastronomie und Hotels im Ort – aber vor allem: Der Semmering ist nur ca. eine Stunde Zugfahrt (natürlich mit WLAN) von Graz oder Wien entfernt. Reisen als Qualitätszeit: Statt im Stau zu stehen, sitzt man bequem im Railjet und nützt die Zeit für Teleworking oder genießt einfach die Reise über die historische Ghega-Bahnstrecke. Diese Faktoren waren für mich persönlich maßgebend, um mich am Semmering als „Zweitwohnsitzer" niederzulassen. Wie gut diese Entscheidung war, wurde durch den coronabedingten Lockdown bestätigt: Teleworking funktioniert und wird kundenseitig problemlos angenommen.

EIN BIOTOP AUS CO-WORKING-SPACES

Wo Bedürfnisse evident werden, entstehen üblicherweise Märkte. Für Rucksackreisende wurden Hostel-Ketten gegründet – vielleicht ist einer der nächsten Trends, sich auf die Zielgruppe der digitalen Nomaden und Nomadinnen zu fokussieren. Co-Working-Spaces mit Infrastruktur zu bieten, könnte die Aufgabe der Zukunft in Österreich sein – in den Bergen, am See oder im Flachland. Letztlich sind es persönliche Vorlieben, warum man eine Location wählt – etwa die Vernetzung mit anderen, Empfehlungen, vorhandene Infrastruktur oder einfach der Wunsch, nach dem Zoom-Call noch schwimmen oder entspannt im Wald spazieren zu gehen.

Und hier eröffnet sich eine neue Perspektive: Was, wenn Touristiker und Touristikerinnen statt einem reinen Freizeitangebot eine Mischform anbieten? Es ist Zeit, die scheinbar unverrückbare Dichotomie von Arbeit und Freizeit zu hinterfragen und neue Formen zuzulassen. Hotelzimmer, Lounge und Konferenzraum, Arbeitsplatz (samt ergonomischer Büroeinrichtung) mit Breitband-Internet, Strom und Kaffeemaschine, Freizeitangebote – das wären die besten Voraussetzungen für Teleworking im Hotel.

Hotellerie und Gastronomie könnten ihre Geschäftsmodelle anpassen und speziell für Digital Worker ein Umfeld schaffen, das so gar nicht nach klassischer Arbeitswelt klingt: Am Vormittag einen Sprint an einem Projekt durchführen, mittags nach dem Essen eine kurze Runde mit dem Fahrrad. Danach erfolgt die nächste kurze Arbeitseinheit, gefolgt von einer Pause (dabei die Semmeringer Luft und Natur genießen). Später eine Präsentation, neue Aufgaben definieren, ein letzter Sprint am Abend und dann ins Hotel-Spa. Klingt gut? Ist es auch! Ich habe es selbst ausprobiert – der Beitrag, den Sie gerade lesen, ist mitsamt den einzigartigen Genussmomenten, den der Semmering bietet, entstanden. Erwünschter Nebeneffekt: Die Fitness und das allgemeine Wohlbefinden profitieren davon enorm – und das gemütlich neben der Arbeit.

ALT- UND LEERBESTAND NEU NUTZEN

Gemeinden wie Semmering oder Bad Gastein haben ähnliche Themen: eine Vielzahl an Altbauten – zum Teil wunderschöne Villen und große Hotelgebäude, die leer stehen. Vielleicht werden sich vermeintliche Selbstverständlichkeiten wie günstige Flüge rund um die Welt im Angesicht der Klimakrise ändern und zu klimafreundlichen Verhaltensweisen führen – Urlaub in der näheren Umgebung, sanfter Tourismus, eine Renaissance der Bahn und generell eine andere Einstellung zu Mobilität. Der Semmering könnte hier eine ökologisch denkende und agierende Zielgruppe ansprechen, der diese Werte wichtig sind und die einen Beitrag zugunsten des Klimas leisten wollen.

Im Sommer der Hitze der Stadt zu entfliehen: Der Semmering mit seinen 1.000 Metern Seehöhe ist perfekt dafür. Eine Projektbesprechung, einen Tagesausflug samt Wanderung zum Sonnwendstein – und nicht vergessen, den Krapfen vom Kirchenwirt in Maria Schutz einplanen! Vielleicht wird das einer der künftigen Bausteine für eine erfolgreiche Neupositionierung einer einmaligen Kultur- und Naturlandschaft in Niederösterreich.

Es gäbe in und um den Semmering genug Leerbestand, um eine Neuwidmung eines traditionellen Gebäudes durchzuführen. Sei es ein Hotel, das eine Doppelnutzung in sein Konzept miteinbezieht oder ein lange leer stehendes Privathaus – die Voraussetzungen sind auf alle Fälle gegeben.

Projektweise an anderen Orten wohnen und arbeiten, die Freizeit genießen, Sport betreiben, mit Menschen in Verbindung kommen, andere Lebensweisen kennenlernen, Kollegen und Kolleginnen, künftige Auftraggeber und Auftraggeberinnen und Freunde finden, dabei noch den eigenen Horizont im Denken erweitern – eine mögliche Vision für die Arbeitsweise der Zukunft? Raus aus dem „nine to five" – hin zu einem Rhythmus, der den eigenen Bedürfnissen entspricht und trotzdem ein solides Einkommen ermöglicht. Der Sommerfrische einen neuen „Twist" geben. Prekär und unsicher? Utopisch und visionär? Flexibel und individuell? Mit Sicherheit inspirierend und erweiternd!

Aus individueller Sicht betrachtet, bietet das hier vorgestellte Modell eine Menge Vorteile. Dass es nicht für jeden Berufszweig machbar ist, liegt auf der Hand. Soziologisch interessant wird es auch sein, die langfristigen Auswirkungen des digitalen Nomadentums zu untersuchen: Was macht dieser Lebensstil aus dem Individuum, leiden die persönlichen Beziehungen oder werden sie sogar gestärkt, ist das Modell familienfreundlich, wie ist die soziale und finanzielle Absicherung, welche rechtlichen Themen bleiben offen etc. – viele offene Fragen, die nach Antworten suchen.

Faktum ist: Wenige Lebensbereiche sind so sehr im Umbruch wie der aktuelle Arbeitsmarkt. Digitalisierung und Automatisierung schreiten voran, klassische Berufe brechen dadurch weg, neue Arbeitsbilder und -modelle entstehen. Ganz im Sinne von Heraklit: „Nichts ist so beständig wie der Wandel." Heinz von Förster hat dem noch vorangestellt: „Stabilität ist eine Illusion …".

Wie sich das Thema Teleworking weiterentwickeln wird, werden wir sehen. Vielleicht treffen wir uns schon in naher Zukunft in einem Co-Working-Space am Semmering – oder auf Bali.

LITERATURVERZEICHNIS

Mercer LLC, Quality of living city ranking, https://mobilityexchange.mercer.com/Insights/quality-of-living-rankings, (letzter Zugriff: 30.01.2022).

McLuhan, Marshall: Understanding Media, Routledge Classics. Abingdon/New York 2001, S. 309, 391 (Erstausgabe: 1964).

Peter Veit

DIE NEUE BAHN UNTER DEM UND ÜBER DEN BERG

EINLEITUNG

Mit der Fertigstellung des Semmering-Basistunnels 2027 bricht eine neue Ära für den Baltisch-Adriatischen Korridor und damit auch die historische Semmeringbahn an. Das bedeutende Verkehrsvolumen des Personenfern- und Güterverkehrs wird durch den Tunnel geleitet werden. Der Bergstrecke verbleibt der Regionalverkehr, aber zugleich erstmalig die Möglichkeit, ihrer historischen Bedeutung entsprechend, auch touristische Aufgaben zu übernehmen. Doch können diese Aufgaben das Weiterbestehen der Bergstrecke langfristig absichern?

Unabhängig davon, dass die Umweltpolitik zur Reduktion des Klimawandels verstärkt auf das Verkehrsmittel Eisenbahn setzen muss – und das auch im Regionalverkehr –, bleibt die Bergstrecke eine unverzichtbare Infrastruktur, ohne die ein hochqualitativer Betrieb der Südbahn, d. h. mit hoher und garantierter Verfügbarkeit, gar nicht möglich ist. Der Betrieb des Semmering-Basistunnels kann daher nicht losgelöst von der Bergstrecke verstanden werden. Dies soll im Folgenden nachgewiesen werden.

DER SEMMERING-BASISTUNNEL UND DIE HISTORISCHE SEMMERINGBAHN

Natürlich liegt der Sinn des Basistunnels darin, den Fernverkehr der Südbahn zu beschleunigen und energieeffizienter und damit nachhaltiger zu gestalten. Es entfällt ein betriebliches Nadelöhr, das neben geringen Geschwindigkeiten auch betriebliche Einschränkungen, wie Lichtraumbeschränkungen und reduzierte Anhängelasten, aufweist. Die Lichtraumbeschränkungen erlauben wegen des geringen Gleismittenabstands, bis minimal 3,58 m statt 4,00 m, und der geringen Eckhöhen primär in Tunnelabschnitten weder Lademaßüberschreitungen noch Großcontainertransporte, noch den Betrieb der Rollenden Landstraße oder den Einsatz von Doppelstockwagen im Regionalverkehr. Alle diese Einschränkungen entfallen mit Inbetriebnahme des Semmering-Basistunnels, aber leider nicht vollumfänglich, nicht zu jedem Zeitpunkt. Daher ist es falsch, die Bergstrecke für den Betrieb der Südbahn als nicht mehr erforderlich anzusehen.

Fraglos ist die Bergstrecke für den Regionalverkehr, der nur dort abgewickelt werden kann, von Bedeutung. Zudem wird eine touristische Nutzung der Bergstrecke überhaupt erst mit Eröffnung des Semmering-Basistunnels möglich. Doch erhält die Bergstrecke in Zukunft eine weitere wesentliche Aufgabe: Sie wird als Umleitungsstrecke für den Semmering-Basistunnel benötigt, um den Verkehr auf der Baltisch-Adriatischen Achse auch während Instandhaltungsarbeiten im Tunnel betreiben zu können.

Die Instandhaltung eines Tunnelsystems ist dabei keineswegs eine zu vernachlässigende Größe. Lange Eisenbahntunnel erfordern, wie alle technischen Bauten, Instandhaltung, welche Inspektion, Wartung und Instandsetzung umfasst. Lange Eisenbahntunnel werden dabei so konzipiert, dass der Instandhaltungsbedarf in Grenzen gehalten werden kann. Zudem erlaubt das zur Anwendung kommende, zweiröhrige Tunnelsystem auch während Arbeiten in einer Tunnelröhre den ungestörten Betrieb der anderen Tunnelröhre. Dennoch sind Instandhaltungsarbeiten beispielsweise für Fahrwegkomponenten, Stromversorgung und Sicherungstechnik erforderlich, um die Funktionsfähigkeit und damit Sicherheit des Systems zu jedem Zeitpunkt garantieren zu können. Schließlich gibt es nur eine Komponente, die nicht gewartet werden muss. Das ist genau jene Komponente, die nicht eingebaut ist. Im Fall langer Eisenbahntunnels ist das der Grund, auf Weichen zu verzichten. Auch werden die Sperren eines Tunnels in den Nachtstunden durchgeführt, um den Personenfernverkehr nicht zu beeinträchtigen. Des Weiteren wird die nicht gleichmäßige Auslastung des Tunnels durch den Güterverkehr in den Nachtstunden genutzt, womit die Sperren primär nachts auf Wochenenden gelegt werden. Zudem wird, unabhängig davon welche Tunnelröhre gesperrt ist, der Güterverkehr vorzugsweise von Süd nach Nord umgeleitet, weil er in der Regel einen geringeren Umfang aufweist, die Längsneigung der Bergstrecke von Süd nach Nord geringer ist als in die Gegenrichtung und die Südrampe eine wesentlich gestrecktere Linienführung aufweist als die lange kurvenreiche Nordrampe.

Genau wegen dieser erforderlichen Umleitungen muss die Bergstrecke als integraler Bestand des Systems Südbahn verstanden werden. Ansonsten müsste der Güterverkehr erhebliche Einschränkungen hinnehmen, bis hin zum Abwarten des Endes der Nachtsperren. Dies wäre zu Zeiten von Just-in-time-Verkehren eine nicht akzeptable betriebliche Einschränkung.

Die Bergstrecke ist damit auch nach Eröffnung des Basistunnels ein unverzichtbarer Bestandteil der Südbahn – ja, sie macht das System Südbahn erst vollumfänglich nutzbar.

UMLEITUNGSVERKEHR

Dennoch stehen einer behinderungsfreien Umleitung von Güterzügen über die Bergstrecke zwei Tatsachen im Weg: das enge Lichtraumprofil und die hohen Längsneigungen. Die Längsneigungen sind auf der historischen Bergstrecke nicht änderbar. Erforderlichenfalls können Vorspannlokomotiven dieses Problem betrieblich lösen. Würde für die Umleitungsfahrten das heutige, stark limitierende Lichtraumprofil bestehen bleiben, wären in den Zeiten der Umleitung gewisse Zugfahrten auch zukünftig nicht möglich. Dies würde eine wesentliche Einschränkung der Nutzungsmöglichkeit der Infrastruktur bedeuten. Aus diesem Grund wurde im Auftrag der UNECSO an der Technischen Universität Graz eine Masterarbeit[1] verfasst, die jene Abschnitte identifiziert, die in Zukunft eingleisig betrieben werden sollten, um das erforderliche Lichtraumprofil sicherzustellen. Gleichzeitig bestand unter dieser Randbedingung die Aufgabe, ein Betriebskonzept zu erstellen, um aufzuzeigen, ob auch bei abschnittsweiser Eingleisigkeit der Bergstrecke sowohl ein attraktiver Regionalverkehr als auch die Nutzung der Bergstrecke für ein touristisches Zugsangebot möglich ist.

Basierend auf einer Analyse der Anlagedaten der Semmering-Bergstrecke wurden jene Abschnitte identifiziert, die zur Verhinderung betrieblicher Einschränkungen einen Rückbau auf eingleisige Abschnitte erfordern. Die Notwendigkeit des Rückbaus resultiert einerseits aus den Eckhöhen und damit dem möglichen Lichtraumprofil, andererseits aus den engen Gleismittenabständen (Abb. 29).

Die Eckhöhenproblematik betrifft sämtliche zweigleisige Tunnelabschnitte der Bergstrecke, die einen zweigleisigen Betrieb ohne Lichtraumeinschränkun-

1 Stefan Flucher: Betriebskonzept 2025+ für die Semmering-Bergstrecke. Masterarbeit am Institut für Eisenbahnwesen und Verkehrswirtschaft der Technischen Universität Graz, September 2016. Die Abbildungen in diesem Kapitel sind ebenfalls dieser Masterarbeit entnommen.

gen nicht zulassen. Es darf nicht vergessen werden, dass die Semmering-Bergstrecke in einer Zeit errichtet wurde, in der das Dynamit noch nicht erfunden war, ebenso wenig wie für den Tunnelbau einsetzbare Bohrmaschinen. Damit ist es nachvollziehbar, dass aus heutiger Sicht enge Tunnelquerschnitte zur Ausführung gelangten. Nur der Weitsicht der Erbauer ist es zu verdanken, dass diese Tunnel bis heute, wenn auch mit den genannten Einschränkungen, nutzbar sind. Da die oft sehr geringen Überdeckungen der älteren Tunnel Aufweitungen der Tunnelprofile nicht erlauben, bleibt nur der Rückbau in eingleisige Abschnitte, womit ein Gleis in die Tunnelmitte gerückt werden kann und somit die (inter-)nationalen Lichtraumstandards erfüllt werden. Dies trifft auch für den ursprünglich ebenfalls zweigleisigen Scheiteltunnel zu.

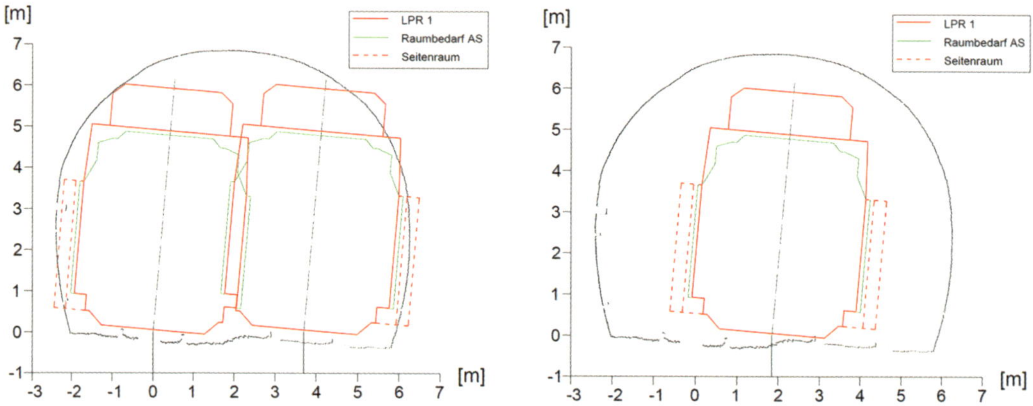

Abb. 29: Lichtraumbedingter Rückbau auf Eingleisigkeit am Beispiel Weinzettelwand-Tunnel.

Der enge Gleismittenabstand wiederum erfordert auch einen Rückbau der offenen Streckenabschnitte zwischen dem Bahnhof Semmering und Küb, wobei die Haltestellen Eichberg, Klamm-Schottwien, Breitenstein und Wolfsbergkogel als Zweispurinseln und damit Begegnungsmöglichkeiten verbleiben (Abb. 30).

REGIONALVERKEHR

Die wegen Instandhaltungsmaßnahmen im Basistunnel erforderliche Umleitung des Güterverkehrs nachts am Wochenende kollidiert rein zeitlich gesehen nicht mit dem Regionalverkehr.

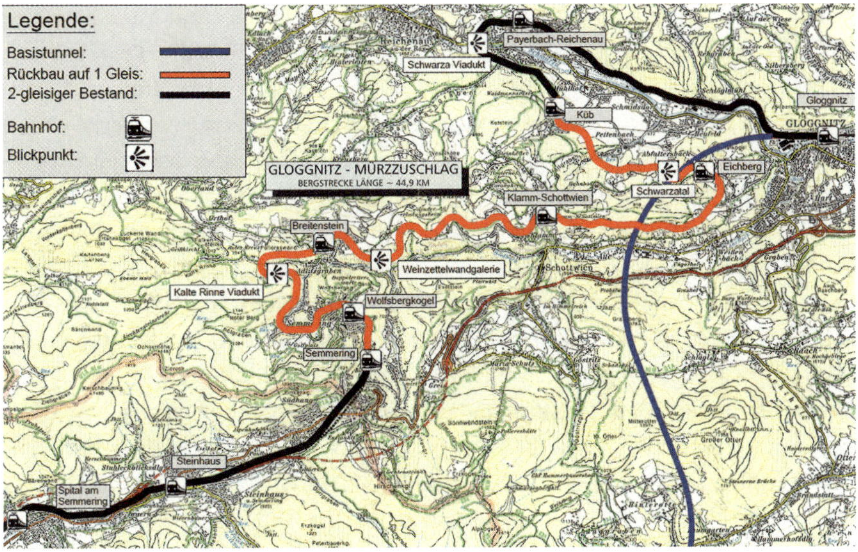

Abb. 30: Künftiger eingleisiger Abschnitt der Bergstrecke.

Regionalverkehr ist ein von Gebietskörperschaften zu bestellender Verkehr, da er eigenwirtschaftlich unter den gegebenen Randbedingungen nicht darstellbar ist. Die Bestellungen werden in sogenannten Verkehrsdiensteverträgen geregelt. Sowohl die Vorveröffentlichung der Verkehrsdiensteverträge Steiermark als auch jene der Ostregion sehen für die Semmering-Bergstrecke nach Eröffnung des Semmering-Basistunnels im Nahverkehr einen Zweistundentakt mit Verdichtern zur Hauptverkehrszeit vor. Die genaue Ausgestaltung ist hierzu jedoch noch offen und hängt wesentlich von den weiteren Infrastrukturentwicklungen rund um den Knoten Wiener Neustadt ab. Im Folgenden kann daher davon ausgegangen werden, dass Regionalverkehr über den Semmering künftig bestellt wird. Im Rahmen dieser Ausführungen soll auf die Frage der Machbarkeit eines attraktiven Regionalverkehrsangebots, unter dem Licht einer selektiv eingleisigen Semmering-Bergstrecke, eingegangen werden. Um die Frage etwaiger Einschränkungen des Regionalverkehrs durch die geplante selektive Eingleisigkeit beantworten zu können, ist als erster Schritt ein theoretisches Regionalverkehrskonzept auf Basis von Nachfrageprognosen zu erstellen. Dabei handelt es sich um ein betriebliches Konzept, das nicht auf Basis von Verhandlungen zur Bestellung derartiger Verkehre beruht, sondern es lediglich erlaubt, die betrieblichen Möglichkeiten aus infrastruktureller Sicht darzulegen. Dieser Teil der

Arbeit wurde mit Unterstützung des Instituts für Straßen- und Verkehrswesen der Technischen Universität Graz, unter der Leitung von Univ.-Prof. Dr.-Ing. Martin Fellendorf durchgeführt. Dabei wurde auf Basis von Raumstrukturdaten und einer Verkehrsangebotsmodellierung des öffentlichen Verkehrs auf Basis des Fahrplans 2016 und des motorisierten Individualverkehrs eine Nachfrageprognose erstellt. Diese wurde, nach Kalibrierung an Ist-Daten (2016), für den Prognosehorizont 2025 erweitert. Aufbauend auf der Modellierung wurden schließlich verschiedene Regionalverkehrsvarianten eingespielt, um die Effekte von Fahrplanverdichtungen im Hinblick auf das erforderliche Zusatzangebot und die sich ergebende zusätzliche Nachfrage darzustellen. So wurden einem Basisfall (Zweistundentakt) die Planfälle A bis C gegenübergestellt. Planfall A beschreibt dabei einen Zweistundentakt mit Taktverdichtungen in den Spitzenzeiten auf 30 Minuten, Planfall B eine generelle Verdichtung auf einen Stundentakt und Planfall C eine generelle Verdichtung auf einen 30-Minuten-Takt. Zu diesen Fahrplänen wurden auch die dazugehörigen Umlaufpläne entwickelt, um das erforderliche Angebot an Zugkilometern darstellen zu können.

Bei Umsetzung des Planfalls A steigen sowohl das Angebot an Zugkilometern als auch die Nachfrage um 33 %. Planfall B erfordert eine nahezu Verdoppelung des Angebots (+94 %), lässt aber eine Nachfragesteigerung von nur 65 % erwarten. Damit reduziert sich der Besetzungsgrad der Züge, die Effizienz des Angebots sinkt. Bei einem 30-Minuten-Takt setzt sich dieser Trend fort, einer Angebotssteigerung um 278 % stünde eine Nachfragesteigerung von bescheidenen 117 % gegenüber.

Aus der Analyse dieser Angebots-Nachfrage-Reaktionen wurde für den Regionalverkehr ein Zweistundentakt mit einer Taktverdichtung auf 30 Minuten in den Hauptverkehrszeiten als realistisch angesetzt. Dies ist jene Option, die auch in der Vorveröffentlichung der Verkehrsdiensteverträge der Steiermark und der Ostregion angesprochen wird. Für dieses Angebot wurde auf Basis der selektiv eingleisigen Strecke ein theoretischer Fahrplan erstellt. Damit kann nachgewiesen werden, dass dieser Fahrplan auch auf der künftig selektiv eingleisigen Bergstrecke abwickelbar ist. Die Fahrplanstabilität ist dabei durch Berücksichtigung entsprechender Fahrzeitreserven und Wendezeiten sichergestellt. In Abb. 31 ist ein Vorschlag für einen derartigen Regionalverkehr im Abschnitt Wiener Neustadt bis Mürzzuschlag in Form eines Bildfahrplans dargestellt. Dabei wird ersichtlich, dass planmäßig Zugbegegnungen im Bahnhof Neunkirchen, dem zweigleisigen Abschnitt zwischen Gloggnitz und Schlöglmühl, in der dafür vorgesehenen Zweispurinsel Eichberg, am Bahnhof Semmering und im zweigleisigen Abschnitt zwischen Spital/Semmering und Mürzzuschlag erfolgen.

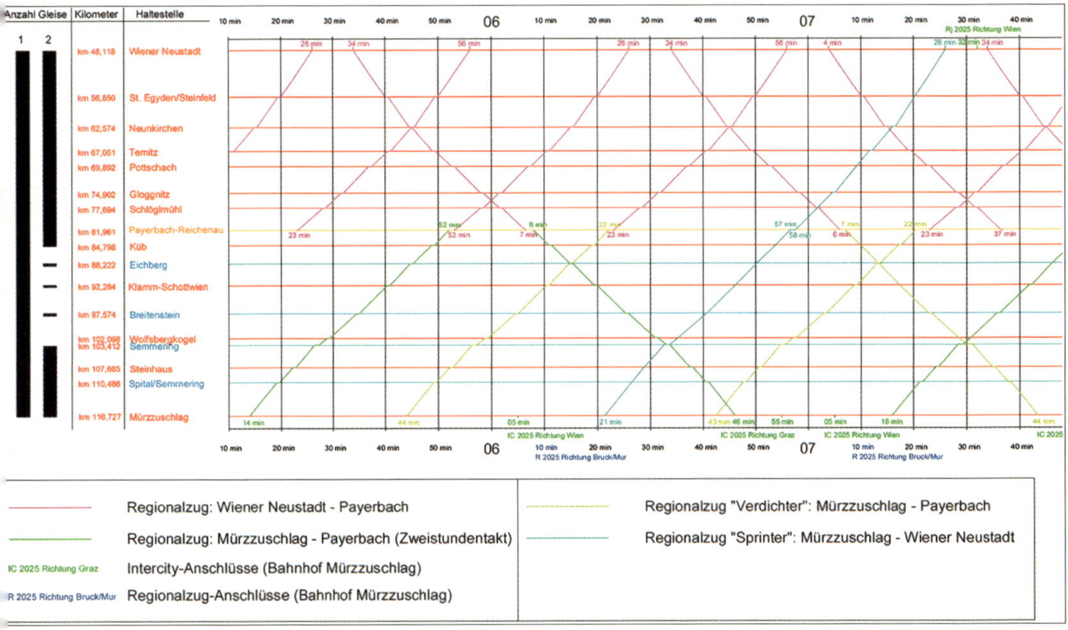

Abb. 31: Vorschlag für einen verdichteten Bildfahrplan des Regionalverkehrs im Abschnitt Wiener Neustadt–Mürzzuschlag in der Morgenspitze.

Diese Auswertung zeigt zudem, dass auch einer zukünftigen weiteren Verdichtung des Regionalverkehrs infrastrukturseitig nichts entgegensteht, da ein 30-Minuten-Takt in der Hauptverkehrszeit als machbar erkannt ist. Damit ist das Konzept des selektiven Rückbaus der Semmering-Bergstrecke als zukunftssicher anzusehen. Der Rückbau der Semmering-Bergstrecke auf eine eingleisige Strecke im Abschnitt Bahnhof Semmering bis Küb stellt unter Beibehaltung der Zweispurinsel Eichberg für den Regionalverkehr dabei keine Einschränkung dar. Zum Erhalt der betrieblichen Flexibilität wird empfohlen, auch die Zweispurinseln in Klamm-Schottwien und Breitenstein beizubehalten.

Dieses Konzept weist allerdings ein Problem auf: Vor Eröffnung des Semmering-Basistunnels ist ein selektiver Rückbau der Bergstrecke nicht vorstellbar. Mit Eröffnung des Semmering-Basistunnels sollte die teilweise rückgebaute Bergstrecke jedoch bereits zur Verfügung stehen, um die höchste Verfügbarkeit des Systems Südbahn zu ermöglichen. Dieser Rückbau erfordert Zeit, sind doch nicht nur ein Gleis abzutragen und das andere in die Mitte zu verschieben, sondern auch Anpassungen der Oberleitung, des gesamten Sicherungssystems und der Entwässerung erforderlich.

Es wird damit eine Phase geben, in welcher der Tunnel bereits in Betrieb ist und damit Instandhaltungsmaßnahmen erfordert sowie Umleitungsverkehre Einschränkungen erfahren müssen, da die Lichtraumproblematik der Bergstrecke noch nicht entschärft werden konnte. Diese Situation ist für eine relativ kurze Zeitspanne vertretbar – muss vertretbar sein –, da sie nicht zu verhindern ist. Da die Nachfrage für Transporte mit größerem Lichtraum auf der Südbahn mit der Eröffnung des Basistunnels aber nicht sprunghaft ansteigen wird, sondern ebenfalls über eine gewisse Zeitdauer wachsen wird, muss versucht werden, diese Zwischenphase abzuschließen, bevor die volle Nachfrageentwicklung in Richtung Großcontainer, Rollende Landstraße oder Doppelstockfahrzeuge im Personenverkehr wirksam wird. Dafür gibt es Zeit – Zeit, die eben dafür genutzt werden muss.

TOURISMUSANGEBOT

Als letzte Frage bleibt nun zu klären, ob neben dem Regionalverkehr auch Tourismuszüge betrieben werden können. Die Herausforderung dabei ist, diese Züge nicht im Taktschema zu führen, das wäre problemlos möglich. Vielmehr sollen Tourismuszüge bewusst längere Fahrzeiten aufweisen, um beispielsweise Fotostopps und Erklärungen zur Strecke an attraktiven Stellen zu ermöglichen. Als derartige Haltepunkte sind der Blick auf das Kalte-Rinne-Viadukt, die Weinzettelwandgalerie, der Blick ins Schwarzatal und jener auf das Schwarza-Viadukt besonders attraktiv (in Abb. 30 hervorgehoben). Sie bieten auch die Möglichkeit, über die technischen Leistungen in Bezug auf die Brückenbauwerke, die Tunnelabschnitte und ihre Errichtung und die Linienführung einzugehen. Es sei nochmals darauf hingewiesen, dass bei Eingleisigkeit der Bergstrecke in den vorgeschlagenen Abschnitten auch das Führen von Doppelstockfahrzeugen möglich wird. Beispielshaft wurde eine Fahrplantrasse von derartigen Tourismusangeboten auf ihre betriebliche Machbarkeit geprüft: So ist eine Tourismusfahrt beginnend in Mürzzuschlag (nach Besichtigung des Südbahnmuseums) um 10:00 Uhr, mit 30 Minuten Aufenthalt im Bahnhof Semmering (Ghega-Denkmal, Informationszentrum im Bahnhof), Start der Besichtigungsfahrt um 10:42 Uhr mit Halten an den erwähnten Blickpunkten und eine Ankunft in Payerbach um 11:38 Uhr trotz Regionalverkehrs konfliktfrei möglich. In die Gegenrichtung könnte der gespiegelte Ablauf mit Start um 12:15 Uhr in Payerbach und Ankunft in Mürzzuschlag um 13:58 Uhr erfolgen. Dieses Tourismusangebot könnte durch Kombination mit Wanderwegen an der Bahn ausgeweitet werden, wobei natürlich der Grundsatz, dass Passagiere Züge nur in Haltestellen verlassen dürfen, strikt eingehalten werden muss. Stopps an Aussichtspunkten sind Stopps bei „geschlossenen Türen". So könnte man den Zug beispielsweise in der Haltestelle Wolfsbergkogel verlassen, um die Wanderwege zum 20-Schilling-Blick oder der Doppelreiterwarte zu nutzen und die Fahrt in Folge mit einem Regionalzug fortzusetzen. Hier sollten attraktive Angebote angedacht werden. Aus infrastruktureller Sicht ist lediglich anzumerken, dass der verdichtete Fahrplan in der Morgenspitze derartige touristische Zugtrassen nicht erlaubt. Allerdings kollidiert die Morgenspitze ohnehin nicht mit Ausflugs- und Besichtigungsfahrten. Im restlichen Tagesablauf gibt es keine Einschränkungen.

Potenzielle Kunden für derartige touristische Angebote können nur durch attraktive Konzepte, auch überregionale Konzepte angesprochen werden, welche von der Region als Ganzes getragen werden müssen. Diesbezüglich ist in der Vorveröffentlichung der Verkehrsdiensteverträge auch von der Bestellung von Zusatzzügen im Freizeitverkehr die Rede. Zudem wird sich die Nachfrage als Wechselspiel mit den Angeboten entwickeln. Dabei ist es ein großer Vorteil, dass bereits anfangs Regionalzüge mit entsprechenden Informationen von Touristen genutzt werden können, ein Konzept und entsprechende Informationen vorausgesetzt. Bei entsprechender Nachfrage sind der Kreativität keine Grenzen gesetzt. Diese reichen von der Einreihung speziell entwickelter Wagen in Regionalzüge, welche an die Bedürfnisse von Touristen angepasst sind, bis hin zu den oben beschriebenen zusätzlichen „Tourismuszügen". Dass eine touristische Nutzung der Bergstrecke mit Eröffnung des Semmering-Basistunnels trotz Priorisierung des Regionalverkehrs und trotz infrastrukturell selektiv eingleisiger Strecke erstmals möglich wird, konnte nachgewiesen werden.

ZUSAMMENFASSUNG

Es gibt keinen Zweifel, dass die Semmering-Bergstrecke weiter erforderlich sein wird. Sie ist und bleibt ein integraler Bestandteil der neuen Südbahn mit dem Semmering-Basistunnel als Kernstück des Fernverkehrs zwischen Wien und Graz und darüber hinaus mit dem Koralmtunnel ein essenzieller Abschnitt des gesamten Baltisch-Adriatischen Korridors. Erst die Bergstrecke erlaubt eine hohe Verfügbarkeit der Südbahn auch während Instandhaltungsarbeiten in einer Tunnelröhre des Semmering-Basistunnels. Es besteht daher keine Notwendigkeit, die Strecke ausschließlich für Regional- und Tourismusverkehr zur Verfügung zu stellen, vielmehr ist sie für den Betrieb der Südbahn erforderlich. Der Regionalverkehr und ein etwaiges Tourismusangebot sind Zusatzangebote, womit die jedenfalls erforderliche Infrastruktur besser genutzt werden kann. Zudem wird dem Bahnverkehr, im Sinne einer Klimapolitik, mehr Gewicht zuwachsen, im Personenfern- und Güterverkehr wie auch im Regionalverkehr. Das wird mit dem von den ÖBB konsequent umgesetzten Taktverkehrskonzept unterstützt. Durch einen vertakteten Fernverkehr wird auch der Regionalverkehr in der Fläche attraktiv darstellbar.

Das Sahnehäubchen der Semmering-Bergstrecke sollte in Konsequenz ein touristisches Zugangebot sein, mit spezifischen Fahrzeugen, anfangs in Kombination mit dem Regionalverkehr und bei entsprechender Nachfrage auch als eigenes touristisches Angebot. Die Tatsache, dass es sich bei der Semmering-Bergstrecke um ein UNESCO-Weltkulturerbe handelt – und zwar nicht um ein Museum, sondern um eine in Betrieb stehende Verkehrsinfrastruktur –, sollte ausreichend Möglichkeiten bieten, mit einem attraktiven Angebot eine entsprechende Breitenwirkung und damit Nachfrage zu realisieren.

Die Zukunft der Semmering-Bergstrecke, um auf die Anfangsfrage einzugehen, ist daher als unerlässlicher Bestandteil der Südbahn als gesichert anzusehen.

LITERATURVERZEICHNIS

Flucher, Stefan: Betriebskonzept 2025+ für die Semmering-Bergstrecke. Masterarbeit am Institut für Eisenbahnwesen und Verkehrswirtschaft der Technischen Universität Graz, September 2016.

Karl Steininger[1]

DER SEMMERING ALS ORT DES KLIMADIALOGS

Der politische Diskurs verroht zunehmend. In den USA ist die Spaltung des Landes offensichtlich, aber auch in Europa, Österreich nicht ausgenommen, sind die Gräben innerhalb der Gesellschaft nicht wegzuleugnen, wenn es um zahlreiche entscheidende Fragen des alltäglichen Zusammenlebens geht. Krisen dominieren das mediale Geschehen und die persönliche Wahrnehmung vieler Menschen: Flüchtlingskrise, Corona-Krise, damit verbunden (aber nicht nur) die Wirtschaftskrise, die politische Krise der EU samt Brexit, Klimakrise, um einige zu nennen. Über viele Fragen, wie das persönliche Leben zu gestalten sei, besteht kein gesellschaftlicher Konsens mehr. Die Coronapandemie hat dies zum Teil schonungslos offengelegt. Moderne Kommunikationsmittel stehen en masse zur Verfügung, unbedarft könnte man denken, dass sich die Menschheit besser verständigen könnte denn je. Doch das Gegenteil scheint der Fall zu sein. Gerade in sozialen Medien scheint kein anregender Diskurs möglich zu sein, es dominieren stattdessen oftmals verbale Entgleisungen und Verunglimpfungen jenseits aller Benimmregeln.

Dies lässt sich anhand der Klimakrise gut demonstrieren. Damit Österreich die gesteckten Klimaziele erreicht, braucht es eine drastische Reduktion der Emissionen. Dies wird zum Teil über den Einsatz neuer Technologien möglich sein, zum anderen aber vor allem durch eine Umstellung der Lebensweise, die zu einer Ersparnis an Ressourcen und Zeit beiträgt und damit zu mehr Lebensqualität und gleichzeitig zu weniger Emissionen. Die Frage, wie es weitergeht, wie eine klimaneutrale Zukunft aussehen kann, wie sich diese Veränderungen gestalten lassen, erhitzt die Gemüter. Es ist eine Auseinandersetzung zwischen

1 Der Autor dankt Robert Lackner vom Wegener Center für Klima und Globalen Wandel für die Mitarbeit an der Entstehung dieses Beitrags sowie den Mitautorinnen und -autoren des Wegener Center Reports 91-2021 „The Economic Effects of Achieving the 2030 EU Climate Targets in the Context of the Corona Crisis – An Austrian Perspective", insbesondere Jakob Mayer (Universität Graz) für die Diskussion der darin verdichteten Perspektiven, auf denen dieser Beitrag ebenso aufbaut.

einzelnen Ländern, aber auch zwischen Generationen. Die Menschen fürchten Verbote, haben Angst, dass ihnen das Autofahren verboten wird, die Industrie fürchtet strenge Auflagen, die die Produktivität gefährden, die Wirtschaft bangt um Arbeitsplätze. Solche Ängste sind verständlich und zudem überwindbar, aber vor allem: Wenn wir ihnen folgen und nicht umsteuern, sind die Schäden viel fundamentaler als das, worauf sich diese Ängste beziehen. Fest steht: Grundlegende sozioökonomische Veränderungen traten in der Geschichte wiederholt auf und wiesen jeweils ein bestimmtes Muster auf. Der „Great British Leap" im 18. Jahrhundert, der „Victorian Boom" im frühen 19. Jahrhundert, die „Belle Époque" Europas, die „Progressive Era" der USA im späten 19. Jahrhundert und das goldene Nachkriegszeitalter der Massenproduktion sowie die von den USA angeführte Revolution in der Informations- und Kommunikationstechnologie – sie alle begannen mit einer „Einführungsphase", in der sich Nischenentwicklungen daranmachten, akzeptierte Gewohnheiten infrage zu stellen. In dieser Situation herrschte durchaus auch Verstörung, und viele gesellschaftliche Akteure nahmen die Chancen nicht aktiv wahr, ja bekämpften das Neue. Schließlich bildete sich eine kritische Masse, die die Gesellschaft an einen neuen Wendepunkt führte. Die darauffolgende „Phase der Entfaltung" führte zu prosperierenden Gesellschaften. Diese reichhaltige geschichtliche Erfahrung deutet darauf hin, dass die aktuelle Situation einen weiteren solchen Wendepunkt darstellen dürfte, der eine grüne und solcherart gelenkte digitale Zukunft einläutet.

Wie reibungslos eine Gesellschaft dahin gelangen kann und zu wessen und wie großem Nutzen bzw. Kosten, hängt eindeutig von der Art der Neugestaltung der gesellschaftlichen, institutionellen und politischen Rahmenbedingungen ab. Für ihre erfolgreiche Implementierung braucht diese Rahmung eine möglichst breite Basis, die Mitentwicklung durch alle betroffenen Akteursgruppen. In dieser können alle unterschiedlichen Perspektiven und Fakten zusammengeführt werden. Den Fokus in solchen Dialogen gilt es auf die Lösung zu legen, nicht bei Gewinnern und Verlierern stecken zu bleiben, sondern in der Lösung auch auf die Verteilung zu achten. Es braucht gut vorbereitete und verantwortungsvoll gestaltete Dialog-Plattformen (Foren des Stakeholder-Engagements). Solche Dialoge ermöglichen Vielfalt und führen uns alle aus klassischen „Silos" heraus, es gilt darin eine hohe Qualität des Austausches und eine gewisse Verbindlichkeit und damit Mitverantwortung aller Beteiligten sicherzustellen. Mit einer Strukturierung dieses Austausches, sodass sich Lösungen ergeben, wird sichtbar: Es ist der echte Dialog zwischen allen Beteiligten, der Veränderungen erleichtert oder überhaupt erst ermöglicht, auch im Bewusstsein und im gegenseitigen Verständnis, gerade auch darin, wie andernfalls mit Verlierern umgegangen wird. Und dieses gegenseitige Verständnis ist es vor allem, was hier gebraucht wird.

Wie können wir uns also aus diesem Dilemma befreien, wie lassen sich die großen Fragen, die im Kleinen zu gravierenden Auseinandersetzungen führen können, beantworten? Wie können wir Lösungen für eine gelungene Zukunft finden, die durch Veränderungen bedingt sind, die den Menschen Angst machen? Klar ist, dass es einen großen Bedarf an echten Dialogplätzen gibt, an denen wir gemeinsame Zukunftsvisionen entwerfen können. Für die Klimaforschung und Österreich könnte ein solcher Dialogort am Semmering entstehen. Denn schon aufgrund seiner geografisch hervorragenden Lage an der Grenze zwischen Niederösterreich und der Steiermark bietet er sich als idealer Treffpunkt für Angehörige der in diesen Bundesländern sowie Wien ansässigen Hochschulen, außeruniversitärer Forschungseinrichtungen, aber auch der Verwaltungseinrichtungen des Bundes und der Länder an, um sich in Abgeschiedenheit und freier, unberührter Natur bedeutenden Fragestellungen zu widmen. Denn gerade für komplexe Sachverhalte bedarf es manchmal der Denkräume abseits und fernab der konventionellen Begegnungszonen, um zu zielführenden Ergebnissen zu kommen. Ein solch ungewöhnlicher Denkraum könnte am Semmering geschaffen werden, in Form eines internationalen Forschungs- und Begegnungszentrums. Die große gesellschaftliche Herausforderung ist die Klimafrage, in Österreich wie in Europa sind besonders große Fragen dafür im Bereich der Mobilität zu lösen, für die der Semmering vielfältige historische Erfahrung bietet. Insofern liegt als Fokus ganz besonders nahe: Forschungs- und Begegnungszentrum für Klima und klimaneutrale Mobilität.

Dieses Zentrum versteht sich als innovatives Vorhaben, an dem einerseits Expertinnen und Experten aus Wien, Niederösterreich, der Steiermark und anderen Bundesländern regelmäßig zusammenkommen, aber auch internationale Wissenschaftlerinnen und Wissenschaftler sich für eine bestimmte Dauer als Researchers in Residence niederlassen und in Ruhe an einer bestimmten Thematik arbeiten können. Durch diese Doppelschiene in der Ausrichtung ist ein fruchtbares Umfeld geschaffen, zukunftsweisende Projekte zu erarbeiten. Für viele internationale Wissenschaftlerinnen und Wissenschaftler ist der Semmering mit seiner Geschichte, seiner Natur, dem UNESCO-Weltkulturerbe der Semmeringbahn ein besonders attraktiver Platz für Schreib- und Denkzeit. Dies umso mehr, wenn sie sich in einem Forschungs- und Begegnungszentrum wissen, an dem sie auf Kolleginnen und Kollegen treffen können, die an denselben Grundfragen arbeiten. Umgekehrt ist der Semmering für die in Österreich tätigen Forscherinnen und Forscher damit nicht nur als simpler Retreat-Ort attraktiv, sondern eben auch, weil er gute Gelegenheit zum internationalen Austausch bietet. Bestimmte Wochen im Jahr werden sich herauskristallisieren als spezifischen Themen gewidmet und in ihrem Umfeld werden sich einschlägige Projekt-Retreats ansiedeln.

Dabei kann, soll und wird der interdisziplinäre Austausch im Mittelpunkt stehen – und damit auch das eigentliche Problem und nicht bloß die eigenen Ideen davon. Mit einer entsprechenden Gestaltung ließe sich dieser Austausch auf die im Klimabereich so besonders erforderliche auch transdisziplinäre Zusammenarbeit ausweiten, also auf die integrative Einbeziehung der letztlichen Nutzer der Forschungsergebnisse (der sogenannten Stakeholder) – den Mitarbeiterinnen und Mitarbeitern von Industrie- und Energie-Unternehmen, der Verwaltung, der Politik oder von NGOs. Wenn es gelingt, eine solche Kultur auch auf dem Semmering einzuführen, in Gestalt eines Dialog-Centers zur Bewältigung der Klimakrise, wäre Österreich hier einen wichtigen Schritt näher seinem Ziel einer nachhaltigen Entwicklung im Sinne der „Sustainable Development Goals“ (SDGs) der Vereinten Nationen.

Erweitert könnte eine solche Einrichtung zudem um ein Museum werden, das als Anziehungspunkt für die Gesellschaft als Ganzes dient und vor allem auch Kinder und Jugendliche anspricht – also die junge Generation unseres schönen Planeten, deren Zukunft die Klimakrise am meisten bedroht und denen wir Lösungen im Ummünzen von Krise in Chancen dringend schuldig sind. Ein Museum, das heranführt, zentrale Fragen zu stellen, das Lösungsoptionen aufzeigt, wovon einige – direkt mit dem Schritt aus dem Museum vor dessen Tür – schon sichtbar werden, etwa durch ein klimaneutrales Mobilitätssystem, mit dem die Besucher sogleich aktiv Erfahrung sammeln. Hier sind die Grenzen dann fließend zwischen Zukunftsvision und Realität. Das Forschungs- und Begegnungszentrum wie das damit verbundene interaktiv gestaltete Museum: Andockstellen nicht nur für die Scientific Community, sondern vor allem auch ein Hub für weitere Projekte und Umsetzungen mit Politik und Zivilgesellschaft. Kurz: mit den Menschen, für die im Klimadialog Zukunft gestaltbar wird!

Abb. 32: Speisesaal im Südbahnhotel Semmering – geeignet für Wissenschaftstagungen.

Matthias Pöschl

HAUS DER BEWEGUNGEN

Das Museum als Ort zukünftiger gesellschaftlicher Bewegungen, Begegnungen und Perspektiven am Semmering

Ein klassisches Konzept zur Gründung eines Museums darzulegen wäre an dieser Stelle wohl töricht. Es wäre vielmehr ein Fortführen einer Tradition, welche Museen – wie die COVID-19-Pandemie gezeigt hat – noch weiter aus dem Bild der Öffentlichkeit drängen würde. Eine Museumsgründung nach den klassischen Parametern wäre demnach nur ein Unterfangen, das kurz gesagt inhaltlich nicht mehr zeitgemäß ist. Auch der Ansatz, alles neu zu denken, ist genauso falsch, wie alles beim Alten zu belassen. Es bedarf vielmehr eines Verschmelzens von Tradition und progressivem Ethos. Wie aber könnte ein neuer potenzieller Weg aussehen, den man einschlagen könnte, um einerseits die gesellschaftlich wichtigen Aufgaben eines klassischen Museums wahrzunehmen, andererseits wiederum stärkere Aufmerksamkeit zu erlangen, um als sozialer Ort, als sogenannter *Ort zum Sein*, wahrgenommen zu werden? Hierbei handelt es sich um eine Frage, die nicht einfach zu beantworten ist, deshalb wird diese anhand der Idee einer Museumsinstitution dargebracht – dem Konzept für das *Haus der Bewegungen* am Semmering.

AUFBRECHEN UND NEU ORDNEN

Um das Museum zu einem lebendigen Ort der Vielfalt und des kulturellen Austausches zu machen, ist es unumgänglich, gewisse Mechanismen eines klassischen Museums zu hinterfragen und gegebenenfalls zu ändern. Was ist also notwendig, um ein Museum zu einem agilen Organismus zu machen, in dem sich Menschen wohlfühlen und gerne Zeit verbringen?

Die Museen, wie wir sie heute kennen, basieren meist auf der Sammelleidenschaft oder dem Geltungsdrang einiger weniger, die damit ihren gesellschaftlichen Status zeigten. Diese Form der Repräsentation zeigte sich in geistlichen und weltlichen Schatzkammern sowie Wunderkammern, welche als der Ursprung des Museums angesehen werden können und deren Kern eine Sammlung bildet.[1] Die Sammlung und damit auch das Museum ist als das Ergebnis unzähliger Entscheidungsprozesse zu sehen, die bestimmen, was in die Sammlung aufgenommen und präsentiert wird.[2] Dieser repräsentativ geprägte Gedanke der Sammlung beeinflusst nicht nur das Wirken der entsprechenden Museen, sondern stellt auch gewissermaßen deren Reglementierung dar. Hingegen sind Ausstellungen auf die Darbietung von Waren, wie zum Beispiel auf mittelalterlichen Marktständen, zurückzuführen.[3] Bezieht man sich auf die Herkunft des Museums und der Ausstellung, ist es interessant zu sehen, dass laut einer Studie mit Jugendlichen das Museum statischer und altmodischer gesehen wird als die Ausstellung, die als aktiv wahrgenommen wird. Jugendliche bewerten ein Museum/eine Ausstellung dann positiv, wenn für sie relevante Themen dort bearbeitet werden.[4]

Die Behausung des Museums ist ein Repräsentant des Kultursystems, verweist auf den Inhalt und schafft den Rahmen für die Erfahrungen der Besucher und Besucherinnen. Rahmen bedeutet in diesem Zusammenhang die Einstellung gegenüber der Bereitschaft *Kultur* zu beobachten. [5]

Demnach sind Museen Institutionen, die meist durch zwei Einheiten eingeschränkt werden: einerseits durch die Sammlung und andererseits durch das Museumsgebäude. Hierbei stellt die Sammlung den zentralen Bestandteil dar, da sich das Museum nach ihr ausrichtet.

Betrachtet man in weiterer Folge Gemeinde- oder Regionalmuseen, so sind diese durch die Sammlung meist gleich strukturiert und zeigen den wiederkehrenden Besucherinnen und Besuchern die bereits bekannte Ausstellung ein weiteres Mal. Sonderformate, eine veränderte wissenschaftliche Aufarbeitung oder Ankäufe, sind durch die finanzielle Position oft nur bedingt möglich. Folglich wird sich auch die Erfahrung der Besucherinnen und Besucher durch erneute Besuche nicht maßgeblich verändern.

---

1 Vgl. Krzysztof Pomian: Der Ursprung des Museums. Vom Sammeln, 4. Aufl., Berlin 2013, S. 13 ff.

2 Vgl. Niklas Luhmann: Die Kunst der Gesellschaft, Frankfurt am Main 1997, S. 212.

3 Vgl. Erika Thümmel: Die Spräche der Räume. Eine Geschichte der Szenografie, Basel 2020, S. 13.

4 Vgl. Martin Tröndle: Nicht-Besucherforschung. Audience Development für Kultureinrichtungen, Wiesbaden 2019 S. 23.

5 Vgl. Luhmann, Gesellschaft, 1997, S. 249.

Abbildung 33: Zentralbibliothek in Helsinki.

Dass diese Institutionen, zu denen auch Bibliotheken gehören, nicht starr und unbeweglich bleiben müssen, zeigt sich am Beispiel der finnischen Zentralbibliothek. Sie wurde als ein *Ort zum Sein* geplant und auch so umgesetzt, denn sie bricht die klassischen Strukturen auf, ohne ihre ursprüngliche Funktion zu vernachlässigen. Gemeinsam mit den Bewohnerinnen und Bewohnern der Stadt wurde dieser Ort auf Basis ihrer Wünsche und Bedürfnisse konzipiert. Die dazu nötigen Ideen und Träume wurden bei Events und Workshops sowie über Websites und verschiedene Kampagnen gesammelt, um eben diesen Rahmen zu schaffen.

Das Resultat dieses partizipativen Prozesses ist eine Bibliothek mit einer dynamischen Sammlung, die um die 100.000 Bücher beherbergt. Des Weiteren verfügt diese Institution über Anlaufstellen der Europäischen Union und der Stadt Helsinki, Werkstätten für digitale Arbeitstechniken sowie Musik- und Filmstudios. Es werden offene Arbeitsplätze angeboten, an denen die Bürgerinnen und Bürger sich gegenseitig beim Umgang etwa mit Nähmaschinen und Computern helfen sowie Räume für Treffen von Interessengruppen verschiedenen Umfangs. Auch eine Nachbarschaftsküche befindet sich in diesem Bau.[6]

Durch das Einbinden der Besucherinnen und Besucher der Stadt Helsinki hat sich gezeigt, dass die Bibliothek zu einem sozialen Ort wurde, an dem Menschen genau das (erhalten) erleben, was sie (brauchen) interessiert, und nicht, was eine Bibliothek als klassische Institution ihnen (im ersten Moment) anbieten würde.

Folglich muss ein Museum als ein *Ort zum Sein* mehr darstellen/anbieten als ein hübsch gestaltetes Gebäude oder eine schöne Ausstellung. Es muss auf die Bedürfnisse der Besucherinnen und Besucher eingehen.

DER SEMMERING UND SEINE GESELLSCHAFT

Wie aber kann auf die Museumsbesucherinnen und -besucher eingegangen werden und warum eignet sich genau die Semmering-Region dafür? Die (noch nachhallende) Glanzzeit der Semmering-Region lag im auslaufenden 19. und beginnenden 20. Jahrhundert. Hiervon zeugt die architektonische Landschaft samt Grandhotels und Villen, die diesen Glanz vergangener Zeiten repräsentieren, den sie als kulturellen Mythos bis in die Gegenwart tragen. Der Mythos bildet sich zudem aus den Veränderungen, die diese Region geprägt haben. Nennenswert sind etwa die Erschließung der Region, die verschiedenen Gesellschaften, welche hier verkehrten oder schlicht die verschiedenen Reiserouten, die von fern her den Semmering schneiden. Die sogenannte gehobene Gesellschaft Wiens, Ungarns sowie Osteuropas als auch die jüdische Bevölkerung bildeten das Kernpublikum der Semmering-Region. Die Entwicklung zu dem, was die Region heute ist, war erst durch die Erschließung mittels Semmeringbahn möglich, einem *„hochkulturellen"* Andenken des Bürgertums und des Adels.[7] Eine Errungenschaft, die wie in den meisten Fällen nur auf Kosten anderer möglich war.

So zeigt die Semmeringbahn zum Beispiel einerseits den glorifizierten Triumph der Technik, aber auch gleichzeitig, wie es bereits Ferdinand von Saar in seinem Werk *Die Steinklopfer* beschrieb, die menschlichen Opfer, die dabei in Kauf genommen wurden. Es wird hierbei sichtbar, dass Wohlstand nie ohne diese Ambivalenz zu betrachten und zu bewerten ist. Diese Form der gesellschaftlichen Ungleichheiten, die zwischen verschiedenen *„Klassen"* unterschei-

6 Vgl. https://www.oodihelsinki.fi/, letzter Zugriff: 13.12.2021.

7 Vgl. Wolfgang Kos: Der Semmering. Eine exzentrische Landschaft, Salzburg/Wien 2021, S. 7ff.

den, sind bis heute Parameter, die oft unbeachtet bleiben. Es geht grundlegend um die Frage von Gesellschaft an sich, was sie einst bewegte und was sie zukünftig bewegen wird; wie wir leben wollen und leben werden oder wie wir arbeiten und arbeiten werden. Das macht deutlich, dass die Semmering-Region nicht nur unter einem touristischen und historischen Blickwinkel zu betrachten ist, sondern auch unter einem gesellschaftlichen: der Semmering als Repräsentant der Gesellschaft.

SAMMLUNGS- UND AUSSTELLUNGSKONZEPT

Basierend auf der lokalen Kontextualisierung folgt die Sammlung dem Anspruch, die Gesellschaft und Themen aus ihr zu repräsentieren. Diese Form der Repräsentation ist insofern wichtig, als unser aller Leben durch Faktoren bestimmt wird, die meist verborgen sind und/oder verdrängt werden. Das bedeutet, dass die Themen, die eine Gesellschaft bewegen, bearbeitet und in Wechselwirkung zu ihr dargebracht werden.

Abb. 34: Modell zur thematischen Ausrichtung der Sammlung.[8]

8 Die dargelegte Grafik versucht, die gesellschaftliche Positionierung der Sammlung anhand der von Bourdieu geprägten Begrifflichkeiten der verschiedenen Kapitalarten zu erläutern. Hierbei wird das Augenmerk auf das ökonomische und kulturelle Kapital ge-

Des Weiteren ist es wichtig, dass sich Menschen im Museum repräsentiert fühlen. Aus diesem Grund werden Themen aller kulturellen und ökonomischen Schichten bearbeitet und als gleich wertvoll sowie ausstellenswert erachtet. Orientierung bieten die aktuellen Fragen der Menschen. Sie bilden den Kern der Sammlung. Daraus leitet sich ab, dass die Fragen, die eine Gesellschaft bewegen und ihr wichtig sind, die zentralen Fragen der Sammlung und der damit verbundenen Sammlungsarbeit darstellen.

DAS MUSEUM ALS OBJEKTE-GEFÄNGNIS

Die klassische Sammlung eines Museums hat für Objekte das Verschwinden aus dem ökonomischen Kreislauf zur Folge. Die ersten Objekte, die aus der alltäglichen Verwendung und dem ökonomischen Gebrauch entfernt wurden, waren Grabbeigaben und Opfergaben an heiligen Orten.[9]

Die in einem Depot gelagerten Objekte sind weder für den ökonomischen Kreislauf greifbar noch für den wissenschaftlichen und kulturellen, da diese zu einem großen Teil kaum digitalisiert und demnach auch außerhalb des Systems *Museum* nicht verwendet werden können.

AGILE SAMMLUNGEN

Wie zuvor ausgeführt, ist die Sammlung der zentrale Bestandteil eines Museums. Die meisten Objekte der Sammlung sind in Depots oder Archiven gelagert und der Öffentlichkeit kaum zugänglich. Sie wurden zwar aus dem ökonomischen Kreislauf genommen – sind unveräußerlich –, aber dennoch von wissenschaftlichem Interesse und sollten daher der Forschung zugänglich gemacht werden. Auf dieser Annahme basiert ein neues Sammlungskonzept, welches den größten

---

legt und in ein Kräfteverhältnis zur Gesellschaft gesetzt. Bourdieu unterscheidet in drei Kapitalsorten: das ökonomische, das kulturelle und das soziale Kapital. Das ökonomische Kapital beschreibt das Verhältnis zu Geld, Eigentum und Besitz hingegen das kulturelle Kapital zu Wissen, Bildung und Bildungstiteln. Das soziale Kapital ist als ein Ausdruck des Beziehungsnetzwerks zu verstehen und wird in der Darstellung durch den Gesellschaftsbegriff repräsentiert. Denn bei Gesellschaften handelt es sich um verschiedene Gruppen, die sich innerhalb der Gesellschaft wiederfinden und in Beziehung stehen.

9 Vgl. Pomian, Ursprung 2013, S. 20.

Teil der Sammlung an Netzwerkpartner wie Forschungsinstitutionen, Universitäten und andere Museen auslagert.

Das heißt, die Objekte des neu entstehenden Museums *Haus der Bewegungen* sind nicht in einem Depot verwahrt, sondern werden als Leihgaben an Netzwerkpartner weitergegeben, die dafür Verantwortung übernehmen. Diese Netzwerkpartner haben neben der wissenschaftlichen und kulturellen Arbeit mit dem Objekt auch die Aufgabe, besagtes Exponat weiterzugeben, wenn es von Dritten gebraucht wird. Die Weitergabe von Generation zu Generation, von Gesellschaft zu Gesellschaft, trägt neben der Forschungsarbeit und der Wissensweitergabe auch zur Schaffung von allgemeinem Bewusstsein über Bewegungsprozesse bei. Die wesentliche Forschungstätigkeit/-arbeit soll nicht im Museum passieren, sondern mit und bei den Netzwerkpartnern. Hierbei sollen nationale und internationale Hochschulen sowie verschiedene Forschungseinrichtungen ihren Beitrag leisten.

SELBSTPRODUZIERENDE SAMMLUNG

Museale Sammlungen sind meist starre Konstrukte, die das Überbleibsel einer Sammelleidenschaft darstellen. Solche Objekte sind das Resultat von Sammlungsaufrufen oder Ankäufen und bereichern eine Sammlung. Es wird davon ausgegangen, dass etwas vorhanden sei, das den Bestand einer Sammlung formt und durch wissenschaftliche Aufarbeitung eine Schausammlung oder Ausstellung konstruiert werden kann.

Was aber, wenn es diesen Bestand de facto nicht gibt? Die Grundidee der selbstproduzierenden Sammlung ist es, von einem starren Sammlungsapparat abzusehen. Die Funktionsweise dieser Selbsterzeugung basiert auf dem Zusammenwirken von drei Residence-Programmen. Hierbei werden Wissenschaftlerinnen und Wissenschaftler, Designerinnen und Designer und Künstlerinnen und Künstler zusammengebracht, um Objekte, Informationen und Installationen zu einem übergeordneten Forschungsthema zu erzeugen und als temporäre Ausstellung in Zusammenarbeit mit dem kuratorischen Team zu präsentieren. Die dadurch entstandenen Objekte werden Teil der Sammlung des Museums und nach Ablauf des Ausstellungszeitraumes an Netzwerkpartner ausgelagert. Die zuvor genannten Einheiten haben keinerlei Bezug zum ökonomischen Kreislauf der Güter, da sie nie für diesen konstruiert wurden, erhalten jedoch ihren Wert im wissenschaftlichen und kulturellen Kreislauf.

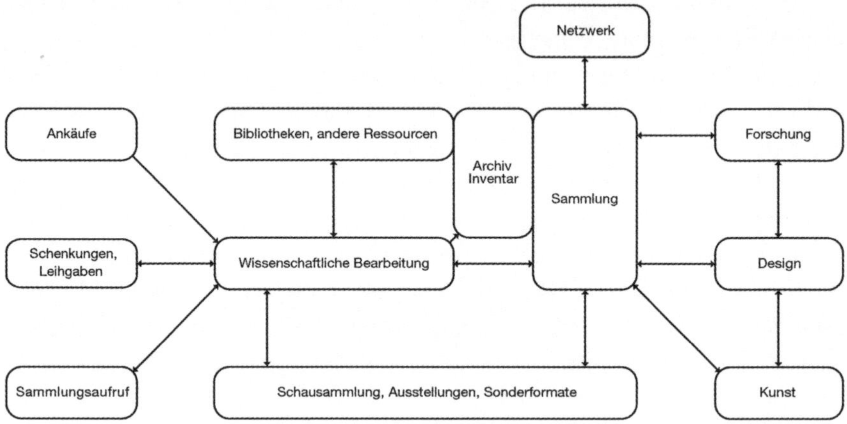

Abb: 35: Funktionsweise „Haus der Bewegungen".

Die inhaltliche Ausrichtung basiert auf der Repräsentation der Gesellschaft und ihres Zustandes. Diesem Konzept wohnt die Agilität einer Gesellschaft inne und sollte sich demnach auch wie eine solche verhalten. Was eine Gesellschaft bewegt und was ihr wichtig ist, sind demnach die zentralen Fragen der Sammlung und der damit verbundenen Sammlungsarbeit.

Das Endprodukt stellt eine Ausstellung dar, deren Inhalt offen ist und dem Zusammenspiel des Residence-Progammes, den Netzwerkpartnern und dem kuratorischen Team obliegt. Es kann somit alles ein Sammlungsobjekt sein, solange es sich mit den aktuellen Themen einer Gesellschaft in Bezug auf ihre Bewegungen und Transformationsprozesse beschäftigt. So kann das Immaterielle auch Teil des Rahmenprogramms sein, wie zum Beispiel ein Theaterstück, eine Performance, ein Konzert etc., welches im Rahmen der Ausstellung aufgeführt wird. Was ausgestellt und dargebracht wird, ist also nicht abhängig von stereotypen Vorstellungen, was in ein Museum gehört, sondern vielmehr davon, wie man etwas darstellt bzw. was nötig ist, um das Thema und den damit verbundenen Inhalt zu vermitteln.

Dieses neu gedachte Sammlungskonzept lässt bewusst einen Spielraum offen, da der Diskurs und die daraus resultierenden Positionen, wie eine Gesellschaft zu ihrer Geschichte, Gegenwart und Zukunft steht, sich stetig verändern.

Was aber wird nun ausgestellt? Hier sind die Themen, die eine Form von Bewegung repräsentieren, im Fokus der Ausstellungsarbeit. Es wäre nicht nur der Verkehr ein Ansatzpunkt, welcher sich durch die Nähe der Semmering-Bergbahn ergeben würde. So wären auch die Entwicklungen ab 1938 oder von Angehörigen verschiedenster Nationalitäten, die ihre Sommerfrische am Semmering verbrachten, sowie der Sport/Wintersport, der Menschen begeistert und bewegt, denkbar. Weiters könnten neuere Bewegungen des Protests, wie etwa Fridays for Future und die aufkeimende Debatte über das koloniale Erbe der europäischen Gesellschaft bearbeitet werden. Auf die Frage, was ein Exponat oder Sammlungsobjekt sein kann, gibt es keine Antwort, da es nicht mehr um die Ordnung der Objekte nach Gattung oder Materialität geht, sondern nach einer thematischen Ausrichtung. So können Kunstwerke neben Gebrauchsobjekten stehen oder ein Film neben einem Möbelstück gezeigt werden. Der Anspruch sollte es sein, dem Thema gerecht zu werden und nicht eine Darbietung des Größten, Besten oder Teuersten zu liefern. Das System der Exponate orientiert sich folglich an dem übergeordneten Thema und dem bewusst konstruierten Kontext, den die Exponate durch ihre Kombination erzeugen. In diesem Sinne können zum Beispiel Protestbewegungen nicht nur durch das fotografische Medium gezeigt werden, sondern auch durch (die Kombination von) Objekte(n) des Alltags, wie zum Beispiel eine Warnweste, welche stellvertretend für die Gelbwestenbewegung in Frankreich stehen kann oder Protestschilder der Fridays for Future-Bewegung. Es stellt sich hierbei die Frage, welche neuen Perspektiven mit den aktuellen Themen im Kontext geschichtlicher und zukünftiger Prozesse erzeugt werden können. Es geht nicht (rein) um das Belehren einer Gesellschaft, sondern um das Bewusstwerden darüber, was sie umgibt und bewegt.

DAS MUSEUMSGEBÄUDE

Das *Haus der Bewegungen* ist in drei Bereiche gegliedert: Eine multimediale Ausstellungsfläche mit dazugehörigem Café und Shop, Büroräumlichkeiten und Studios und zuletzt ein Depot mit Archiv und Bibliothek. Ein Park umgibt das Museum und lädt nicht nur zum Verweilen ein, sondern er kann auch für Veranstaltungen genutzt werden. Das Museumsgebäude als Behausung der Institution fügt sich harmonisch in die Landschaft ein und ist für alle Gesellschaftsgruppen zugänglich. Die Architektur des Bauwerks kann abschreckend auf Besucherinnen und Besucher wirken, wenn es durch historischen Prunk oder moderne Dominanz als reglementierende Einheit wahrgenommen wird. Es wird daher wichtig sein, die Wirkmächtigkeit des gesellschaftlich wahrgenommenen Museumsbildes vorangegangener Zeiten aufzubrechen und abzubauen, denn nur so können Rahmenbedingungen für eine gesellschaftliche Inklusion geschaffen werden.

PRÄSENTATION, ZUGÄNGLICHKEIT, VERMITTLUNGS- UND RAHMENPROGRAMM

Die Ausstellungen im *Haus der Bewegungen* wechseln alle sechs Monate und sind wie folgt strukturiert: Um das Residence-Programm auf das leitende Thema der kommenden Ausstellung abstimmen zu können, werden die Ausstellungen versetzt zueinander geplant. Aus der nachstehenden Aufarbeitung des Themas durch das Zusammenspiel des Residence-Programmes, der Netzwerkpartner und dem kuratorischen Team werden die notwendigen szenografischen und immersiven Maßnahmen getroffen, um die Ausstellungsgestaltung zu entwickeln. Dabei ist die Form der Präsentation/Darbietung ein wichtiger Baustein.

Wie etwas wahrgenommen wird, ist eine zentrale Frage im Diskurs um Ausstellungen und Museen als konstruierte Foren. Die Form der Präsentation und des Zugänglichmachens sind demnach wichtige Aspekte, die zu einem Museum zählen, denn erst dadurch kann der Inhalt einer Ausstellung oder Schausammlung für die Besucherinnen und Besucher verständlich gemacht werden. So kann kulturelle Teilhabe an der Sammlung, der Sammlungspräsentation und der Ausstellung ermöglicht werden. Die Ausstellungsgestaltung sollte den zeitgemäßen ökologischen Anforderungen entsprechen und gegebenenfalls auch wiederverwendbar sein, um nachhaltig zu agieren. Das immersive Erlebnis steht im Fokus der Gestaltung. Hierbei ist gemeint, dass sich die Menschen im dargebrachten Thema und der Gestaltung verlieren, darin zur Gänze eintauchen können, wodurch sich eine emotionale Ebene auftut, die im besten Fall positive Erinnerungen bei den Besucherinnen und Besuchern hinterlässt.

Sonderformate werden durch szenografische Interventionen außerhalb des Museums Teil der Natur und der Semmering-Region, sodass die Besucherinnen und Besucher, auch ohne sich im Museum zu befinden, eine Situation der Konfrontation erleben. Die Bekanntmachung der Rahmenveranstaltungen soll durch Partnerinstitutionen erfolgen, um die Besucherinnen und Besucher zu informieren und Bewusstsein für die Institution und deren Angebot zu vermitteln.

Ein Museum muss sich in Zukunft nicht mehr rein um die Vermittlung durch die Ausstellung und die zusätzlichen erklärenden Medien kümmern, sondern vermehrt darum, wie es zu einem Erlebnis wird, das einen nachhaltigen Eindruck hinterlässt. Auch die Fragen, ob eine Ausstellung nur vor Ort erlebbar ist oder wie immersiv/digital das Erlebnis Museum in Zukunft gestaltet werden kann, sind zentrale Überlegungspunkte bei der zukünftigen Ausrichtung von Museen. Hierbei werden Führungen durch Vermittlungspersonal sowie Expertinnen und Experten sowie Künstlerinnen und Künstler angeboten, um dadurch eine Kontextualisierung der Ausstellung aus verschiedenen Blickwinkeln zu ermöglichen. Auch das Erweitern des Dargebrachten durch andere mediale Formate wird wichtiger Bestandteil des Vermittlungs- und Rahmenprogrammes sein. Hierbei wird das Museum als ein Ort begriffen, der kulturell agiert, um ein gesellschaftliches Zentrum in der Region zu bilden. Das Rahmenprogramm fügt sich aus verschiedenen Eventformaten zusammen, welche aus Theaterstücken, Konzerten, Lesungen, Diskussions- und Filmabenden, Workshops u. a. bestehen, um das Museum neben der Ausstellung zu einem viel frequentierten Ort zu machen, der nicht nur für die Touristen und Touristinnen, sondern auch für die Menschen aus der Region ein Zentrum sein soll.

Im besten Fall bildet sich aus den Museumsbesucherinnen und -besuchern eine aktive Gruppe, die sich auch gemeinschaftlich als solche sieht und damit Teil eines sozialen Gefüges innerhalb des Museums wird; folglich zu einer Gruppe ohne Hierarchien und Vorurteilen, wodurch es zu Interaktionen zwischen den Besucherinnen und Besuchern kommen kann. Dieses Wir-Gefühl kann als Verstärkung des Erlebnisses *Museum* wahrgenommen werden, wenn es an positive Erlebnisse geknüpft wird.

Im Vergleich zu Gemeinde- und Regionalmuseen wird demnach deutlich, dass ein Museum nur in den seltensten Fällen zu einem sozialen Zentrum wurde, weil schlicht auf die Bedürfnisse der Menschen vergessen wurde. Da die meisten dieser Museen nur politisch oder durch einzelne Individuen persönlich motiviert sind, enthalten sie auch keinen sozialen Faktor, der die Bedürfnisse und Wünsche der Bewohnerinnen und Bewohner beinhaltet.

AUSBLICK

Zusammengefasst sind Museen, von ihrem geschichtlichen Ursprung her betrachtet, nicht nur Orte des Sammelns und Ausstellens, sondern auch soziale Räume. Diese sind ein Ort des Diskurses, der Interaktion und der Kommunikation. Ausgehend von dieser Funktion ist es folglich notwendig, dass Museen verstärkt zu einem Ort gesellschaftlicher Interaktion und Repräsentanz werden.

Das Bild, dass es sich bei Museen um reservierte Institutionen handle, muss daher aufgebrochen werden, um möglichst alle am Erlebnis *Museum* teilhaben zu lassen. Das *Haus der Bewegungen* kann demnach als ein Ort von Menschen für Menschen begriffen werden. Ein Museum, das sich mit dem Menschen und seiner Zeit beschäftigt, bewusst macht und prägt, ohne dabei hochgestochen und belehrend zu wirken.

LITERATURVERZEICHNIS

Fondazione Fitzcarraldo 2006: I don't go to Museums! Non-Visitors: Teenagers at a glance. Elektronisch einsehbar unter https://www.fitzcarraldo.it/en/research/idontgotouseums_abstract.pdf, (letzter Zugriff: 20.06.2021).

Kos, Wolfgang: Der Semmering. Eine exzentrische Landschaft. Salzburg/Wien 2021.

Luhmann, Niklas: Die Kunst der Gesellschaft, Frankfurt am Main 1997.

Oodi 2021: https://www.oodihelsinki.fi/, (letzter Zugriff: 05.02.2022).

Pomian, Krzysztof: Der Ursprung des Museums. Vom Sammeln, 4. Aufl., Berlin 2013

Thümmel, Erika: Die Spräche der Räume. Eine Geschichte der Szenografie, Basel 2020.

Tröndle, Martin: Nicht-Besucherforschung. Audience Development für Kultureinrichtungen, Wiesbaden 2019.

Walz, Markus: Begriffsgeschichte, Definition, Kernaufgaben. In: Walz, Markus (Hg.): Handbuch Museum. Geschichte, Aufgaben, Perspektiven, Stuttgart 2016.

Timur Uzunoglu

WASSERSTOFFREGION SEMMERING

Ein Blick in die Zukunft einer klimaneutralen Region

KURZFASSUNG

An der südlichen Grenze Niederösterreichs zur Steiermark liegt die Gemeinde Semmering und der gleichnamige Alpenübergang. Seit 1854 führt die Semmeringbahn durch den Ort. Anfangs reiste das mondäne Publikum aus Wien zur Sommerfrische auf den Semmering, heute ziehen die Möglichkeiten von Winter- und Sommersport Besucher an. Im Laufe der Corona-Krise entdecken viele Wienerinnen und Wiener die Schönheit des öffentlich sehr gut erreichbaren Semmering wieder, auch als Nebenwohnsitz mit Homeoffice-Möglichkeit. Um die Attraktivität der Region weiter zu steigern, soll auch Energieversorgung neu durchdacht werden. Hierbei kann Wasserstoff als zeitgemäßer Energieträger dazu dienen, eine klimaneutrale Region zu schaffen, welche jahreszeitenübergreifend und autark ausschließlich mit erneuerbaren Energien versorgt wird.

WAS WOLLEN WIR ERREICHEN?

Der gegenwärtige Klimanotstand zwingt die Menschheit zum Handeln. Die Weltgemeinschaft hat sich im Übereinkommen von Paris 2015 dazu bekannt, die globale Erwärmung auf möglichst unter 1,5 Grad Celsius gegenüber dem vorindustriellen Niveau zu beschränken. In weiterer Folge haben sich die Staats- und Regierungschefs der Europäischen Union (EU) im Dezember 2019 zum Ziel der Klimaneutralität bis 2050 bekannt. Das bedeutet, dass bis 2050 alle Treibhausgasemissionen in der EU so weit wie möglich vermieden werden sollen. Und im Dezember 2020 haben sich die EU-Staats- und -Regierungschefs darauf verständigt, das EU-Klimaziel für das Jahr 2030 von aktuell mindestens 40 auf mindestens 55 Prozent gegenüber 1990 anzuheben.

Um diese sukzessiv strenger angesetzten Ziele zu erreichen, hat die EU-Kommission das Projekt European Green Deal (EGD) ausgearbeitet. Es handelt sich dabei um eine umfassende Wachstumsstrategie für eine klimaneutrale und ressourcenschonende Wirtschaft. Übergeordnetes Ziel des EGD ist die EU-weite Treibhausgas-Neutralität bis zum Jahr 2050. Europa wäre somit die erste klimaneutrale Industrieregion auf der Welt. Die Maßnahmen des EGD sind vielseitig. Sie reichen vom Klima-, Umwelt- und Biodiversitätsschutz über die Mobilität und Industriepolitik bis hin zu Vorgaben in der Energie-, Agrar- und Verbraucherschutzpolitik. In der Industrie, im Verkehr oder im Wärmesektor: Grüne Energie ist in allen Lebensbereichen erforderlich, um diese Klimaziele zu erreichen. Für die Erreichung dieser Zielsetzungen ist der Energieträger Wasserstoff ein unverzichtbares Element. Vor diesem Hintergrund hat die Präsidentin der Europäischen Kommission im Juli 2020 die „Allianz für sauberen Wasserstoff" ins Leben gerufen.

Wir wollen die mit erneuerbaren Methoden geerntete und in Wasserstoff gespeicherte Energie in der Region Semmering in alle Lebensbereiche bringen. Die unerschöpfliche Wind- und Solarenergie dient uns bei der Erzeugung von elektrischem Strom. Diesen nutzen wir bei der Elektrolyse von Wasser und gewinnen grünen Wasserstoff. Dieser Wasserstoff kann gespeichert, bei Nutzung von bestehenden Verteilungsnetzen an alle Bedarfsträger verteilt und klimaneutral verbrannt werden. Seine Wirtschaftlichkeit liegt in der Unerschöpflichkeit der erneuerbaren Energien.

WIE IST DIE AUSGANGSLAGE?

Die Region Semmering bietet eine ideale Ausgangslage für die Entwicklung einer modellhaften Wasserstoffregion. Die heterogenen geografischen Gegebenheiten und die verkehrstechnischen Strukturen erfordern moderne, autofreie Mobilitätslösungen. Die touristische Attraktivität zieht kompetente Akteure aus Wirtschaft und Forschung an. Die umweltpolitischen Interessen der Region beschleunigen die Aktivitäten zur Reduzierung von Treibhausgasen. Der Semmering ist seit 1921 heilklimatischer Kurort, der Erhalt der ohnehin schon ausgezeichneten Luftqualität ist von großer Bedeutung.

Der Semmering soll ein autofreier Ort werden. In Anlehnung an das autofreie Zermatt in der Schweiz kann der öffentliche Nahverkehr auf Elektro- oder Wasserstoffmobilität umgestellt werden. Emissionsfrei, leise und bequem sollen die Besucher ab einem zentralen Terminal sowie ab dem Bahnhof auf der Hochstraße, Südbahnstraße und Bahnhofstraße öffentlich verkehren.

Der Semmering soll nicht nur als Naherholungsort, sondern auch als „Homeoffice-Stadt“ zu einer unverzichtbaren Adresse werden.

Eine Modellregion hinsichtlich einer emissionsfreien, modernen Mobilität, von zu 100 % ökologisch geführten Hotels und einer attraktiven Infrastruktur als „Homeoffice-Stadt“ sind die besten Inkubatoren für eine Wasserstoffregion, deren Strom- und Wärmeversorgung komplett dekarbonisiert und klimaneutral ist.

WIE KANN DIE WASSERSTOFFREGION AUFGEBAUT WERDEN?

Wasserstoff als Energieträger

Grüner Wasserstoff wird durch Elektrolyse von Wasser hergestellt, wobei der dafür erforderliche Strom ausschließlich mit erneuerbaren Energien erzeugt wird. Nur der grüne Wasserstoff ist wirklich klimafreundlich, weil er ohne fos-

Abb: 36: 6,3-MW-Power-to-Gas-Anlage in Werlte, Deutschland.

sile Rohstoffe produziert wird. Er dient als Energieträger und ermöglicht, im Gegensatz zu dem nicht speicherbaren Strom, eine zeitliche und örtliche Entkopplung zwischen Erzeugung und Verbrauch.

Aus erneuerbaren Energiequellen (Wind- und Photovoltaikkraftwerke) in der Region gewonnener Strom kann mit der Power-to-Gas-Technologie vor Ort in Wasserstoff umgewandelt und gespeichert werden. Der Platzbedarf einer entsprechenden Anlage ist relativ gering (siehe Abb. 36).

Exkurs: Farbenlehre des Wasserstoffs

Das Element Wasserstoff ist farblos. Die verschiedenen Bezeichnungen wie grüner, grauer, blauer und türkiser Wasserstoff beziehen sich auf die bei der Herstellung des Wasserstoffs entstehenden, direkten und indirekten CO_2-Emissionen (siehe Abb. 37).

Grüner Wasserstoff wird per Wasserelektrolyse ausschließlich mit erneuerbaren Energiequellen erzeugt. Weitere Möglichkeiten bestehen in der Vergasung und Vergärung von Biomasse sowie in der Reformierung von Biogas. Diese Verfahren gelten als CO_2-neutral.

Grün	Reformierung von Biogas
	Vergasung und Vergärung von Biomasse
	Wasserelektrolyse mittels erneuerbaren Energiequellen
Blau	Reformierung von Erdgas mit Carbon-Capture-Storage
Türkis	Methanpyrolyse
Grau	Wasserelektrolyse mittels fossiler Energieträger
	Reformierung von Erdgas

Abb. 37: Farben des Wasserstoffs.

Grauer Wasserstoff wird mittels fossiler Energieträger erzeugt. Gängigstes Verfahren ist die Dampfreformierung, bei der Erdgas unter Einfluss von Wasserdampf und Wärme in Wasserstoff und CO_2 umgewandelt wird. Auch die Wasserelektrolyse mit dem aktuellen europäischen Strommix wird wegen den hohen CO_2-Emissionen bei der Stromerzeugung als grau bezeichnet. Der mit Kohle erzeugte Wasserstoff wird auch als brauner Wasserstoff beschrieben.

Blauer Wasserstoff ist in Bezug auf den Einsatz der Primärenergie mit der Herstellung von grauem Wasserstoff gleichzusetzen. Allerdings wird das frei gewordene CO_2 mithilfe der CCS-Technik (Carbon Capture Storage) unterirdisch gespeichert oder in der Industrie weiterverarbeitet. Dadurch kann blauer Wasserstoff bilanziell als CO_2-neutral betrachtet werden.

Türkiser Wasserstoff wird durch Methanpyrolyse hergestellt, bei der Methan in einem thermochemischen Verfahren in festen Kohlenstoff und Wasserstoff zerlegt wird. Sofern die Wärmeversorgung des Hochtemperaturreaktors mit erneuerbaren Energiequellen erfolgt, handelt es sich um ein bilanziell CO_2-neutrales Verfahren.

Nebenprodukt-Wasserstoff fällt in der chemischen Industrie bei bestimmten Prozessen, z. B. bei der Chloralkali-Elektrolyse, neben den gewünschten Zielprodukten an. Aktuell wird dieser Wasserstoff je nach Definition entweder keiner Farbe oder der Farbe Weiß zugeordnet.

WIE KANN DER FAHRPLAN ZUR UMSETZUNG AUSSEHEN?

Wasserstofferzeugung

Grüner Wasserstoff soll vor Ort mit einer Wasserelektrolyseanlage hergestellt werden. Mit einem sogenannten Wasserstoff-Hybridkraftwerk wird aus gerade nicht benötigter Windenergie Wasserstoff hergestellt, der sich in Tanks speichern lässt. Neben Windkraft und Wasserstoff wird noch ein dritter Energieträger an die Stromerzeugung gekoppelt: Biogas. Bei hohem Bedarf an Strom kann der Wasserstoff mit Biogas in Blockheizkraftwerken rückverstromt werden. Das Hybridkraftwerk liefert somit in windärmeren Zeiten grünen Strom und gleicht damit Versorgungslücken der Windenergie und Photovoltaik aus. Diese Neuerung macht erstmals ein Öko-Kraftwerk grundlastfähig, das heißt, es kann rund um die Uhr zuverlässig Strom erzeugen. Auch Bedarfsspitzen kann

Abb. 38: Alkalischer Elektrolyseur in Werlte, Deutschland.

das Hybridkraftwerk abdecken, und das eben ganz ohne den Ausstoß klimaschädlicher Gase.

Die Produktionskapazität einer Anlage von 10 MW liegt bei etwa vier Tonnen Wasserstoff pro Tag. In Abbildung 38 ist ein alkalischer Elektrolyseur von ENERTRAG HyTec GmbH zu sehen, welcher seit 2013 in der Power-to-Gas-Anlage in Werlte, Deutschland in Betrieb ist.

Wasserstoffverteilung

Für die flächendeckende Verteilung des Wasserstoffs wäre ein Pipelinenetz die günstigste Option. Allerdings erfordern Pipelines hohe Anfangsinvestitionen. Der Mehrwert der regionalen Pipelinestruktur muss deshalb auch im Kontext der An- und Einbindung an nationale und internationale Pipelines bzw. Pipelineprojekte gesehen werden. So erhöht der Zusammenschluss zu überregionalen Verbünden die Versorgungssicherheit und durch eine höhere Transportmenge letztendlich auch die Wirtschaftlichkeit.

Eine wesentliche Reduktion der Investitionskosten kann durch die Nutzung von stillgelegten Leitungen oder durch die Umwidmung von Erdgasleitungen erreicht werden. Generell ist die Nutzung bestehender Infrastruktur dem Neubau vorzuziehen, da sie neben dem wirtschaftlichen Vorteil auch eine erhöhte Akzeptanz in der Bevölkerung bietet.

In der Region Semmering ist ein aktives Erdgasnetz vorhanden, welches nach einem entsprechenden Umbau in ein Wasserstoffnetz umgewidmet werden kann. Damit könnte der regional erzeugte, grüne Wasserstoff an alle Bedarfsträger verteilt werden.

Wasserstoff als Energieträger

Strom

Der grüne Wasserstoff kann bei Bedarf mittels Hybridkraftwerk oder Brennstoffzelle wieder in Strom umgewandelt werden. Reversible Brennstoffzellen, in Englisch „reversible Solid Oxide Cell", kurz rSOC genannt, verbinden praktisch zwei Geräte in einem. Dieser Brennstoffzellentyp ist in besonderer Weise für den Bau von Anlagen geeignet, die Elektrizität in Form von Wasserstoff zwischenspeichern und diesen zu einem späteren Zeitpunkt wieder rückverstromen können. Diese Speichertechnologie ermöglicht den Ausgleich bei den Erzeugungsschwankungen erneuerbarer Energien und wirkt dem Auseinanderlaufen von Angebot und Nachfrage entgegen.

Bei Einsatz eines Hybridkraftwerks und reversiblen Brennstoffzellen kann die Wasserstoffregion Semmering energieautark werden. Verbrauchsspitzen bei sportlichen Events wie Weltcup-Skirennen können durch den in Zeiten mit viel Wind und Sonne gewonnenen und im Wasserstoff gespeicherten Strom ausgeglichen werden.

Wärme

Geht es um das Heizen mit Wasserstoff, gibt es dazu heute schon erprobte und sichere Lösungen. Brennstoffzellenheizgeräte sind Mikro-Blockheizkraftwerke, die Wärme und Strom nicht wie herkömmliche Blockheizkraftwerke mit einem Verbrennungs- oder Stirlingmotor, sondern durch eine elektrochemische Energiewandlung erzeugen. Möglich ist das durch spezielle Zellen, die aus zwei Elektroden bestehen und durch eine Zwischenschicht voneinander getrennt sind. Trifft der Wasserstoff auf die erste Elektrode, trennt ein Katalysator die Atome in Elektronen und Protonen. Während die Elektronen über einen elektrischen Leiter zur zweiten Elektrode wandern, entsteht Strom. Gleichzeitig schlüpfen die Protonen durch die Trennschicht. Sie verbinden sich wieder mit den Elektronen und Sauerstoff, wobei auch thermische Energie freigesetzt wird. Die erzeugte Wärme kann zum Heizen von Gebäuden oder für die Warmwasserbereitung genutzt werden.

Im Zuge der Ökologisierung aller Hotels in der Region Semmering könnten sowohl die Betriebe als auch die Haushalte auf Brennstoffzellenheizgeräte umgerüstet werden.

WIE STEHT ES UM DIE WIRTSCHAFTLICHKEIT UND DIE MEHRWERTE?

Für die erfolgreiche Umsetzung von Wasserstoffprojekten sind sowohl die Wirtschaftlichkeit als auch die Auswirkungen auf den Klimaschutz wichtige Bewertungskriterien. Die gesicherte Bereitstellung von bezahlbarem Wasserstoff ist Grundvoraussetzung, damit Akteure Geschäftsmodelle für Wasserstoffanwendungen entwickeln können.

Damit Wasserstoff wirtschaftlich erzeugt, verteilt und eingesetzt werden kann, müssen die Gesamtkosten letztendlich mit denen der Referenz- und Konkurrenztechnologien konkurrieren können. Die Gesamtkosten setzen sich aus Investitionskosten und Betriebskosten zusammen und unterliegen vielfältigen Einflussparametern. Eine wesentliche Rolle bei der Wasserstofferzeugung per Elektrolyse spielen beispielsweise die Stromkosten. Da aber Strom zur Erzeugung von grünem Wasserstoff aus erneuerbaren Energiequellen gewonnen wird, steht er praktisch unbegrenzt zur Verfügung.

Die Region Semmering als Tourismus-, Naherholungs- und Homeoffice-Standort unterzieht sich derzeit einer umfassenden Transformation. Damit generiert die Umstellung auf Wasserstoff als Energieträger einen Mehrwert in der Ökologisierung, der die Attraktivität der Region nochmals erhöht. Die Wirtschaftlichkeit ergibt sich erst bei einer längerfristigen Betrachtung unter Beachtung der CO_2-Steuer, welche mit 2022 eingeführt wird. Strukturelle Transformationen benötigen als Generationenprojekte einen weiteren Zeithorizont in der Betrachtung und einen längeren Atem in der Realisierung. Die Wirtschaftlichkeit muss und wird durch die Förderung der öffentlichen Hand sichergestellt.

WELCHE SCHRITTE SIND ZU EINER ERFOLGREICHEN UMSETZUNG ERFORDERLICH?

Um eine Wasserstoffregion Semmering zu realisieren, muss ein Maßnahmenplan entwickelt werden. Innerhalb dieses Maßnahmenplans müssen folgende Aspekte betrachtet werden:

Regulatorische Rahmenbedingungen

Die wirtschaftlichen Bedingungen für die Erzeugung von Wasserstoff durch Elektrolyse, den Vertrieb von Wasserstoff an Tankstellen und die Verteilung von Wasserstoff an Betriebe und Haushalte werden stark von der Energiemarktordnung beeinflusst. Energieerzeugung und Verbrauch rücken immer näher zusammen. Das Zeitalter der einseitig auf wenigen Großkraftwerken basierenden zentral organisierten Strom- und Wärmeversorgung geht dem Ende zu. Strom und Wärme werden nicht mehr nur von Großkraftwerken über lange Leitungen zum Verbraucher transportiert. Mit der zunehmend dezentralen Stromproduktion durch Mittelstand, Privatpersonen, Landwirtschaft sowie Kommunalwirtschaft gewinnen auch die Verteilnetze der Stadtwerke und Regionalversorger immer mehr an Bedeutung.

Der starke Wunsch der Region Semmering, die Transformation zur Wasserstoffregion zu schaffen, und die zu gründende „Initiative Wasserstoffregion Semmering – Klimaneutrale Region" müssen die Politik und die Behörden auffordern, die regulatorischen Rahmenbedingungen an die Bedürfnisse der Zeit anzupassen.

Kooperationen und Geschäftsmodelle

Ein weiterer Schlüssel für die erfolgreiche Transformation zu einer Wasserstoffregion liegt in der interdisziplinären Kooperation verschiedener Akteure. Durch den Zusammenschluss von Politik, Wirtschaft und Wissenschaft und die Bündelung von Kompetenzen entstehen neue Potenziale.

In der Region Semmering müssen die regionalen Energieversorger mitinvestieren und neue Geschäftsmodelle mit der ansässigen Hotellerie und den Herstellern von wasserstoffbetriebenen Fahrzeugen, insbesondere Bussen, entwickeln, um die Wasserstoffmobilität voranzutreiben und die autofreie Region Semmering zu ermöglichen.

Skaleneffekte durch Nachfragebündelung

Einkaufsgemeinschaften sind freiwillige Zusammenschlüsse von Bedarfsträgern zum Zwecke der Verbesserung der Wirtschaftlichkeit beim Einkauf. Durch die Nachfragebündelung erhalten die einzelnen Betriebe und Haushalte verbesserte Konditionen. Je nach Zugehörigkeit der zusammenarbeitenden Unternehmen werden Einkaufsgemeinschaften in horizontale, vertikale und konglomerate Kooperationen unterschieden.

In der Region Semmering kann als einfache Variante mit einem Einkaufspool für grünen Wasserstoff das Volumen von mehreren Bedarfsträgern gebündelt und auf dieser Basis bessere Konditionen für die Mitglieder des Einkaufspools verhandelt werden. Mit dem damit erreichten Skaleneffekt kann ein wirtschaftlicher Wasserstoffpreis erzielt werden.

Finanzierungs- und Fördermöglichkeiten

Die Maßnahmen zur Transformation des Semmering zur Wasserstoffregion lassen sich nur weiterverfolgen und realisieren, wenn politische und genehmigungsrechtliche Voraussetzungen erfüllt sind. Fördermöglichkeiten auf Landes-, Bundes- und EU-Ebene müssen analysiert und ausgeschöpft werden. Mit Blick auf die in Ausarbeitung befindliche österreichische Wasserstoffstrategie erwarten wir politische, rechtliche und finanzielle Unterstützung seitens der Bundesregierung.

Wissensmanagement

Für die Umsetzung der Transformation des Semmering zur Wasserstoffregion sind Wissensmanagement und Begleitforschung von zentraler Bedeutung. Ein für die Region spezifisch zu konzipierendes Wissensmanagement muss zielgruppendifferenziert die strukturierte Ablage und den effizienten Zugriff auf innovationsrelevantes Wissen ermöglichen, und die Zusammenarbeit aller Stakeholder bei der Initiierung und Umsetzung des Projektes fördern. Wissen mehrt sich durch Teilen. Diesen Grundsatz müssen alle Beteiligten beherzigen und überregionale Zusammenarbeit anstreben, um die von anderen schon gemachten Erfahrungen in den Transformationsprozess einfließen zu lassen.

WIE KANN DIE GESELLSCHAFTLICHE AKZEPTANZ DURCH KOMMUNIKATION GESTÄRKT WERDEN?

Die Akzeptanz von Nutzern und Betroffenen ist eine wesentliche Voraussetzung für den Markterfolg neuer Technologien. Akzeptanz erfordert eine positive Grundeinstellung gegenüber der neuen Technologie, die durch Kommunikation gestärkt werden kann. Dies bedeutet Aufklärung. Die Chancen des Wasserstoffs müssen der Öffentlichkeit und den politischen Entscheidungsträgern nahegebracht werden. Eine wirkliche Technologieaneignung findet jedoch erst dann statt, wenn die Innovation konkrete Vorteile für Nutzer und Betroffene bietet. Die Beteiligung der Öffentlichkeit in Form einer kommunikativen Einbindung kann Akzeptanz stärken. Darüber hinaus haben sich wirtschaftliche Beteiligungskonzepte als Mittel der Akzeptanzsteigerung bereits im Bereich der Wind- und Sonnenenergie bewährt.

Auch ist die Art der Wissensvermittlung an die gewünschte Akzeptanzsteigerung anzupassen: Geht es um die Einstellungsakzeptanz der Öffentlichkeit, sollten primär weiche Fakten vermittelt werden. Die Adressaten sollten gemäß der Devise „Information und Emotion" zeitgemäß, einfach verständlich und trotz des technischen Kontextes mit emotionalen Botschaften abgeholt werden. Während bei der jüngeren Generation die „Coolness" von Wasserstoff angesprochen wird, kann bei der älteren Generation die Emissions- und Geräuscharmut von Wasserstoffbussen betont werden. Über die Kanäle der regulären Kommunikation hinaus ist der Sonderbereich bedarfsorientierter Kommunikation ebenfalls abzudecken.

In der Region Semmering soll, in Anlehnung an die Vorgehensweise in Deutschland, ein Wettbewerb ausgeschrieben werden, um die Energie- und Verkehrswende durch die Erzeugung, Verteilung und Nutzung von Wasserstoff aktiv voranzutreiben. Alle betroffenen Gemeinden, Betriebe, Haushalte sowie Akteure aus Wissenschaft und Forschung sollen unter dem Dach der zu gründenden Initiative „Wasserstoffregion Semmering – Klimaneutrale Region" vorhandene Kompetenzen bündeln, und die Transformation vorantreiben.

AUSBLICK UND ÜBERREGIONALE STRAHLKRAFT DER WASSERSTOFFREGION SEMMERING

Die klimaneutrale Region und Wasserstoffregion Semmering ist auch dem sanften Tourismus verpflichtet. Sanfter Tourismus gehört zum Konzept einer starken Nachhaltigkeit, verbunden mit der Forderung, die vorhandenen Bestände an Naturkapital zu erhalten und darüber hinaus in diese zu investieren. Eine autofreie Wasserstoffregion, eingebettet in die wunderbare Natur der Voralpen, klimaneutral und energieautark mit Wasserstoff als Energieträger versorgt, erreichbar mit dem Weltkulturerbe Semmeringbahn, befreit vom Durchzugsverkehr durch den Semmering-Scheiteltunnel, hätte als wiederentdeckte Tourismusregion eine Strahlkraft weit über Österreich heraus.

ABBILDUNGSNACHWEISE

Abbildung 1	Josef Wagner
Abbildung 2	© Atelier Fürtner-Tonn, Wien
Abbildung 3	© ZF Friedrichshafen AG
Abbildung 4	Josef Wagner
Abbildung 5	Josef Wagner
Abbildung 6	Josef Wagner
Abbildung 7	Josef Wagner
Abbildung 8	Josef Wagner
Abbildung 9	Josef Wagner
Abbildung 10	Prospekt aus der Sammlung Eduard Aberham
Abbildung 11	Josef Wagner
Abbildung 12	Josef Wagner
Abbildung 13	Josef Wagner
Abbildung 14	Josef Wagner
Abbildung 15	Josef Wagner
Abbildung 16	Josef Wagner
Abbildung 17	© Stefanie Grüssl / Mit Dank an die Luftstreitkräfte des BMLV
Abbildung 18	Josef Wagner
Abbildung 19	Prospekt aus der Sammlung Eduard Aberham
Abbildung 20	© Alina Neumann
Abbildung 21	© Gregor Hartmann
Abbildung 22	Wintersportverein Semmering
Abbildung 23	Kunstanstalt Kilophot, aus dem Buch: Der Höhenkurort Semmering und sein Gebiet, Semmeringer Hoteliervereinigung (Hg) 1924, Sammlung Josef Wagner
Abbildung 24	Hermann Knoflacher, Quelle: Statistik Austria, Ein Blick auf die Gemeinde Semmering, Bevölkerungsentwicklung, https://www.statistik.at/blickgem/G0201/g31838.pdf
Abbildung 25	Hermann Knoflacher, Quelle: Statistik Austria
Abbildung 26 links	Climate-Data.org, https://de.climate-data.org/europa/oesterreich/niederoesterreich/semmering-kurort-156245/
Abbildung 26 rechts	Climate-Data.org, https://de.climate-data.org/europa/oesterreich/wien/wien-41/

Abbildung 27	Josef Wagner
Abbildung 28	Josef Wagner
Abbildung 29	Stefan Flucher
Abbildung 30	Stefan Flucher
Abbildung 31	Stefan Flucher
Abbildung 32	Josef Wagner
Abbildung 33	© Lorenz Andexer
Abbildung 34	Matthias Pöschl
Abbildung 35	Matthias Pöschl
Abbildung 36	© KIWI AG
Abbildung 37	Timur Uzunoglu
Abbildung 38	Timur Uzunoglu

VERZEICHNIS DER AUTORINNEN UND AUTOREN

Irene Beckmann, BA MA, *1969. Am Semmering aufgewachsen. Studium der Bildungswissenschaft an der Universität Wien, Schreibtrainerin in freier Praxis (schreibimpulse irene beckmann) und nebenberufliche Universitätslektorin, Publikationen und Vorträge zu bildungswissenschaftlichen Themen.

Kammerschauspielerin, Univ.-Prof.in *Regina Fritsch*, *1964. Ensemblemitglied am Burgtheater Wien seit 1985. Professorin für Rollengestaltung an der Universität für Musik und Darstellende Kunst Wien (Max Reinhardt Seminar) seit 2010. Film- und Fernsehschauspielerin. Engagements bei den Festspielen Reichenau von 1990–2018. Unter anderen Auszeichnungen Trägerin des Alma Seidler-Rings und des Albin Skoda-Rings.

Karl Glatz, BA, *1948. Aufgewachsen in Schottwien, Bäckermeister seit 1968. Übernahme und Weiterführung des elterlichen Bäckerbetriebes. Kenner der Semmeringgeschichte seit Jugendtagen, Studium der Philosophie, Geschichte und Kunstgeschichte an der Universität Graz.

Mag. *Katharina Hanl-Schubernigg*, MA, *1974. Studium Deutsche Philologie/Fächerkombination Bühne, Film und andere Medien, Universität Graz. Lehrgang Universitären Charakters „Integrierte Kommunikation – Schwerpunkt Public Relations/Lobbying“, Akademie für Integrierte Kommunikation/BFI Wien. Nach journalistischer Berufstätigkeit in Graz und Agenturerfahrung in Wien langjährige Tätigkeit im Bereich Öffentlichkeitsarbeit im Bundesdienst. Seit 2020 Geschäftsführende Gemeinderätin der Gemeinde Semmering.

Kammerschauspielerin, Univ.-Prof.in *Maria Happel*, *1962. Langjähriges Ensemblemitglied des Burgtheaters, seit 2020 Leiterin des Max Reinhardt Seminares an der Universität für Musik und Darstellende Kunst in Wien, derzeit Intendantin der Festspiele Reichenau, zuletzt ausgezeichnet mit der „Romy“ für die beliebteste Schauspielerin in einer Reihe/Serie.

DI Dr. *Hermann Knoflacher*, *1940. Studium des Bauingenieurwesens, Mathematik und Geodäsie an der TU Wien. 1969 Gründung des Instituts für Verkehrswesen im KfV, ab 1970 Zivilingenieur für Bauwesen, Habilitation 1972, o. Univ.-Prof. für Verkehrsplanung 1974, 1985 Vorstand des Instituts für Straßenbau und Verkehrswesen, Vorstand des Instituts für Verkehrsplanung und Verkehrswesen, TU Wien. Seit 1963 Arbeiten in Wissenschaft, Praxis und Lehre im In- und Ausland u. a. zu Verkehrssicherheit, menschlichem Verhalten in der künstlichen Welt, Planung, Beratung, Grundlagen des Paradigmenwechsels, Evolution, Systemwirkungen, Ethik und Technik. 17 Fachbücher, zahlreiche Publikationen und realisierte Planungen.

Norbert Krausner, *1959. Aufgewachsen am Semmering, Ausbildung zum Fahrdienstleiter bei den Österreichischen Bundesbahnen, folgend tätig im fachlichen Ausbildungsbereich, ab 2005 Leiter der Abteilung Personalentwicklung in der ÖBB-Infrastruktur. Erfolgreich im Naturbahnrodeln, langjähriger Sektionsleiter Tennis und seit 1995 Vizepräsident des WSV-Semmering.

Florian Krumpöck, *1978. International tätiger Pianist und Dirigent, Ausbildung bei u. a. Rudolf Buchbinder, Elisabeth Leonskaja, Daniel Barenboim. Solo-Rezitals u. a. im Wiener Musikverein und bei den Salzburger Festspielen, Gastdirigent u. a. bei den Wiener Symphonikern, beim Philadelphia Orchestra, beim Jerusalem Symphony Orchestra und beim Gulbenkian Orchestra Lissabon. 2011 als einer der jüngsten Generalmusikdirektoren für Konzert und Oper an das Volkstheater Rostock und zum Chefdirigenten der Norddeutschen Philharmonie berufen, 2012 Ernennung zum Chefdirigenten des Sinfonieorchesters Liechtenstein. Seit Sommer 2015 Intendant des Kultur.Sommer.Semmering.

Matthias Pöschl, BA, *1997. Studium in den Fächern Informationsdesign und Ausstellungsdesign an der FH JOANNEUM Graz und Visuelle Kultur an der Universität Klagenfurt. Der Fokus seiner Tätigkeit liegt im Spannungsfeld zwischen Mensch und Medien und den dadurch geprägten gesellschaftlichen Veränderungen.

DI DDr. *Patrick Schicht*, *1973. Studium der Kunstgeschichte und Architektur in Wien, 2006 Promotion zu mittelalterlichem Mauerwerk als Bedeutungsträger bzw. 2008 zum Burgenbau der Salzburger Erzbischöfe. Seit 2005 im Bundesdenkmalamt tätig, seit 2007 u. a. für die Region Semmering als Gebietsreferent zuständig. Zahlreiche Publikationen zur mittelalterlichen Baugeschichte und zu Themen der Denkmalpflege.

Franz Steiner, *1953. Semmeringer Urgestein, aufgewachsen am Wolfsbergkogel, gelernter Elektroinstallateur, erfolgreicher Rennrodler, seit 1995 Präsident des WSV-Semmering und Chef des Organisationskomitees der Weltcupevents am Semmering. Träger des Sportehrenzeichens in Gold für die Verdienste um den Sport in NÖ sowie des Ehrenringes der Kurgemeinde Semmering.

Dr. *Karl Steininger*, *1965. Studium der Wirtschaftsinformatik und Volkswirtschaftslehre an Universität Wien und UC Berkeley, Konsulent am Umweltdepartment der Weltbank, 1999 Habilitation an der Universität Graz, ao. Univ.-Prof. am Institut für Volkswirtschaftslehre, ab 2019 Univ.-Prof. für Klimaökonomik und Nachhaltige Transition am Wegener Center (Universität Graz) und dessen Stv. Leiter. Gast- und Forschungsprofessuren u. a. am Deutschen Institut für Wirtschaftsforschung (DIW) in Berlin. 2016–2017 Vorsitzender des Climate Change Centre Austria (CCCA), 2019–2020 Präsident der Nationalökonomischen Gesellschaft.

Dr. *Andreas Stühlinger*, *1959. 1983 Promotion zum Doktor der Medizin an der Universität Wien. 1984–1987 Turnus im KH Neunkirchen. 1987–2017 ärztlicher Leiter des Kurhotels Dr. Stühlinger auf dem Semmering, seit 2018 Amtsarzt an der BH St. Pölten. Zwischen 2000 und 2015 mit Unterbrechung im Gemeinderat Semmering als geschäftsführender Gemeinderat bzw. Vizebürgermeister tätig.

DI Dr. techn. *Timur Uzunoglu*, *1971. Studium des Bauingenieurwesens an der Technischen Universität Wien, 2004 Promotion an der Technischen Universität Graz. Seit 2004 Ziviltechniker für Bauwesen, Gründer und geschäftsführender Gesellschafter der convex ZT GmbH in Graz. Seit 2005 nebenberuflich Lehrender an der FH Joanneum in Graz. 2020 Gründer der movingpower GmbH, welche sich ausschließlich mit grünem Wasserstoff beschäftigt. Projekte in mehr als 50 Ländern, Verfasser von zahlreichen wissenschaftlichen Publikationen zu den Themen Bauplanung und Energietechnik.

Dr. *Peter Veit*, *1959. Studium des Wirtschaftsingenieurwesens Bauwesen an der Technischen Universität Graz, 1992 Promotion, 1999 Habilitation, 2000–2002 ÖBB-Projektleiter Strategie Fahrweg, 2002 ao. Univ.-Prof., seit 2010 Universitätsprofessor und Leiter des Instituts für Eisenbahnwesen und Verkehrswirtschaft (TU Graz). Mitautor von drei Büchern und Verfasser zahlreicher wissenschaftlicher Artikel zur Optimierung des System Eisenbahn mit dem

Schwerpunkt Life-Cycle-Management, Internationale Vortrags- und Schulungstätigkeit, Mitherausgeber der Fachzeitschrift zev-rail, Veranstalter der Tagung Moderne Schienenfahrzeuge.

Friedrich Vesely, MSc, *1970. Werbegrafiker und Designer, Internet- und Marketing-Experte, Web-Entwickler, Business- und Lehr-Coach an der European Systemic Business Academy (Masterthesis über Online-Coaching). Gründer und Geschäftsführer einer Wiener Design- und Webagentur mit Schwerpunkt Webapplikationen und E-Commerce, Kooperation mit internationalen Partnern und Auftraggebern. Beruflich und privat dem Semmering seit den frühen 1990er-Jahren verbunden, arbeitet er seit 2018 an einer Intensivierung der Liebesbeziehung zum Zauberberg.

Josef Wagner, *1957. Biohotelier, bis 2020 geschäftsführender Gemeinderat, davor Umweltgemeinderat in der Gemeinde Semmering.

DI *Simon Ziegler*, *1969. Studium der Agrarwissenschaften an der TU München Weihenstephan, Abschluss: Diplom Agraringenieur univ., 1997 Geschäftsführer der Demeter Erzeugergemeinschaft Berlin Brandenburg, 1999 Ökodorf Brodowin – Bereichsleiter Vermarktung, 2001 BioFleisch Süd – Bioland Erzeugergemeinschaft, Vertrieb, seit 2004 BIOGAST GmbH – Biogroßhandel, Fachbereich Gastronomie und Ausserhausverpflegung mit Schwerpunkt auf Umstellung auf biologische Lebensmittel. Seit 2016 im Vorstand der BiowirtInnen, einem Zusammenschluss von österreichischen Biogastronomen und Biohoteliers.